Michael Haller (Hg.)

Aussteigen oder rebellieren

Jugendliche gegen Staat und Gesellschaft

SPIEGEL-BUCH

1.–12. Tausend September 1981
13.–17. Tausend Oktober 1981
18.–22. Tausend Februar 1982

Umschlagentwurf: Spiegel-Titelgrafik
Veröffentlicht im Rowohlt Taschenbuch Verlag GmbH,
Reinbek bei Hamburg, September 1981

Satz Times (Linotron 404)
Gesamtherstellung Clausen & Bosse, Leck
Printed in Germany
ISBN 3 499 33014 8

Inhalt

Michael Haller

Aussteigen oder rebellieren

Über die Doppeldeutigkeit der Jugendrevolte

Es mag mit dem Nachrichtenverständnis unserer Massenmedien zusammenhängen, daß die Unruhe der Jugend von den Erwachsenen immer erst dann zur Kenntnis genommen wird, wenn atemberaubend Neues geschieht: wenn Pflastersteine in die Schaufenster an Zürichs Bahnhofstraße fliegen oder im oberbayrischen Weilheim im früheren Bundestagswahlkreis von Franz Josef Strauß an der Fassade des Gesundheitsamts mit krakeliger Schrift geschrieben steht: «Deutschland ist krank.»

Die beunruhigten Jugendlichen wissen, daß wir uns erst mit ihnen befassen, wenn sie unruhig werden, wenn sie zu Tausenden auf die Straße gehen und randalieren. Wie sonst sollten sie auf ihre Ängste so eindrücklich aufmerksam machen, daß die Erwachsenen wirklich aufmerksam werden?

So hat denn die Jugendrebellion der achtziger Jahre für die Öffentlichkeit Europas dort begonnen, wo sie wohl zuletzt erwartet worden war: in der politisch neutralen, rundum ausgewogenen Wohlstandsidylle Zürich. Und sie setzte sich auch nicht als Protest gegen Krieg, Ausbeutung und Aufrüstung in Bewegung, sondern als Revolte gegen die etablierte Kultur. «Wir sind die Kulturleichen der Stadt», hatten ein paar Dutzend Jugendliche auf ein Transparent geschrieben, als sie am 30. Mai 1980 vor Zürichs Opernhaus zogen, um die feinen Premierengäste zu belästigen. Doch dann wurden sie selber von ein paar Dutzend Polizisten der Ordnung halber belästigt – worauf erst Hunderte, dann Tausende Jugendlicher zwischen 15 und 25 durch Zürichs Straßen stürmten, Pflastersteine gegen Polizisten warfen und Schaufenster zertrümmerten. «Du kennst das erlösende Gefühl nicht, wenn die Fensterscheiben einer Pelzboutique oder einer Bank zerknallen», erläuterten Zürcher Teens Ende 1980 dem SPIEGEL, «in dieser Stadt erlebst du überall eine Atmosphäre der Repression, die dich total fertigmacht ... den Druck von oben, uns an die Scheiß-Bürgerwelt anzupassen.» (Die Dynamik der Zürcher Konfrontationen macht Balz Theus im 3. Kapitel deutlich.)

Zürichs randalierende Jugend, so zeigte sich bald, war der Zünder für die Unruhen in deutschen Städten, hier und dort vielleicht auch ein (vom Fernsehen optisch wirksam verbreitetes) Vorbild. In Freiburg kam es zu Straßenschlachten, bald auch in Bremen und Hannover – aus jeweils sehr unterschiedlichem Anlaß, aber mit den gleichen Feindbildern und Handlungsmustern. Dann Berlin-Kreuzberg: Großeinsatz der Polizei im Dezember 1980 gegen jugendliche Hausbesetzer, von da an, bei steigender Tendenz, fast Woche für Woche Gewalt gegen Sachen und Personen, soweit sie Uniformen tragen.

Im Frühjahr 1981 rollte die Protestwelle durch die deutsche Provinz. Nachdem Polizei und Justiz in Nürnberg Anfang März 1981 auf einen Schlag 141 Jugendliche, allesamt Besucher des Jugendzentrums «Komm», im Massenverfahren ins Gefängnis gesteckt hatten – Stunden zuvor waren bei einer Demonstration genau sechs Fensterscheiben zu Bruch gegangen –, zogen am folgenden Wochenende gleich Zehntausende Jugendlicher auf die Straßen, von Kiel bis Konstanz, von Kassel bis Karlsruhe. Gemeinsames Aktionsmotto: «Beschäftigt die Polizei.» (Die Stimmungslage in einigen deutschen Städten schildert Hubert Seipel im 4. Kapitel.) In den folgenden Monaten nahm der Vandalismus von Banden beschäftigungsloser Jugendlicher, deren Zahl beängstigend rasch ansteigt, in fast allen Großstädten des deutschen Sprachraums zu. Sie formieren sich zu einem neuen Teenager-Lumpenproletariat, das vom Behördendeutsch auch schon als «Joas» – gemeint sind Jugendliche ohne Ausbildungsvertrag – abgestempelt wird.

Dann, ein Jahr nach dem Auftakt von Zürich, die Krawallexplosion in England: Zuerst Unruhen im Londoner Stadtteil Brixton, dann in Liverpool und wieder in Brixton, wo sich Tausende Jugendlicher – vor allem arbeitslose Farbige, aber auch weiße Arbeiterkinder und Jugendgruppen – erbitterte Schlachten mit Polizisten lieferten, wo Häuser in Brand gesteckt und ganze Straßenfluchten verwüstet wurden. Im Juli 1981 kam es schließlich in neun englischen Städten zum Krawall: Junge Randalierer, Schwarze und Weiße, zogen in blinder Wut gegen die Bobbys los – nicht nur aus Rache wegen wiederholter Übergriffe rassistisch eingestellter Polizisten, vielmehr, weil die Jungen in ihnen die Hüter der verhaßten englischen Herrschaftsordnung sehen. Es ist die Geschichte vom Sack und dem Esel: Die Steine, die gegen die Polizisten flogen, galten vornehmlich dem konservativen englischen Establishment mit Margaret Thatcher an der Spitze, das der heranwachsenden Generation statt hoffnungsreicher Lebensperspektiven nur das wachsende Elend der Arbeitslosigkeit beschert hat.

Auch wenn diese Stichwörter die gesellschaftskritische Dimension des englischen Krawallsommers 1981 nur ahnen lassen, so sind jene Ereignisse doch kaum typisch für die Jugendrebellion der achtziger Jahre in Europa. Die überkommene Struktur der britischen Wirtschaft; der von Rassenkonflikten überlagerte, im übrigen aber noch lebendige Klassengegensatz der englischen Gesellschaft; der britische Staat, der immer nur als Herrschaftsinstrument politischer Kräfte, kaum je aber als Ordnungsprinzip verstanden worden ist: Vor diesem Hintergrund sind Englands Jugendunruhen – ähnlich wie die italienischen – näher bei den deutschen Verhältnissen Ende der zwanziger Jahre als bei denen der heutigen Zeit.

Für Westeuropas etablierte Erwachsenenwelt zwischen Amsterdam und Wien ist darum nicht Brixton oder Liverpool, sondern Zürich der Fetisch: Ausgerechnet dort, wo das Stadtleben ein bißchen ordentlicher, die Ordnung ein bißchen bürgerlicher und die Bürgerschaft ein bißchen wohlhabender ist als anderswo – ausgerechnet dort, wo fast alle fast alles erreicht und sogar die Zukunft ihrer Kinder in Sicherheit gebracht haben, bauen die Gerade-nicht-mehr-

Kinder Barrikaden, plündern Geschäfte und werfen Molotowcocktails. Die Eltern sind entsetzt, die Stadtväter empört, das Ausland sprachlos. «Die Realität untergräbt einen Mythos», stand im Herbst 1980 in der *Los Angeles Times* über die entzauberte Jugend Zürichs. Auch die Sowjets machten sich einige Gedanken zur «Revolte im Schokoladenparadies», wie es die Moskauer *Neue Zeit* nannte: Sie habe, wie bei den Bürgerkindern nicht anders zu erwarten, eine «anarchistische Form», sei mithin ziel- und zwecklos.

Der Mythos ist das Schokoladenparadies – nämlich der mit geradezu religiösem Ernst verfochtene Glaube aller Fortschrittsgesellschaftler, daß mit wachsendem Wohlstand auch der Umfang der zufrieden schweigenden Mehrheit zunehme, bis er schließlich allumfassend werde. Dieser Mythos ist zerstört: Mit dem zunehmenden Wohlstand einher ging nicht das große Lebensglück, sondern eine neue, umwerfende Lebensangst, die den Heranwachsenden gefangen hält, die seine Gefühle gegenüber der ihm bedrohlich erscheinenden Umwelt blockiert: Für Westeuropas Großstadtjugend ist die Lebenswelt ringsum unter «Packeis» begraben, zum «Grönland» erstarrt – und damit auch zu einer knappen Metapher verarmt, deren Ironie das Bedrohliche vielleicht zu mildern vermag. «Wir haben Grund genug zum Weinen, auch ohne euer Tränengas», stand auf einem Transparent jugendlicher Demonstranten in Zürich, bevor CS-Gasschwaden über ihnen niedergingen.

«Beton» wird zum Symptom der Bedrohung, der Pflasterstein und die Hausbesetzung werden zu Symbolen ihrer Überwindung. Der von Zürcher Jugendlichen («Video-Laden») während der Unruhen gedrehte Film «Züri brännt» beginnt mit einer monotonen Bildfolge von Betonfluchten. «Gähnende Wüste unter Industriedunst», sagt eine Stimme dazu, «riesige Flächen vor den Einkaufszentren, so leer und wunschlos wie die Köpfe der Familienväter.» Die Gruppe Freiburger Hausbesetzer, die Anfang Juni 1980 von einer 1200 Mann starken Polizeitruppe aus dem Häuserkomplex «Dreisameck» geprügelt wurde, verkündete: «Daß der Tod uns lebendig findet – und das Leben uns nicht tot.» Auf einem ihrer Flugblätter stand: «Wir haben nicht nur Gebäude besetzt. Wir haben Inhalte von Gebäuden besetzt.» Und nachdem Bulldozer das «Dreisameck» niedergewalzt hatten, wurde ein Plakat an den Stacheldrahtverhau gehängt, auf dem es hieß: «Ihr habt meine Stadt, mein Leben, mich – uns alle ärmer gemacht.»

Nun ist die Ursache solcher Verarmungserlebnisse nicht das Spekulantentum, nicht die Wohnungsmisere oder das Versagen der Kommunalbehörden, auch nicht die Jugendarbeitslosigkeit oder Jugendfeindlichkeit, nicht der Atomkraftwerkbau, die Umweltzerstörung oder die Pershing-2-Rakete, sondern dies alles zusammen – und noch ein bißchen mehr. Soweit sich die Ursachen objektiv deuten und auf gesellschaftliche Krisenzustände zurückführen lassen, hat sie Walter Hollstein im 11. Kapitel dieses Buches skizziert. Soweit sie sozialpsychologisch aus der Interaktion zwischen den Generationen zu verstehen sind, haben sie Hans-Jürgen Wirth im 12. Kapitel und Horst Eberhard Richter in seinen 19 Thesen thematisiert. Alle drei Beiträge machen deutlich, daß die Verarmung der Lebenswelt für die Jugendlichen gleichbedeutend ist mit dem Verlust ihrer Zukunft.

Zweifellos ist die Mehrheit der Jugendlichen robust genug, um solche Verluste hinzunehmen und die Lebensängste abzuwehren. Sie wird den Weg der Erwachsenen gehen – den der Anpassung an die Logik des Systems und seiner Sachzwänge. Bei der Minderheit der Jugendlichen, den wehrlosen und übersensiblen, kommen die Lebensängste als diffuse Verzweiflungsgefühle hoch. Viele werden mitgerissen, versinken in Depressionen, flüchten zu Betäubungsmitteln. Der in den vergangenen Jahren bei Jugendlichen rasant gestiegene Konsum von Alkohol, Tabletten und Drogen – ebenso wie die rasch steigende Selbstmordrate – sind die Folge solcher Ausweich- und Fluchtversuche. Die restlichen Jugendlichen, vielleicht die selbstbewußteren, versuchen den Verzweiflungsgefühlen standzuhalten: Sie proben die Verweigerung, die, sobald gelebt, zur Revolte wird. In seinem Roman «Wie wird Beton zu Gras» beschreibt Otto F. Walter die Verweigerungshaltung seiner 18jährigen Hauptfigur Esther: «Sie mußte kundtun, weithin und öffentlich, daß sie gegen alles das war, was die Leute hier in H. fortzusetzen im Begriff waren. Gegen das, wofür sie einfach noch kein präziseres als das allgemeine Wort ‹Das Alte› hatte, worin alle anderen Wörter versammelt waren, Angst, Terror, Granaten, Unterdrückung, Stoppuhr, Sex, Männliches, Konsum, Gewalt, Beton, Gewalt, Zwang ...»

Das an dieser Verweigerung radikal Neue, für die Erwachsenenwelt nun ihrerseits Bedrohliche ist deren totalitäres Moment: Sie wendet sich nicht nur gegen den Staat und die Institutionen, sondern gegen das «Ganze» der Gesellschaft. Sie ist kein «Aussteigen» nach Art der landwärts ziehenden Grünen, vielmehr die Weigerung, überhaupt einzusteigen.

Dies beginnt bereits im Pubertätsalter, im Kreis der Familie. Selbst einfühlsame, rund um die Uhr sich sorgende Mütter und Väter haben keine Vorbildfunktion mehr. Sie werden von den eigenen Kindern unwillkürlich mit der herrschenden Werteordnung, mit der Erwachsenenwelt identifiziert. Die elterliche Verfügungsgewalt erscheint den Kindern ohne Legitimation, fast, als sei sie Fremdherrschaft. Fragen nach dem Sinngehalt ihres Lebens richten die Kinder nicht an die Eltern, sie schweigen lieber daheim – und suchen Bestätigung in der Subkultur der Gleichaltrigen: der Abkoppelungsprozeß setzt ein.

Die gegenüber Eltern und Schule noch kopflos-aggressive Abwehr gewinnt dann gegenüber dem politischen System Kontur: Die 18- bis 20jährigen Schulabgänger verweigern sich in wachsender Zahl nun auch gegenüber den politischen Parteien – nicht auf Grund diffuser Angstgefühle, sondern aus der konkreten Erfahrung fehlender Glaubwürdigkeit. In der Sicht der Jugendlichen dient die Politik der Politiker, gleich welcher Couleur, nicht den Betroffenen, sondern dem Erhalt ihrer Macht; die Parteiprogramme dienen dem Zweck, diesen Sachverhalt ideologisch zu verdecken; und die herrschende Ordnung («Rechtsstaat») ist dazu da, jede tatkräftige Ideologiekritik zu unterbinden. Die «Toleranz gegenüber konkurrierenden Lebensentwürfen» sei so niedrig, «daß Prozesse dieser Art praktisch nicht mehr stattfinden, sie ersticken im Vorfeld», beobachtete Walter Hornstein, früherer Leiter des Deutschen Jugendinstituts, noch vor dem Ausbruch der Zürcher Krawalle; der sensiblere Jugendliche reagiere auf solche Erfahrungen nicht mehr nur mit dem Abtauchen in die Freizeit-Subkultur in der Art des Saturday-Night-Fever, sondern mit «grundsätzlicher Verweigerung» gegenüber allem, was mit dem System irgendwie zu tun hat.

So kommt es, daß Aussteigergruppen, die sich um die Entfaltung einer alternativen Moral bemühen, auf die Verweigererjugend eine besondere Faszination ausüben. Die auf Abgrenzung gegenüber der Erwachsenenwelt bedachte Teenager-Subkultur imitiert darum in zunehmendem Maß die Verhaltensweisen der älteren Alternativen und Aussteiger bis hin zum Sprachgestus – und verschmilzt schließlich mit ihnen, wie sich etwa an Hand der im 6. Kapitel von Hans Halter beschriebenen Hausbesetzerszene Berlins und der im 7. Kapitel von Walter Tauber geschilderten Kraaker-Bewegung beobachten läßt.

Mit dem Anschluß an die Alternativ-Szene drehen die Jugendlichen die bürgerliche Lebensweisheit, daß erst die Arbeit, dann das Vergnügen komme, auf den Kopf: Sie wollen zuerst ihrer Emotionalität Raum geben, zuerst verläßliche Beziehungen knüpfen, zuerst Selbstwertgefühle entfalten, auch wenn mit Attitüden narzißtischer Selbstbezogenheit. Erst wenn Geborgenheit und Sicherheit bei ihresgleichen gefunden sind, halten die Jugendlichen eine fremdbestimmte Tätigkeit am Arbeisplatz für erträglich. «Jeder Appell an die alte Arbeitsmoral mit ihren Wohlstandsprämien greift hoffnungslos vorbei an dieser psycho-sozialen Disposition», weiß der um Jugendfragen bekümmerte Theologe Hans-Ekkehard Bahr über die alternative Sozialisation.

Die Verweigerung schlägt um in offene Rebellion, wo die

Erwachsenenwelt den Raum der Entfaltung solch gegengesellschaftlicher Kulturen nicht freigibt – oder ihn, wo er offen stand, mit Polizeieinsatz wieder nimmt. «Die Angst der Mächtigen vor der Autonomie» nannten Zürcher Jugendliche ihr Buch, das den Kampf um das «Autonome Jugendzentrum» dokumentiert, das wiederum kaum mehr als ein Fetisch ist für das, was «Autonomie» inhaltlich zu bedeuten hat: Vermutlich hätten neben den Mächtigen auch die Ohnmächtigen gehörig Angst, wenn ihnen ein autonomes Leben abverlangt würde. Denn auch die Verweigerer bleiben in die Widersprüche städtischer Lebensverhältnisse eingebunden. Ihr Protest signalisiert nicht das Ende dieser Verhältnisse, sondern nur deren Unerträglichkeit.

Zwar sehen viele Krawallierer in der mit dem Autonomiepostulat verknüpften Weigerung, jedwelche Verfügungsgewalt über Menschen zu akzeptieren, ein Bekenntnis zum Anarchismus. Sprüche wie: «Keine Macht für niemand» sind in aller Mund. Kaum eine Hausfassadenparole, bei der nicht jedes «a» als Großbuchstabe geschrieben und nach alter Anarchistensitte eingekreist wäre. Tatsächlich aber ist das anarchistische Getue nur Begleitmusik zu einer erheblich prägnanteren, gern überhörten Grundmelodie: der radikalen Ideologiekritik. Sie befreit den Jugendprotest aus dem Bannkreis wehleidiger Selbstbespiegelungen und gibt ihm ansatzweise die Dimension enthüllender Gesellschaftskritik.

Mit jedem Pflasterstein, der in der Auslage eines Pelzgeschäfts oder dem Börsenkursfenster einer Großbank landet, auch im legendären, überall schon vernommenen Satz: «Wir sind die Typen, vor denen uns unsere Eltern gewarnt haben», wird die ungeheure Dissonanz unüberhörbar, die in der Welt der Erwachsenen zwischen den schönen Reden und dem faktischen Handeln tönt – von den ganz kleinen Unvereinbarkeiten im Moralgehabe der Eltern über die angeblich der Lebensqualität verpflichtete Vetternwirtschaft kommunaler Behörden bis hin zur Machtpolitik der Bündnisblöcke, die im Namen des Friedens weiter und immer weiter rüsten.

Nicht, daß es in der Neuzeit jemals eine Epoche weitgehender Widerspruchsfreiheit zwischen Politik und gesellschaftlicher Moral gegeben hätte. Aber noch nie waren die Widersprüche so konkret lebensbedrohend – und noch nie hat sich die für den Zustand der Welt verantwortliche Erwachsenengeneration dermaßen ignorant und resigniert in die sogenannten Sachzwänge geschickt wie diese, unsere Generation – wie wir.

Die neue, in Umrissen erkennbare, Friedensbewegung ist nicht von ungefähr vom Schwung rebellischer Jugend getragen. Die Mehrheit der über 120000 Teilnehmer am Evangelischen Friedenskirchentag in Hamburg im Juni 1981 waren Jugendliche, die ihre Zukunft vor den Erwachsenen in Schutz zu nehmen für bitter nötig halten – eine in der Geistesgeschichte Europas bisher einmalige Situation.

Die etablierten Dreißig- bis Sechzigjährigen, die sich ohnehin als Repräsentanten der Gesellschaft und Eigner des Sozialprodukts verstehen, nehmen die appellierende Kritik der Jugendlichen wenn möglich gar nicht zur Kenntnis: Mit dem Argument, sie verstießen gegen die rechtsstaatlichen Spielregeln, werden die Krawallierer auf dem Weg der Strafverfolgung diszipliniert, die Renitenten kriminalisiert. So spiegelt sich die Verweigerung der Jugendlichen in der Weigerung der Erwachsenen, die Lebensverzweiflung der Nachkommenden so ernst zu nehmen, daß sie verhaltensändernd einwirken könnte. Auf dem Höhepunkt der Zürcher Unruhen, im November 1980, belehrte die *Neue Zürcher Zeitung* den schwankend gewordenen Stadtrat, «daß nichts falscher ist, als einem Kind, das etwas mit Stampfen, Geschrei und Gewalt ertrotzen will, seinen Willen zu lassen.» Unsterbliche Struwwelpeter-Moral.

Statt mit erhobenem Zeigefinger auf Disziplin zu bestehen, hätte die Erwachsenenwelt schon früher hellhörig werden sollen. Ich meine damit nicht spektakuläre Szenen, etwa, als mit Schlagstöcken und Mollis bewaffnete Teenagertrupps erstmals 1978 zur Anti-AKW-Schlacht nach

Brokdorf zogen, sondern Prozesse, die das genaue Gegenteil zum Ausdruck bringen: den geschilderten Rückzug der empfindsam gewordenen Jugendlichen in Sprachlosigkeit vor dem, was ihnen die Erwachsenen an Zukunft bereitgestellt haben.

Doch es war einfacher, das markante Desinteresse der Teenager am Erwachsenenleben für die Langeweile überangepaßter, gefügiger Kinder zu halten. «Lieb Vaterland, magst ruhig sein, noch immer ist die Jugend dein», umriß nicht ohne Begeisterung das *Deutsche Allgemeine Sonntagsblatt* die Quintessenz der vom Jugendwerk der Deutschen Shell 1979 in Auftrag gegebenen Befragung Jugendlicher zwischen 17 und 29: Alles laufe wie geschmiert, von Verweigerung keine Spur. Im gleichen Jahr publizierte die Hamburger Behörde für Jugend, Schule und Berufsbildung die Ergebnisse einer Befragung von rund 3600 Jungen und Mädchen zwischen 15 und 17 Jahren an Gymnasien, Haupt- und Real- und berufsbildenden Schulen über die Einstellung zu Staat, Eltern, Leben und Umwelt. Nur 23 Prozent der Jungen, so lasen die Untersucher aus den Antworten heraus, halte die Gesellschaft für «reformbedürftig», nur eine winzige Gruppe, 1,3 Prozent, wolle «revolutionäre» Veränderungen. Vier Fünftel der Jugendlichen würden ihre Kindheit als «glücklich», fünf Sechstel das im Pubertätsalter gemeinhin prekäre Verhältnis zu den Eltern als «harmonisch» einschätzen. Einzig diese merkwürdige Langeweile der Kinder, deren fast grenzenlose Gleichgültigkeit und Schweigsamkeit irritierte ein wenig, auch die Auskunft von zwei Dritteln der Jugendlichen, daß sie keinesfalls so werden möchten wie ihre soeben noch gelobten Eltern. Ansonsten durfte man sich auf eine brave, gutmütige Generation gefaßt machen.

Die von den Hamburger Behörden befragten Teenager sind inzwischen, zweieinhalb Jahre später, um manche Straßenschlachterfahrung reicher: Es ist keine andere oder irgendwie verhexte, sondern die genau gleiche brave Jugend, die heute von der genau gleichen Erwachsenenwelt als «faule Schmarotzer» (Bürger in Freiburg), «übles Pack» (Nürnberg) oder einfach als «Kriminelle» (Bremen, Hannover, Nürnberg, Zürich) tituliert wird, weil sie sich inzwischen auf eine unübersehbare, sicherlich auch bedenkliche Art bemerkbar gemacht hat: Die von Hausbesetzern errichteten Barrikaden in Berlin-Kreuzberg wie der pflastersteinbewehrte Teenager in Zürichs Innenstadt stehen nun exemplarisch für das sich verweigernde Verstummen der Jugend, die erst im Krawall ihre Sprache, auch die auf bald allen Hausfassaden nachlesbare Beredsamkeit wiedergefunden hat – nun aber in einer Pose, die schon die beängstigenden Posen früherer Jugendrevolten hinter sich hat. Damit hat die krawallierende Jugend den Anschluß gefunden an die nun zwanzigjährige Tradition sich verweigernder Rebellionen – und diese wird für das Verhalten der Jugendlichen weit bestimmender werden als der aggressive Schlagabtausch mit den Hütern der Ordnung, vor allem: Sie liefert gleichsam das Terrain, auf dem die Jugend ihre Autonomiebedürfnisse zur Darstellung bringt. Die folgende kurze Übersicht über diese Tradition soll den Umfang – und so auch die Grenzen – dieses Terrains sichtbar machen.

Radikale Verweigerung als Ausbruch aus den als umfassend erlebten Zwängen des «Systems»: Diese Protesthaltung probte erstmals Ende der fünfziger Jahre in den USA die «Beat-Generation». Sie wollte aus der amerikanischen Fortschrittsgesellschaft aussteigen, sich ihren Anpassungsgeboten verweigern – freilich nicht in der Rolle des kämpferischen Revolutionärs, sondern des «beat», des Geschlagenen, des seelisch Verletzten, der eine heile, subjektive Gegenwelt erschließen will. Walter Hollstein gibt in seiner Beschreibung der Geschichte der Protestbewegung (in: «Gegengesellschaften», 1979) die Einschätzung, daß die Beat-Generation die erste größere Bewegung nach dem Zweiten Weltkrieg gewesen sei, «welche die kapitalistische Gesellschaft als ein geschlossenes System der Inhumanität, der Diskrepanz zwischen Sein und Schein, der inneren Leere und Entfremdung des Menschen kritisierte und diese Kritik auch existenziell werden ließ, indem sie ein, den offiziellen Werten und Verhaltensweisen diametral entgegengesetztes Leben zu führen begann».

In Europa setzte sich die Beat-Bewegung zunächst bei den Gammlern, unreflektiert als dumpfer «Egotrip» (Hollstein), dann aber auf recht kreative Art bei den «Provos» in Holland fort. Sie würden sich «bewußt und rational dem System verweigern», erklärte damals Provo-Sprecher Rob Stolk, und sich für selbstbestimmte, gegengesellschaftliche Lebens- und Produktionsmuster engagieren.

Doch zusammenhängende, beständige Strukturen bildeten sich damals nicht. «Wir würden die Gesellschaft gern ändern, aber wir haben die Kraft dafür nicht», befand der Provo Bernhard de Vries, «wir können nur eine ganz große Diskussion provozieren.»

Die Erfahrung, daß Anpassungsverweigerung erst dann zu gegengesellschaftlichen Verhaltensmustern führt, wenn entsprechende Freiräume vorhanden sind, führte zur Proklamation sogenannter Freistaaten: Im Frühjahr 1970 etwa riefen die holländischen «Kabouters», in Nachfolge der Provos, ihren «Oranje Vrijstaat» aus: Ihr Freistaat gründe auf «Zufriedenheit, Gesundheit und Glück» jedes einzelnen. Regiert werde er von der Vollversammlung, sein Territorium beschaffe er sich durch Hausbesetzungen – Vorläufer der heutigen Kraaker-Bewegung, die im 7. Kapitel geschildert wird. Ein halbes Jahr nach den Kabouters gründeten junge Kopenhagener den «Freistaat Christiania», das größte und noch heute existierende Modell einer Gegengesellschaft (siehe 8. Kapitel).

Mitte der sechziger Jahre hatte aber auch eine umfassende Politisierung der Jugend Westeuropas, vor allem der Studenten, eingesetzt. In Paris rebellierten Schüler und Studenten gegen das antiquierte und elitäre Bildungssystem, gründeten Gegenuniversitäten, riefen zum Generalstreik auf und schrieben an die Häuserwände: «Wir verlangen das Unmögliche», Slogan des heißen Pariser Mai 1968.

Die damals in den Großstädten aufbrechende Jugendrevolte war keine Aussteigerbewegung, im Gegenteil, sie wollte radikal reformerisch, mithin gesellschaftserneuernd sein: sie artikulierte politische Ziele, die vom idealistisch verbrämten Glauben an die Wandlungsfähigkeit der Gesellschaft und ihrer Institutionen getragen waren. Der Ruf «Enteignet Springer!» etwa bekämpfte ja nicht das System der Massenmedien. sondern den Mißbrauch ihrer Macht.

Die Herrschaftskritik der 68er-Bewegung richtete sich insgesamt gegen autoritäre Verhältnisse – und blieb so an das Autoritäre als Prinzip fixiert, indem sie ihre antiautoritäre Haltung nicht minder autoritär verfocht. Zwei Tendenzen traten dann hervor, diese Fixierung zu überwinden: die eine, von Herbert Marcuse theoretisch gerechtfertigt, identifizierte das Autoritätsproblem mit dem gesamtgesellschaftlichen Zustand, der den Menschen zur «Eindimensionalität» verkrüppele, so daß ihm nur der Weg der «radikalen Verweigerung» offen stehe. Die andere, vor allem von den Studenten in Norditalien und Westdeutschland praktizierte Haltung verknüpfte die Autoritätskritik mit der marxistisch gemeinten Analyse gesellschaftlicher Widersprüche, um diese dann «aufzubrechen» – und sei es eben mit Hilfe von Sprengstoff und Revolvern.

Die terroristischen Linksradikalen, die dann in den 70er-Jahren ihre Klassenkampf-Parolen mit Angst und Schrekken zu verbreiten suchten, übertönten längere Zeit den fortschreitenden Trend zur Alternativen-Bewegung, die immer deutlicher in die Versuche des Aufbaus gegengesellschaftlicher Lebensmuster mündete.

Bereits mehrere Jahre vor der 68er-Revolte war in den USA mit den Hippies eine Massenbewegung radikaler Anpassungsverweigerer entstanden. Ihre Alternativ-Philosophie lautete: Respekt, Verstehen, und, über allem, Liebe. Sie orientierte sich an asiatischen Religionen und der Lebensweise der Indianer. «Nur Stämme werden überleben» – der Sprayerspruch der Zürcher Jugendbewegung 1980 war Schlagwort unter den Hippies 1967, deren zentrales Thema die mit dem Vietnamkrieg verbundene Erfahrung der mit

Sachzwängen argumentierenden Politiker war. Gegen den fremdbestimmten, anonym gewordenen Menschen sollte das unveräußerliche Eigene hervorgekehrt werden, um gegen die verfügende Gewalt der Gesellschaft Autonomie zu gewinnen. «Du mußt dem Fluß in dir folgen bis zu seiner Quelle», lautete einer der Hippie-Sprüche. Bald entstand in den amerikanischen Hippie-Zentren eine alternative Infrastruktur mit Gemeinschaftshäusern und Theatern als «Counter Culture». Diese Gegengesellschaft sollte vom Anspruch getragen sein, Emotionalität und Lebensgestaltung, Arbeit und Weltanschauung zu einem Ganzen zu verbinden und in dieser Ganzheit eine neue, lebensgerechte Identität aufzubauen.

Ganzheitlichkeit und Identität sind spätestens seit jenen Hippiezeiten die zentralen Leitbegriffe, an denen sich die alternative Sozialisation orientiert. Sie bestimmen auch die Stoßrichtung der in den vergangenen Jahren umfassend gewordenen Anti-AKW-Bewegung. Sie sind Fixpunkte für den Landkommunen-Trend wie auch für die vielfältigen Psycho- und Sensitivity-Bewegungen – und sie sind schließlich zentrales Thema der Verweigererjugend der achtziger Jahre.

Die hier skizzierten Zusammenhänge sollten die Doppeldeutigkeit des aktuellen Jugendprotests sichtbar machen: Zum einen trägt er die rückhaltlose Kritik der Heranwachsenden an einer nicht mehr für lebenswert empfundenen Erwachsenenwelt auf die Straßen – und zum anderen folgt er der Tradition verweigernder Rebellion in die buntgemischte Aussteiger-Subkultur, die sich mehr und mehr zu einer an ganzheitlichen Lebensbezügen orientierten Alternativbewegung verfestigt. Diese Doppeldeutigkeit soll auch dieses Buch in seiner Gliederung zum Vorschein bringen.

Im ersten Teil des Buches geht es um die Vorgeschichte des Protests, dann um die Darstellung der engräumigen, mit Normen und Regeln vollgestopften Lebensbereiche, die den Jungen kaum Freiräume zur Entfaltung ihrer als autonom verstandenen Subkultur öffnen. Entsprechend konfrontativ die Auseinandersetzung – und entsprechend groß der Leidensdruck auf beiden Seiten.

Der zweite Teil versucht, die aus dem Protest hervorgehenden gegengesellschaftlichen Verhaltensmuster sichtbar zu machen. Ausgehend von der Hausbesetzerszene wird das Terrain gegengesellschaftlicher Modelle beschrieben, auf dem die Jugendlichen ihre Verweigerungshaltung kreativ (statt konfrontativ) umzusetzen sich bemühen. Dabei ist dieses Terrain nicht nur als Gebietsanspruch, sondern auch als ein bewußtseinsmächtiger Freiraum zu verstehen – für das Lebensrecht ungezügelter Phantasie, wie sie Adolf Muschg im 10. Kapitel beschreibt, aber auch für die nur mehr eitle Selbstgefälligkeit, mit der sich die alternativ Gescheiterten über ihr Elend hinwegzutäuschen suchen (Hinweise hierzu gibt Jörg R. Mettke im 9. Kapitel).

Der dritte Teil schließlich bietet Deutungs- und Erklärungshilfen fachkundiger Interpreten. Und da es sich bei dem Jugendprotest um komplexe, vielschichtige Prozesse handelt, gibt es keine Lösungen, sondern nur Erklärungsangebote, die das Thema von unterschiedlichem Blickwinkel beleuchten. So behandelt das erste Kapitel des dritten Teils die Hintergründe der Jugendrebellion unter soziologisch-politologischen Fragestellungen; die beiden folgenden Kapitel haben einen psychologischen beziehungsweise sozialpsychologischen Blickwinkel. Das letzte Kapitel schließlich verfolgt einen kulturgeschichtlichen Aspekt und fragt nach der Rolle der Jugend im sozialen Wandel der Gesellschaft.

Neben solchen Deutungshilfen ist Hauptzweck dieses Buches, eine vertiefende Orientierung über Europas wichtigste Schauplätze der Protestszene zu geben – nicht als voyeuristischer, aus der sicheren Distanz des Erwachsenen verfaßter Reiseführer, sondern als miterlebte Beschreibung aus der Szene selbst: Die Schilderungen der zwei ersten Buchteile entstanden in der – freilich journalistisch reflektierten, also auf Vermittlung bedachten – teilnehmenden Beobachtung, die für manchen der Autoren zur anteilnehmenden wurde. So kann der Leser bei der Lektüre der verschiedenen Reportagen auch die distanzierte Nähe einnehmen, von der aus die Verfasser teils kritisch, teils parteiergreifend mit ihrem Thema umgegangen sind – mit Verständnis für die Lage der Betroffenen allemal.

I.
Konfrontationen

Sachzwänge – Anpassungsdruck – Verweigerung

Niemand ahnte damals, Anfang der siebziger Jahre, daß vier, fünf Dutzend Kopenhagener Teenager mit ihrer militant verfochtenen Forderung nach Autonomie unfreiwillig die Rolle der Avantgarde zur heutigen Jugendbewegung spielen würden: Aufstieg und Fall jener «Kindermacht» genannten Bewegung ist für Teile der heutigen Verweigererjugend symptomatisch (1. Kapitel). Die erste massenhafte Protestbewegung der Stadtindianer und Autonomia in Italien entfaltete dann die für die Verweigerungshaltung kennzeichnende kreative Ironie, eine Art Kampfmittel gegen die Zukunftsangst. Sie scheiterte nicht an sich selbst, sondern am hoffnungslosen sozialen Desaster Italiens (2. Kapitel). In eine Phase der Stagnation, vielleicht sogar der Selbstauflösung ist die Zürcher «Jugendbewegung» geraten. Zwar hat die Bewegung inzwischen ihr Autonomes Jugendzentrum, dennoch vorlor sie, wie die Chronik eines Krawalljahres illustriert, im Verlauf der unerbittlich ausgetragenen Konfrontation ihre schöpferische Kraft (3. Kapitel). Die Unnachgiebigkeit der Behörden und das intolerante Meinungsklima sind über Zürich hinaus typisch für die mittelgroßen, im Kern bürgerlich-provinziellen Städte – wie Bremen, Hannover oder Göttingen (4. Kapitel): Die Kluft zwischen den Generationen hat dort den Punkt erreicht, hinter dem es keinen Brückenschlag, nur noch Feindseligkeit gibt. Die Aussteiger-Szene Frankfurts ist demgegenüber bereits zu mächtig, um aufgerieben oder hinter Gitter gesteckt zu werden. Hier können aussteigende Jugendliche alternativ sich engagieren. So werden, in Ansätzen, gegengesellschaftliche Strukturen sichtbar (5. Kapitel). Doch sie bleiben, wie das Beispiel «Startbahn West» illustriert, dialektisch fixiert auf die als unerträglich erlebten Verhältnisse, die sie negieren: In der Konfrontation kann der Jugendprotest das Niveau der Straßenkrawalle und Sponti-Aktionen («Macht kaputt, was euch kaputtmacht») kaum überschreiten.

1

Michael Haller

«Schwesterlichkeit»

Über die «Kindermacht» in Kopenhagen

Die Dänen sind nicht ohne Stolz auf ihren Staat, ihre Gesellschaft, auf sich. «Jeder Däne glaubt an den Wohlfahrtsstaat, der ihm und seiner Familie kostenfrei Krippen, Schulen, Volksbüchereien, ärztliche Hilfe, Pflegeheime für die Alten und billige Begräbnisse bietet», steht in einer vom Außenministerium herausgegebenen Dänemark-Broschüre; jeder Däne sei überzeugt, «daß sein Land das denkbar beste aller denkbaren Länder sei»: ein Land, dessen Bewohner tolerant, naturverbunden und von sozialem Verantwortungsbewußtsein durchdrungen seien.

So fand es die dänische Öffentlichkeit auch nicht weiter schlimm, als Ende der sechziger Jahre Tausende junger Studenten durch die Straßen von Kopenhagen zogen, um gegen die Amerikaner in Vietnam, die Atomaufrüstung, die zu hohen Wohnungsmieten – und für das kollektive Wohnen und die freie Liebe zu demonstrieren. Kaum jemand empörte sich darüber, daß da eine Gruppe Schüler und Lehrlinge aus den Vorortquartieren im Westen der Stadt mitmarschierten und so abstrus scheinende Slogans wie «Befreit uns von unseren Eltern» riefen, auch nicht, daß diese Teenager mit den Studentengruppen mehrere leerstehende Häuser im Zentrum Kopenhagens besetzten, um dort alternatives Leben in kommunitären «Wohnkollektiven» zu erproben.

Jene Teenager – die meisten waren noch nicht mal fünfzehn – waren mehrheitlich in den Betongettos des sozialen Wohnungsbaus in den Stadtteilen Nørrebro und Vesterbro aufgewachsen. Sie entstammten jenem kleinbürgerlichem Milieu, wo sich die für den sozialen Aufstieg kämpfenden Eltern abrackern, damit es die Kinder später mal besser haben sollten. So hatten es jene Kinder, solange sie solche waren, nicht selten schlechter: Statt Geborgenheit kannten sie Gefühle der Einsamkeit, statt väterlicher Fürsorge gab's Ermahnungen, meist in handgreiflicher Art.

Symptomatisch für den Werdegang dieser Jugendlichen war ihr Schulverhalten: erst Konzentrationsstörungen, dann Angstzustände, vermeintlich grundlose Aggressionen bis zu blutigen Prügelszenen; dann Schuleschwänzen mit ziellosem Herumgammeln, Kneipenbesuche, Alkoholkonsum, schließlich Kleindiebstähle.

Nicht, daß dieses Vorstadtmilieu in Kopenhagen anders gewesen wäre als in Frankfurt oder Zürich. Dort waren und sind die Zwänge, der Leistungs- und Anpassungsstress eher noch größer. Der Unterschied zu den mittleren Großstädten des deutschen Sprachraums besteht vielmehr darin, daß in Dänemark (ähnlich wie in Amsterdam) die städtische Öffentlichkeit die anpasserische Spießbürgermoral nicht bestätigt und verstärkt, sie eher relativiert – daß, mit anderen Worten, den bedrängten Jugendlichen Ausweich- und Fluchtwege in Subkulturen offenstehen.

Ausreißer, jugendliche Warenhausdiebe, Schulversager: sie gelten nicht primär als Objekte – und Opfer – bürgerlich-moralischer Entrüstung, sondern als Menschen, denen offenbar die Probleme über den Kopf gewachsen sind. So funktionierte (und funktioniert wohl auch heute noch) die von den Medien, Institutionen und Meinungsführern getragene Öffentlichkeit Kopenhagens primär nicht als disziplinierungssüchtiger «verlängerter Arm» der Eltern, eher als eine Instanz, die sich wie instinktiv auf die Seite des Schwächeren stellt, auch wenn sein Verhalten unvernünftig ist. So kam es, daß in Kopenhagen weit mehr milieugeschädigte Kinder als in Städten vom Zuschnitt etwa Zürichs ihre eigene Perspektive durch die Flucht vor dem Anpassungszwang zu Hause realisieren wollten.

Damals stieg die Zahl polizeilich gemeldeter Ausreißer sprunghaft an, durchschnittlich meldeten zwei Familien pro Tag, daß ihr Kind nicht mehr heimgekehrt sei. In Wahrheit war die Zahl wegen der großen Dunkelziffer erheblich höher. Für die auf «Trebe» gegangenen Jugendlichen war es indessen nur eine Frage der Zeit, bis sie von der Polizei aufgegriffen, der Fürsorge weitergereicht und an die Eltern zurückgegeben wurden.

Auch die rund 50 Teenager, die sich den Studenten angeschlossen und bei den Hausbesetzungen aktiv mitgemacht hatten, waren zum größeren Teil von zu Hause weggelaufen. Die studentische Subkultur erlebten sie als befreiend, Hausbesetzungen als eine von der Erwachsenenwelt abgegrenzte Alternative. Bald kam ihnen die Idee, sich zur autonomen, kollektiv handelnden Teenager-Gruppe zusammenzuschließen, um der Polizei, dem Fürsorgeamt und den Eltern mit Gegenaktionen drohen zu können.

Tatsächlich lungerten diese Kinder nicht mißmutig in Discos und Kneipen herum, sondern verfaßten Resolutionen und Flugblätter, mit denen sie das Recht auf eigene Lebensführung, den Lebensraum inklusive, verlangten.

Im März 1972 trafen sich über 40 Teenager zur Gründungsversammlung ihrer «Kinderbefreiungsfront», im Szenen-Jargon bald nur noch «Børnmagt», «Kindermacht» genannt. Nun plötzlich bekam die aufgeklärt-tolerante Öffentlichkeit doch einen Schock: Entsetzte Eltern, besorgte Zeitungskommentatoren und verständnislose Politiker fragten: Was ist in unsere lieben Kinder gefahren?

Die Bewegung war anfangs eine lockere, in mehreren Stadtteilen, mithin dezentral operierende Organisation. Zum Mitmachen wurden alle Kinder und Jugendlichen aufgefordert. Einzige Bedingungen: Kampf für die Selbstbestimmung der Kinder, Mitmachen bei Aktionen, Solidarität mit Hausbesetzern. Wichtiger noch als solche Grundsätze war das Gruppengefühl, die Erfahrung gegenseitiger Unterstützung, das Erlebnis solidarischen Handelns – Verhaltensformen, die das Bedürfnis nach Geborgenheit befriedigen und ein stärkendes Wir-Gefühl vermitteln konnten.

Um die auf Trebe gegangenen Altersgenossen aufnehmen zu können, benötigte die «Kindermacht» einen ständigen Wohn- und Versammlungsort in der Art heutiger «Autonomer Jugendzentren». Wiederholt besetzte sie leerstehende Häuser und wurde jedesmal von der Polizei wieder hinausgeprügelt.

Erstmals einen stabilen Zusammenhalt fand die «Kindermacht» im Sommer 1973: Nachdem die Polizei mal wieder «Kindermacht»-Teens erkennungsdienstlich behandelt und ihren Lagerraum durchsucht hatte, bat die Gruppe um Aufnahme im «Freistaat Christiania», einem von Alternativen besetzten Stadtgebiet, und erhielten dort ihr eigenes Haus (zur Geschichte Christianias siehe 8. Kapitel). Bald fanden sie unter den Christianittern Freunde, die ihnen bei der Durchsetzung ihrer Anliegen mit Rat und Tat zur Seite standen.

In den folgenden Monaten konnte die nun zentralisierte «Kindermacht» dem Jugendamt auch tatsächlich begreiflich machen, daß die Polizeirazzien mit anschließender gewaltsamer Heimschaffung ausgerissener Teenager sinnlos sei, da damit die Ursachen der Flucht nicht beseitigt würden. Sinnvoller sei darum, die zu ihnen geflüchteten Ausreißer erst einmal unbehelligt zu lassen. Erst wenn diese innerlich zur Ruhe gekommen seien, könne man das Gespräch über eine allfällige freiwillige Rückkehr beginnen. Prompt protestierten betroffene Eltern, pochten auf ihre Erziehungsgewalt und verlangten die polizeiliche Heimschaffung ihrer Kinder.

Amanda, eine inzwischen 22jährige Punkerbraut in schwarzer Ledermontur und einem knall-lila Streifen im struppig geschnittenen Haar, war damals als Kind auf die schiefe Bahn geraten. Amanda hieß mit bürgerlichem Namen nicht Amanda. Aber dieser Name, erzählt sie heute, habe ihr damals das Gefühl gegeben, jemand anderes geworden zu sein, als die Mutter sich gewünscht habe: Amanda, das war der erste Schritt weg von der als übermächtig erlebten Mutter, hin zu sich selbst. «Mein Vater?» gibt sie auf meine Frage zurück, «vergiß es.» Die ganze Familie wurde durch ihre

Mutter verkörpert, eine resolute Person, die als Kassiererin im Kaufhaus in der City tätig war.

Mit 13 griff Amanda erstmals zur offen auf dem Küchentisch stehengebliebenen Bierflasche. «Der erste Schluck zog mir die Kehle zu, es war ein Greuel. Ich sagte mir: Da mußt du durch. Ich leerte die Flasche in einem Zug.» Anfangs war es nur Bier, später auch Schnaps: täglich zu lösende Fahrkarten für die Reise zum inneren Frieden. «Wenn ich getrunken hatte, herrschte Ruhe in mir, Friedhofsruhe.»

Dann kamen die Beschaffungssorgen, die kleinen Ladendiebereien reichten nicht mehr aus. Kurz vor ihrem 15. Geburtstag habe sie «ein ganz starker Typ» aufgemacht. Eine Woche lang durfte sie bei ihm in der Wohnung leben. Eine Woche lang spendierte er das ihr liebste, einen teuren Cognac. Dann, an einem Nachmittag, so erinnert sie sich, habe er sie ins Kopenhagener Nuttenviertel Vesterbro gebracht, ihr die Bluse aufgerissen und sie an den Straßenrand gestellt: Sie solle anschaffen und ihre Schnapsrechnung bei ihm bezahlen, Tag für Tag.

Am folgenden Abend sei sie ins Haus der «Kindermacht» geschlichen, unten in Christianshaven. «Fünf Tage lang verkroch ich mich hinter einem Bretterverschlag auf dem Speicher. Manchmal klaute ich was zum Essen. Ich hatte wahnsinnig Angst, die würden mich wieder wegschaffen.» Als nichts dergleichen geschah, kam sie schließlich hervor. Die Teens von der «Kindermacht» stellten keine Fragen, gaben ihr zu essen und eine Matratze zum Schlafen. Im übrigen wurde sie in Ruhe gelassen. Dann, nach einer Woche, fand in Amanda das statt, was sie den «großen Dreh» nennt: Plötzlich sei sie in der Küche gestanden und habe denen dort gesagt: «Wißt ihr was? Heute koche ich für euch alle.» Noch nie habe sie in ihrem Leben für andere gekocht. Trotzdem, man habe den Fraß essen können. «Von da an gehörte ich dazu.» Amanda blieb zwei Jahre, dann zog sie in eine Wohngemeinschaft, suchte sich einen Job in der Stadt. Heute arbeitet sie vier Tage in der Woche in einer vom Mitarbeiterkollektiv geführten, also alternativen Keramik-Boutique.

«Einen Bürojob oder so was bring ich nicht mehr», sagt sie, «ich kann mich nicht mehr verkaufen.»

Damals, als Amanda bei der «Kindermacht» landete, gab es häufig schweren Krach zwischen den Eltern von jungen Flüchtlingen, die um keinen Preis mehr heimkehren wollten, und den Wortführern der «Kindermacht». Oft kam es zu Handgreiflichkeiten, manchmal auch zu tränenreichen Szenen, so etwa im Frühjahr 1974, als die Mutter eines 15jährigen Schulmädchens deren sofortige Rückbringung verlangte. Sogleich marschierten vier Bereitschaftspolizisten zum Haus der «Kindermacht», zerrten das ahnungslose Mädchen in den Wagen. Als die übrigen Gruppenmitglieder die Wegfahrt des Streifenwagens verhindern wollten, riefen die Polizisten Verstärkung. Nun tauchten mehrere Mannschaftswagen mit einer Hundestaffel auf. Wahllos wurden Kinder und Jugendliche aufgegriffen, in Handschellen gelegt und auf die Polizeiwache (statt, wie in Dänemark vorgeschrieben, zum Jugendamt) gezerrt. Von nun an warfen die «Kindermacht»-Teens mit Brettern und Steinen, sobald ein Polizeifahrzeug auftauchte. Die Ordnungshüter konterten mit Razzien. Schließlich waren Prügeleien zwischen den Teenagern und Polizisten an der Tagesordnung.

In der Öffentlichkeit wurde das renitente Verhalten dieser Kinder auf das schlechte Milieu in «Christiania» zurückgeführt. Die Tagespresse, allen voran die *Berlingske Tidende*, verlangte härteres Durchgreifen. Eltern, deren Kinder getürmt waren, nannten in offenen Briefen die Toleranz der Jugendbehörde «legalisierten Kindesraub». Eine Elterngruppe marschierte sogar nach Straßburg, um den Fall vor die Menschenrechtskommission zu bringen.

In einem Zeitungsbericht wurde die Schauermär erzählt, ein zwölfjähriges «Kindermacht»-Mädchen sei nicht nur schwanger, sondern auch drogenabhängig und müsse sich das Geld für den Stoff auf dem Baby-Strich beschaffen. Doch das schlimmste daran sei, so der Pressebericht, daß dies alles mit Billigung des Jugendamtes geschehe, mehr noch: daß die Behörde das Kind eigenmächtig bei der illegalen «Kindermacht» einquartiert habe und ihm auch noch ein Taschengeld zahle.

Die Geschichte wurde zum Tagesgespräch. Entsetzte Eltern bestürmten das Jugendamt. Hysterische Mütter wußten sich gegenseitig mit grauenhaften Details in Panik zu versetzen. Schließlich veröffentlichte die Sozialbehörde eine Stellungnahme: Abklärungen hätten ergeben, daß jener Zeitungsartikel frei erfunden sei; im übrigen würden solche Geschichten die Rückführung entlaufener Kinder erheblich erschweren, da sie Ansätze zu einer Vertrauensbildung zwischen den Generationen wieder zerstörten. Als dann die *Berlingske Tidende* scheinheilig titelte: «Wem gehören die Kinder?», antwortete der Leiter des Jugendamtes: «Offenbar glauben einige, das Elternrecht sei ein Eigentum und nicht eine soziale Verpflichtung.»

Gegen das herrschende Elternrecht verlangte nun die «Kindermacht» ein Selbstbestimmungsrecht für Jugendliche. 30 «Kindermacht»-Aktive verfaßten im März 1974 ein Manifest, in dem es in bewußter Anlehnung an die Parole der Französischen Revolution programmatisch hieß: «Freiheit, Gleichheit, Schwesterlichkeit.»

Mit Freiheit meinten die Jugendlichen den Anspruch auf autonome Lebensgestaltung: Ein Drittel der Menschheit, nämlich die Kinder und Jugendlichen, besäßen kein Recht auf Selbstbestimmung, mithin auch kein Recht, die Trennung von zu Hause und die Ausbildung (Berufswahl, Schule und Lehrer) frei bestimmen zu können.

Gleichheit verstanden sie als Anspruch, von den Erwachsenen als gleichberechtigt anerkannt zu werden. Und in bewußter Unterscheidung zur «Brüderlichkeit» der Französischen Revolution meinten sie mit «Schwesterlichkeit» das Gefühl der Verbundenheit und Solidarität mit «allen unterdrückten Menschen»; so wie sich die Frauen im Kampf gegen die Vorherrschaft der Männer solidarisch fühlten, so müßten sich die Jugendlichen gegen die Unterdrückung durch ihre Eltern, gar gegen den Anpassungszwang der Erwachsenenwelt zur Wehr setzen. In jenem zu den Kommunalwahlen 1974 verfaßten Manifest hieß es wörtlich:

> «Unsere Eltern müssen den Versuch aufgeben, uns zu kritiklosen, selbstzerstörerischen Sklavenmenschen zu erziehen, die blind einer blinden Spur folgen ... Unsere Eltern müssen die Erziehung aufgeben, die zu einem zweiten Hitler führt ... Wir kämpfen für die Liebe, nicht für die Macht, nicht für Reichtum, nicht für Ehre – für Liebe ... Die Kinder sind die letzte Chance der sterbenden Menschheit. Wir sind die Zukunft – wir sind das Leben ... Wir betrachten das Leben als ein Geschenk und nicht als eine Pflicht. Wir wollen leben, und wir wollen, daß unser Leben respektiert wird. Wir bekämpfen diese Gesellschaft, die unsere Zukunft verspielt.»

Da kam nicht nur ein ins Abstruse überzogenes Selbstbewußtsein zu Wort, sondern auch schon jene Verzweiflungswut über die von den Erwachsenen zerstörte Lebensperspektive, die sich sechs Jahre später überraschend gewaltsam etwa auf Zürichs Straßen entlud: Blinde Wut über die kleinkarierte Anpasserwelt der Eltern, der sich die Jungen blind unterwerfen müßten, um dann mit Konsum entschädigt zu werden; und tiefe Verzweiflung über eine rund um den Globus ruinierte, auf Zerstörung ausgerichtete Erwachsenenwelt. «Liebe Eltern, wir haben es satt», schrieben die «Kindermacht»-Jugendlichen 1974 in kindlichem Gigantismus, «laßt uns den Wahnsinn jetzt beenden.»

Sechs Jahre später formulierten Jugendliche in Zürich:

> «Hautnah haben wir miterlebt, wie um uns herum die große Illusion der Wohlstandsgesellschaft aufgebaut wurde. Wir lebten in den grünen Städten des sozialen Wohnungsbaus, in der heilen Welt der neu besiedelten Außenquartiere. Unsere Eltern krabbelten emsig und tüchtig wie die Ameisen, kurzsichtig und stur wie die Maulwürfe an der Erfolgsleiter herum. Die wenigsten schaffen es bis ganz oben, aber die meisten schafften es zu dem, was sie heute sind: Eine riesige Mittelschicht kleinkarierter, langweiliger, subalterner Fünfzigjähriger, die unerschütterlichen Helfer des großen Bruders, mit Bierbauch, verklebter Phantasie und meterdicken Mauern um Hirn und Herz.»

Anders als in Zürich, wo die Jugendlichen wie ungezogene Kinder behandelt und «bestraft» wurden, setzte das Jugendamt in Kopenhagen mehrere verständige Sozialarbeiter und Pädagogen ein, um die «Kindermacht»-Teens aus ihrer aggressiv-abwehrenden, häufig ins Depressive umkippenden Haltung herauszuführen. Ihr Ziel: Die Verweigerer doch noch für eine Ausbildung zu motivieren, damit sie später berufstätig und als Selbstversorger auch tatsächlich selbstbestimmt handeln könnten. Dies war nicht einfach. Denn die Jugendlichen bekamen vom Sozialamt (nach dänischem Subsidiaritätsprinzip: Der Staat springt für die Eltern ein) pro Woche 165 Kronen Taschengeld; einen Grund zum Arbeiten sahen die Jungendlichen darum nicht.

Flemming Balvig, Sozialwissenschaftler am kriminologischen Institut der Universität Kopenhagen, berichtet von einer Befragung im Winter 1974/75 unter jugendlichen Ausreißern, darunter auch 56 Teens, die schon mal straffällig geworden und schließlich bei der «Kindermacht» gelandet waren. Laut deren Selbstauskünften hätten sie seit ihrer «Kindermacht»-Zugehörigkeit weit weniger neue Delikte (vorwiegend Diebstahl) begangen als im gleichen Zeitraum zuvor. Überhaupt sei die Bereitschaft zu neuen Straftaten mit der Dauer der Zugehörigkeit gesunken. Balvig folgerte damals, «daß unter den Interviewten eine Kriminalitätsdämpfung stattgefunden» habe. Wichtigster Grund, so Balvig: In der Gruppe interessierte sich keiner für die Vergangenheit des anderen, jeder gelte gleich viel. «Psychisch erleben die Jungen die Möglichkeit, daß sie tatsächlich noch mal von vorn beginnen dürfen.»

Zwischen 1974 und 1976 gelang es dem Jugendamt, rund 200 der bei der «Kindermacht» gestrandeten Jugendlichen zur Rückkehr zu motivieren (unbekannt ist allerdings die Zahl der insgesamt bei der «Kindermacht» gelandeten Ausreißer, ebenso der weitere Lebensweg der Heimgekehrten). Nach Einschätzung der Sozialarbeiter kehrten jedenfalls vornehmlich solche Kinder zurück, die mit ihrem Ausreißen bei den Eltern einen heilsamen Schock hatten auslösen können und nun mehr Anerkennung erwarten durften.

Diejenigen hingegen, die sich nicht motivieren ließen, kamen teils aus schwer gestörten Verhältnissen, teils waren sie schon so weit ideologisch festgelegt und in der «Kindermacht»-Gruppe integriert, daß eine Sozialisierung im alten Milieu, überhaupt eine Rückkehr in die alte Welt ausgeschlossen schien.

So mußte denn auch der Versuch der Behörde, eine Art Untergrundschule mit einem Sonderlehrer einzurichten, am Widerstand der jungen Verweigerer scheitern. Ein Christiania-Bericht hält fest: «Die Stellung des Lehrers war zum Verzweifeln. Obwohl er erst gegen zehn oder elf kam, schliefen die Kinder noch, weil sie die Nacht hindurch diskutiert hatten»; ein Vertrauensverhältnis sei nie entstanden, da der Lehrer letztlich als «der verlängerte Arm der Gesellschaft und ihr Feind» empfunden wurde.

Ende 1975 versuchte das Jugendamt, die «Kindermacht» ganz aufzulösen, nachdem es im Stadtzentrum von Kopenhagen ein «Krisenzentrum für Jugendliche» mit 24-Stunden-Betrieb eingerichtet hatte. Die Teens wehrten sich mit Händen und Füßen. Doch als der Druck der Behörden wieder nachließ, zerfiel der innere Zusammenhalt: Die Ausreißer kamen nun nicht mehr zur «Kindermacht», sondern zur Beratungsstelle im Stadtzentrum. Damit fiel eine für die Jugendlichen wichtige Funktion, eine sinngebende Rechtfertigung ihrer Verweigerungshaltung, dahin.

Die Jugendlichen seien sozial zu schwer geschädigt gewesen, um sich eine konstruktive, zum etablierten Leben alternative Perspektive aufzubauen, urteilte 1977 eine Sonderschullehrerin, die sich mit der «Kindermacht» befaßt hatte; im übrigen habe der Druck der Existenzsicherung gefehlt, da die Betroffenen als Sozialrentner versorgt wurden. Einige hatten schließlich doch noch den Kontakt zu den Eltern aufnehmen können, die übrigen, etwa zehn Jugendliche, seien beim Alkohol, dann auch bei härteren Drogen gelandet. «Dort wären sie früher oder später sowieso hingekommen», sagt ein Pädagoge, «ohne die ‹Kindermacht› wohl früher.»

2

Birgit Kraatz

Der Traum vom Paradies

Über die Stadtindianer und Autonomia in Italien

«Wir bringen Musikinstrumente mit, Farben, Parfum, Puppen, Spruchbänder und Kampfparolen», hieß es auf dem Einladungsplakat, mit dem 13 Jugendgruppen und Zirkel am 22. Februar 1976 in Mailand zum «Festa di Ballo» einluden. Die Besucher kamen mit Rucksack und Zelt, Flöte, Gitarre und Babies: Schüler und Lehrlinge, Studenten, Hilfs- und Saisonarbeiter, freiwillige Nichtstuer, Gammler, Feministinnen und Antidenker jeder Art.

Schon für den 21. März 1976 kündigten buntbemalte Plakate die nächste Kirmes an, mit Tarantella, Walzer und Mazurka-Takten, Pop, Folk-Ausstellungen, Theatersketchs, Podiumsgesprächen über «Glück», «Sex», «Drogen» und – Arbeitslosigkeit: Es waren mit viel Nonsens inszenierte Sponti-Treffen, die da von einem Haufen buntmaskierter und grellbemalter «Stadtindianer» in Szene gesetzt wurden. Die «Zeit der Sonne und der tausend Farben ist angebrochen», hieß es in einem ihrer Gedichte. «Lange haben wir um den Toten unseres lichten Wahnsinns getanzt. Wir haben getanzt und gespielt um das Feuer unserer Menschlichkeit. Wir haben getanzt und gekämpft mit regennassen Gesichtern und vom Wind gepeitschten Haaren. Die große Regenzeit ist vorbei. Zehn, hundert, tausend Hände haben sich überall geballt, um das Kriegsbeil zu erheben», lautete der Kampfruf des selbstbenannten «Häuptlings» Franco Berardi (genannt «Bifo»): Wie die entwurzelten Rothäute in den Reservaten, so verlangten nun die heimatlosen Großstadt-Kinder einen Freiraum für Lebenserwartungen und für ihre Phantasie.

Wie groß ist das Kriegsbeil? Und wie scharf ist es geschliffen? Die Stadtindianer wollen die Abschaffung aller Jugendgefängnisse, sie wollen alle leerstehenden Gebäude, die zu Jugendzentren umfunktioniert werden können, besetzen. Sie fordern auch Geld für alternative Drogen-Entwöhnungszentren und für alle kulturellen Jugendinitiativen. Aber sie verlangen auch niedrigere Kinopreise und verbilligten Eintritt zu Jugendveranstaltungen; sie möchten außerdem «die totale Freigabe von Haschisch, Marihuana, LSD», eine Rente für erwerbslose Jugendliche sowie «Freiheit für alle Kinder, die – wenn auch nur auf allen vieren – von zu Hause fliehen können und wollen».

Ironie, hinter der sich bitterer Ernst versteckt – und der Traum von einer irgendwie befreiten, für und mit sich doch noch glücksfähigen Jugend. Italiens Stadtindianer-Bewegung war ohne Zweifel von den gegen die verhaßte Erwachsenenwelt gerichteten Gefühlen der Verweigerung getragen, die auch die Bereitschaft zum Kampf für den eigenen Freiraum mit einschlossen. Ein Kampf freilich, der sich mit dem Ausleben eines unbeschwerten Lebensgefühls fernab der existenzsichernden Sach- und Anpassungszwänge begnügte: spontan, urwüchsig und anarchistisch im radikal antipolitischen Sinn.

Doch dies galt nur für die erste, gleichsam fröhliche Phase der Jugendbewegung bis zum Frühjahr 1977. Damals waren die Stadtindianer, wiewohl nur eine Fraktion der Bewegung, tonangebend. Die andere Tendenz, die dann 1977 die Bewegung zu dominieren begann, ging zurück auf die politisch operierende «Autonomia». Sie war bereits 1968 mit Kampfzellen für den «autonomen Arbeiterkampf» in den Industriestädten, etwa in den Konzernen Pirelli und Siemens, in Aktion getreten. Ihre Renaissance Mitte der siebziger Jahre war die Folge des sozialen Desasters Italiens: der akuten Wohnungsnot, der steigenden Inflation und, vor allem, der Arbeitslosigkeit. Diese Misere bestand zweifellos auch schon Ende der sechziger, Anfang der siebziger Jahre. Doch damals gab es auch in der Stadtjugend noch die große

Hoffnung, daß sich mit Hilfe der KPI die sozialen und wirtschaftlichen Probleme lösen würden. Als 1976 nach jahrzehntelangen Versprechen und permanenten Regierungskrisen auch der große KPI-Sieg vom 20. Juni 1976 (7 Prozent Stimmenzugewinn) ohne politische Folgen blieb, wichen die Hoffnungen tiefer Enttäuschung, vor allem über die sich den Christdemokraten immer mehr anbiedernden Kommunisten.

Die im Umfeld der KPI politisch aktiven Jugendlichen waren verbittert und stiegen aus. Die Intellektuellen formierten sich nun neu mit Studenten und Gettokindern in den Kampfzellen der alten «Autonomia», diesmal im Gegensatz zu 1969 freilich als offene, spontan-aktivistische Bewegung, die wie die Stadtindianer die Piazza als Forum wählten. Die Via dei Volsci in Rom, wo sich das «Comitato Autonomi Operai» einquartiert hatte, war eine der vielen Zellen und Zentren der neuen, der zweiten Phase der Jugendbewegung, die dann im Verlauf eines Jahres vom ideologischen Radikalismus in die Sackgasse terroristischer Gewalt geriet.

Das soziale Elend manifestierte sich Mitte der siebziger Jahre vor allem in der beruflichen Aussichtslosigkeit der Jugendlichen. 1977 gab es etwa 1,7 Millionen Arbeitslose in Italien. Davon waren knapp die Hälfte, etwa 42 Prozent, Jugendliche und junge Erwachsene unter 30. Ein so hoher Prozentsatz war seit 1960 nicht mehr erreicht worden.

Im gleichen Jahr schrieben sich 230000 Jugendliche neu an der Universität ein. Die Studentenzahl übersprang damit die Millionengrenze. Doch nur zehn Prozent dieser akademischen Massengesellschaft besuchte überhaupt Vorlesungen und Seminare. Die meisten hatten sich nur eingeschrieben, weil sie arbeitslos waren und die Wartezeit bis zu einem einigermaßen soliden Job überbrücken wollten. So sprang für sie wenigstens noch ein akademischer Titel heraus.

Einen Numerus clausus gibt es in Italien nicht. Die Universität wurde so zur wissenschaftlich bedeutungslosen Titelfabrik. «Kämen alle eingeschriebenen Studenten zur Vorlesung, spielten sich hier Szenen ab wie in einem südamerikanischen Fußballstadion», sagte mir in Rom der Physik-Professor Giorgio Tecce. Die Alma mater der Hauptstadt, einst unter Mussolini für eine Elite von 25000 Studenten gebaut, war gegen Ende der siebziger Jahre ein Tummelplatz für 180000 eingeschriebene Studenten und damit der Welt größte Universität. «Die Gesellschaft stellt ihre Jugend in der Universität ab, läßt sie studieren, um ihr dann am Ende des Studiums mitzuteilen, daß es für sie nichts zu tun gibt», kommentierte der stellvertretende Chefredakteur und Professor Gaspare Barbiellini Amidei im konservativen *Corriere della Sera*. «Wenn aber die Gesellschaft es an Weitsicht fehlen läßt, wie können wir dann ideologische Klarsicht von denen verlangen, die erst dabei sind, in die Gesellschaft einzutreten?»

Vor diesem Hintergrund war Italiens Jugendfrage 1977 kein elitäres Aussteigerproblem für alternativ eingestellte Großstadtkinder. Das italienische Movimento wuchs vielmehr über den Freiraum der sogenannten zweiten Kultur hinaus, wurde zur «zweiten» Gesellschaft mit Massencharakter im Schatten der ersten. Sie hatte keine Kulturpaläste und Villenquartiere, sondern nur das Pflaster, die Piazzae als Forum. In den Großstädten des reichen Nordens, in Mailand, Turin und Bologna, aber bald auch in Rom, wälzte sich nun seit Herbst 1977 ein Lindwurm ohne Kopf und Schwanz durch die Straßen.

«Heimlichkeit liegt dabei in der Luft, hundert, dreihundert, vierhundert Leute, die sich verstohlen vorwärts bewegen, ohne zu wissen, wie viele sie eigentlich sind, ohne zu wissen, daß, wenn wir beim Abmarsch noch hundert waren, wir ein paar Minuten später schon doppelt so viele sein konnten», schrieben Jugendliche über die Anfänge dieser deutlich proletarisch-aktionistisch geprägten Autonomia-Bewegung.

Von Woche zu Woche schwoll sie an. Bald verband sie sich

mit anderen Jugend- und Teenagergruppen, auch mit den Stadtindianern. Die Grenzen verschwammen, die Bewegung wuchs zum Ungetüm.

Dieser vielfüßige Lindwurm überfiel nun häufig Kinos und verlangte Eintritt gratis oder zum reduzierten Preis – oder schweifte zum «proletarischen Einkauf» aus und plünderte Lebensmittelabteilungen der Kaufhäuser, stürmte Kaffeehäuser. Bei dieser Art der Selbstbedienung wurde auch gern mal Champagner mitgenommen.

Luxus war gefragt, wohl als provokative Antwort auf die von den Gewerkschaften und der KPI gemeinsam mit den Christdemokraten dem Volk abverlangte Maßhaltepolitik (austerità). Die Jungen weigerten sich, solchen Appellen weiterhin zu folgen. Auch die Arbeiterjugend gehorchte ihrer Partei nicht mehr. Die Jungarbeiter – es waren vor allem die Söhne der aus dem Süden zu den norditalienischen Fabriken gewanderten Kalabresen und Sizilianer – der «zehn, hundert, tausend geballten Fäuste» wollten von Parteidisziplin nichts mehr wissen; sie stürmten nun lieber mit den Stadtindianern im Kampfgeheul über die Straßen.

Auf Einladungsplakaten trommelten die Stadtindianer ihre Stämme mit dem Kriegsruf zusammen: «Es ist Zeit, daß der Stamm der Menschen sich zusammenschließt, um die falschen Freunde des Menschen von der Erde zu jagen.» Als proletarische Jugendgruppen am 7. Dezember 1976 die Mailänder Scala stürmten, verteilten sie Flugblätter, auf denen stand: «Die Logik des Opferbringens und Maßhaltens ist die Logik des Bürgertums. Denn was will sie anders sagen als: die Nudeln für das Proletariat, den Kaviar für das Bürgertum. Wir fordern hingegen das Recht auf Kaviar. Wir gehen einen Schritt weiter als die von 1968, wo gestern faule Eier flogen, fordern wir Ermäßigung.» Weiter unten hieß es dann: «Der Premierenerlös muß den Drogen- und Kulturzentren der Proletarier zufließen.»

40 Verhaftete, 250 zum Teil verletzte Jugendliche, die zum Verhör aufs Polizeipräsidium geschleppt wurden, wa-

ren das Ergebnis dieser ersten Schlacht. «Aber die Gewalt dieser Banden», schrieb der Jugendexperte Mino Monicelli, «ist vor allem eine Antwort auf die verschleppte Gewalt, die die Institutionen ausüben.»

Als Beleg nannte Monicelli eine monatelange Untersuchung, die die Jugendgruppen über Drogenhandel angefertigt hatten. Sie klebten sogar Plakate mit Namen und Adressen der Drogenhändler und ihre genauen Umschlagplätze an die Hausmauern ihrer Stadtviertel. Statt diese öffentlichen Klagen der Jugendlichen zur Kenntnis zu nehmen, «nannte man sie Schläger, Provokateure und Rocker», berichtete Monicelli.

Von der rebellischen Jugendfront kam via Piratensender auch eine Selbsterklärung: «Die Minderjährigen, die für Handtaschendiebstähle und wenige Gramm Haschisch ins Gefängnis fliegen, sind keine Kriminellen. Die Verbrecher sind die Chefs. Es ist wahr, daß wir viel geballte Gewalt in uns tragen. Es ist die, die ihr uns Tag für Tag angetan habt.»

Das Klima war gespannt, Gewalt lag in der Luft. Ein Streichholz genügte, und die «Prärie» der Stadtindianer stünde in Flammen. Dieses Streichholz lieferte Ende Januar 1977 der Erziehungsminister Franco Maria Malfatti.

In einem Dekret verfügte der Minister, daß künftig die Wiederholung eines Universitätsexamens im selben Fach nicht mehr möglich sei. Für die Studenten bedeutete dies ein indirekter Numerus clausus. Nicht nur die Studenten protestierten, auch die Arbeitslosen machten bei den Demonstrationen mit. Jedes Alibi war ihnen recht, sich die Wut aus dem Leibe zu schlagen.

Am 1. Februar 1977 fiel ein Jungfaschisten-Kommando in die römische Universitätsstadt ein und erschoß den linken Studenten Guido Bellachioma. Die Jugendbewegung, fortan nur noch «movimento» genannt, reagierte sofort: Am nächsten Tag marschierten Tausende von Jugendlichen zum Parteilokal der faschistischen Jugendbewegung «Fronte della Gioventù». Die Polizei stellt sich den Demonstranten entgegen. Drei Studenten und ein Polizist wurden schwer verletzt. «Es ist bezeichnend», sagte der neu gewählte Universitätsrektor, Professor Antonio Ruberti, «daß faschistische Aggressionen wieder den Anfang machen.»

Zwar zog der Erziehungsminister nach den Unruhen sein Dekret zurück, und die Examen durften wiederholt werden. Aber die Entscheidung kam zu spät: «Il Movimento» schäumte jetzt über die Piazzate der Großstädte hinweg. Doch Parteien und Regierung kümmerten sich nicht darum. Keine Stadtbehörde versuchte den Jugendlichen entgegenzukommen, keine parlamentarische Studiengruppe forschte nach den tieferen Ursachen des Jugendprotests. Niemand wollte die Gründe wissen.

Nach der römischen Demonstration erklärte der kommunistische Senator Ugo Peccioli, Terrorismus-Experte seiner Partei im KPI-Blatt *Unità* kurz und bündig: «Der faschistische Überfall auf die Universität und die Gewalt der Provokateure, die sich Autonomi nennen, sind ein und dieselbe Realität. Die einen wie die anderen zielen auf die Gewalt und sind auf Terrorismus aus.» Die Autonomi reagierten dementsprechend: «Der Scharfmacher Ugo Pecchioli, Kandidat für das Polizeiministerium, stellt sich gegen die Kommunisten der Via dei Volsci und erklärt sie zu den einzig Verantwortlichen für die Universitätsunruhen. Genossen, Arbeiter, Studenten, was muß hier geschlossen werden? Die Terroristenhöhle in der Via dei Volsci oder die in der Via della Botteghe Oscure (Sitz der Kommunistischen Partei in Rom)?»

Die Bewegung der Autonomi und der Stadtindianer ging zunehmend selbstbewußt in die Offensive: Fakultäten wurden besetzt, erst in Rom, dann auch in Bologna und Mailand. In Rom lief wochenlang eine Studentenversammlung nonstop. Kommunisten kamen gar nicht mehr zu Wort, sie wurden ausgebuht. Auch die ultralinke Splitterpartei Partito Democratico di Unità Proletaria (PDUP), die sich bei den Wahlen am 20. Juni 1976 erstmals mit vier Abgeordneten ins Parlament links neben die Kommunisten hatte setzen können, verschaffte sich kaum noch Gehör: Ideologien, von welcher Partei auch immer vertreten, stießen auf Ablehnung.

Am 9. Februar 1977 zogen in Rom 30000 Studenten und Jugendliche aus den Randbezirken durch die Stadt. Die Demonstration verlief friedlich. Indianerstämme tanzten, sangen und spielten: «Ich liebe die Piazza, weil ich dort viele Genossen entdeckt habe. Ich habe mich amüsiert, ja, ich habe mich ausgetobt, was ich morgen mache, weiß ich noch nicht«, war eine ihrer Flugblatt-Botschaften. Und: «Die Sonne ist wieder aufgegangen, nehmen wir sie uns.» Aber dies war nur die eine, heitere Seite. Die andere, verbitterte, klang so: «Die tausend Schüsse der Maschinengewehrgarben zu hören, die tausend Farben des Bluts deiner Feinde zu sehen, die Todesangst im Gesicht jener zu lesen, die gewohnt sind zu befehlen, die Sprache des Lebens zu fühlen, die Früchte deiner tausendjährigen Rache zu greifen. Kreativ zu sein heißt – bewaffneter Kampf.»

Die kommunistische Gewerkschaft CGIL nahm diese Alarmzeichen ernst. Sie setzte für den 17. Februar eine Kundgebung mit Luciano Lama, dem Generalsekretär der CGIL, in der römischen Universitätsstadt an. Thema der Versammlung: das Verhältnis der Jugendbewegung zur Gewerkschaft. Zwar wollte der harte Kern der «Autonomia» die Kundgebung verhindern, doch sprach sich die Mehrheit der Studenten für ein «nichtmilitärisches Treffen» aus. Die Empfehlung blieb allerdings ein leeres Wort. Am 17. Februar konnte Kommunist Lama nicht einmal seine ersten Sätze zu Ende bringen: Stoßtrupps der Autonomi, der Stadtindianer und sogenannte Einzelkämpfer durchbrachen den von KPI-Arbeitern besorgten Ordnungsdienst. Die Stürmer trieben schließlich Gewerkschafter und Kommunisten mit dem Schmähruf aus dem Saal: «Weg mit der neuen Polizei».

Für die KPI bedeutete dies ein Erdbeben. Der taktische Fehler, einen Spitzenmann wie Lama in die Arena geschickt zu haben, wurde schnell eingesehen. Schwerer fiel der Partei hingegen die Analyse, wer und was hinter der neuen Jugendbewegung steckte. Das Parteiblatt *Unità* machte «einige Schlägerbanden» aus. Enzo Modugno, marxistischer Theoretiker schon in der Studentenbewegung 1968, widersprach: «Diese Autonomi ist nicht Sache von ein paar blutdurstigen Jungens, auf ihre Weise sind es Proletarier, die den Aufstand proben.» Schließlich ergriff der kommunistische Literaturprofessor Alberto Asor Rosa in der *Unità* das Wort: «Wir müssen uns fragen, was wir für die zweite Gesellschaft getan haben, die neben der ersten gewachsen ist. Wir, die KPI, müssen den Mut haben, anzuerkennen, daß innerhalb dieser zweiten Gesellschaft einige unserer offiziell bewährten politischen Lösungen nicht greifen.»

Asor Rosas Kritik stieß in der bürokratischen Parteispitze der KPI auf taube Ohren. Denn wie schon 1968 während der Studentenrevolte blieb die Partei mit ihren Analysen im Links-Rechts-Schema stecken. Die Bewegung zog weiter. Für Ende September 1977 lud sie zu einem «Internationalen Treffen über die Rote Repression» nach Bologna ein. Ausgerechnet nach Bologna, Modellstadt des westlichen Kommunismus, wo die KPI-Stadtregierung für italienische Verhältnisse ein ehrliches Beispiel und eine umsichtige soziale Planung in die Praxis umgesetzt hatte. In Bologna allerdings gibt es auch viele reiche Kommunisten. Und diese roten Bonzen waren das Ziel des Jugendproletariats.

Am 25. September 1977 kamen sie aus dem Piemont und aus Sizilien – vor allem aber aus dem hoffnungslos vernachlässigten Mezzogiorno, der schon südlich von Rom beginnt. Am Schlußtag lagerten 40000 unter den Arkaden in der Innenstadt. Die Mädchen waren ebenso zahlreich wie die Jungen. Beifallsstürme für den Südtiroler Alexander Langer, der zwei Weißbücher über die gewachsene Repression seit Juni vorlegte: «Wir sind weniger frei, als wir es vor zwei Jahren waren», brüllte der schlaksige Mittdreißiger in das Mikrofon und setzt hinzu: «Fast 1,7 Millionen Arbeitslose – und täglich werden es mehr: überwiegend Jugendliche ohne Chancen, ohne Rechte, Hoffnung, eine ‹zweite Gesellschaft› schon, gegen die die Regierung eine neue, undemokratische, doch von den Kommunisten unterstützte Ordnungsstaatlichkeit erzwingt. Die Folge ist die Germanisierung – der stramme Staat.»

Das war die politische Seite der Bewegung. Die heiterkreative bestimmte das Straßenbild: Clowns zogen durch die Stadt, jugendliche Trompeter, fröhliche Gitarrenspieler. Aber auch allerlei hitziger Hickhack, ohne Punkt und Komma, wurde nach Art der Hydepark-Corner losgelassen.

Doch auch die terroristische Perspektive kündigte sich an, als ein chaotischer Haufen langhaariger Mädchen in Herrenhemden und bärtige Jungens mit Opawesten durch die Stadt zogen und immer wieder den Schlachtruf skandierten: «Pi-tren-totto, Pi-tren-totto.» Gemeint war die Pistole P 38, längst ein Symbol terroristischer Aktion.

In der Arena des Bologneser Sportpalastes schürten die Wortführer der Gewalt die Stimmung. Von den anwesenden 10000 Jugendlichen riefen ein paar Tausend nach «Lotta armata», dem bewaffneten Kampf. In den dichtbesetzten Rängen wuchs die Spannung wie bei den Zirkusspielen im römischen Kolosseum zu Kaiser Neros Zeiten. Den Rednern der gemäßigten Linie gelang es kaum noch, die in Fahrt gekommene Masse in der Spur zu halten. Wer am Schlußtag des dreitägigen Treffens am Straßenrand in die zornigen Augen der Jugendlichen blickte, in die teilweise mit Mundtüchern bedeckten Gesichter und immer wieder den Ruf nach der P 38 hörte, der wußte, daß das Treffen in Bologna mehr als ein Happening der Verweigerer war – es war die erste und letzte große Demonstration einer Bewegung, deren harter Kern schon bewaffnet war.

Anführer hatte das Movimento nicht. Wer hätte auch schon im Namen von Feministinnen, Hilfsarbeitern, Arbeitsunlustigen, Arbeitslosen, Schülern, Studenten und Fabrikarbeitern sprechen können? Auf der Suche nach einer integrierenden Autorität oder einer Ideologie waren die Leute der Bewegung ja ohnehin nicht. «Mitschwimmen» hieß darum die Parole, auch für die Theoretiker. Diese verkündeten nun die mittelbare und totale Revolution, die sich der Sinnlichkeit der Gefühle und der Bedürfnisse hingebe, die auszuleben dem neuen, dem narzißtischen Typ möglich sei: Nach ihrem Identitätsverlust in der ersten Gesellschaft entwarfen die Kinder der «zweiten Gesellschaft» eine phantastisch-freie Gegenwelt als Negation zur herrschenden, ihnen bankrott erscheinenden Erwachsenenwelt.

«Die Revolution ist entweder ein Fest oder sie findet nicht statt», schrieb der Indianerführer Beccofino (Schmalschnabel), «deshalb wird das Dromedar das Symbol der Macht. Wir sind müde, das Wort Arbeitermacht immer wieder zu hören, obwohl bis jetzt niemand daran gedacht hat, den Arbeitern Macht einzuräumen», so der Häuptling. «Wir sagen deshalb Potere Dromedario, das klingt genauso wie Arbeitermacht, die dromedarische Macht aber hat den zusätzlichen Vorteil, daß sie zum Lachen bringt.»

«Die alte Politikerscheiße kotzt mich an, geht mir wirklich auf die Eier», sprayten Stadtindianer an römische Straßenwände. Und zum Antiwert der Arbeit hieß es in den Indianerblättern *Oax* und *Re Nudo* (Der nackte König): «Gib deine Diplome auf», oder: «Es fällt so für ganze Generationen der Anreiz zu frühmorgendlichem Erwachen fort ... Tatsächlich ist die Arbeit, wie von Psychologen, Kriminologen und Sexologen immer wieder hervorgehoben, ein erstklassiges Mittel gegen Rauschgiftsucht, Päderastie, Sodomie.» Eine normale Arbeit, und dann noch in der Fabrik, wollte niemand mehr. «Nehmen wir uns das Leben zurück», ermunterten sich die Stadtindianer.

Die Bedürfnisse, wenn es sein muß, mit Gewalt durchzusetzen, das war seit Bologna Bestandteil der Selbstbefreiung. Der Staat habe «la violenza» längst institutionalisiert, philosophierten die von 1969 zurückgekehrten Theoretiker der Autonomia, Professor Antonio Negri, Oreste Scalzone und Franco Piperno. «Wer sich gegen die Gewalt stellt, verdrängt die Tatsache, daß in Italien jährlich sechstausend Arbeiter an ihrem Arbeitsplatz umkommen, weil jeder Arbeitsschutz fehlt», predigte Oreste Scalzone, ein magerer, drahtiger Studienrat aus der Provinz.

Die Theoretiker versuchten nun krampfhaft, die Bewegung zu politisieren: Das politische System habe eine «Democrazia protetta» (eine geschützte Demokratie) nach Art des Bonner Koalitionsmodells für sich auserkoren, die, so Negri, Scalzone und Piperno, nun unter der Formel des «historischen Kompromisses» von der Kommunistischen Partei mitgetragen werde. Eine wirkliche gesellschaftliche Transformation könne daher nur durch eine radikale Konfrontation mit dem Staat provoziert werden. Das Movimento, also die «zweite Gesellschaft», müsse aus sich heraus eine neue sozialistische Gegengesellschaft aufbauen, und zwar ohne die Hilfe der organisierten Arbeiterklasse, den Stammwählern der KPI.

Derart utopische Perspektiven hat die Bewegung indessen nie umsetzen können, wohl auch nie umsetzen wollen. Sie hatte ihre Stärke als militante Protestbewegung in den Actions ihrer Flippies – und im Spiel mit dem Feuer.

Im Sommer und Herbst 1977 folgte eine Demonstration der anderen. 30000, 500000, 100000 Jugendliche protestierten, jeder Vorwand war ihnen recht. Polizisten starben, aber auch jugendliche Demonstranten. Die Polizei ging erstmals mit Scharfschützen in Zivil gegen die Demonstranten vor. Der römische Polizeipräsident hatte darüber hinaus den Innenminister mit falschen Informationen über den Hergang der Tumulte am 12. Mai 1977 versorgt. Erst ein Acht-Millimeter-Film, den eine Hausfrau von jenem Krawall gedreht hatte, lieferte nun den Beweis, daß die mysteriöse Kugel, die eine 20jährige Feministin auf der Tiberbrücke Garibaldi tödlich traf, aus dem Pistolenlauf eines Polizisten stammte.

Aber auch die Autonomia schoß. Die P 38 sei für sie ein «notwendiges Instrument». Und: «Wir sind keine Katholiken, wir halten nicht die andere Backe hin, wenn uns jemand schlägt.» – «Die Knüppel von 1968 haben wir 1977 mit der P 38 ersetzt», argumentierten sie – oder: «Die Tiger des Zorns sind weiser als die Pferde der Intelligenz.»

Die Genossen der ultralinken Szene, die bis dahin mit revolutionärem Verständnis den rebellierenden Jungtürken zugesehen hatten, begannen sich zu distanzieren. Enzo Modugno, Chefredakteur der Zeitschrift *Marxiana*, schrieb im Herbst 1977: «Die Masse reagiert auf drei verschiedene Arten, die einen haben Angst, die anderen halten die andere Backe hin, und wieder andere greifen zur Pistole.» Rossana Rossanda, Wortführerin des linksextremen *Manifesto*, sprach von einer «politischen und intellektuellen Verrohung»: «Wir müssen uns von der Autonomia Operaia und nicht nur von ihren letzten Gewalttaten befreien. Wenn wir nämlich zulassen, daß Politik nur mit Aktion, Strategie mit Wut oder bewaffneter Kampf mit den P-38-Prozessionen verwechselt wird, dann fallen wir 20 Jahre in unserer Geschichte zurück.»

Doch die Jugendbewegung war bereits auseinandergebrochen, die Strategie des bewaffneten Kampfes fand zunehmend Kämpfer, Mitläufer, Sympis. Die Statistik für 1977 belegt es: 2128 Attentate, zehn Tote, 45 Verletzte. Die Zahl der politischen Gewalttaten war gegenüber dem Vorjahr um 77,8 Prozent gestiegen.

Bei einer Mailänder Demonstration im Frühsommer 1977, die wie üblich in eine Straßenschlacht ausartete, knipste ein Hobby-Fotograf das Bild des Jahres. Es ging um die ganze Welt. Es zeigt einen schmalen Jungen in Jeans und Lumberjacke, Wollmütze auf dem Kopf, das rote Taschentuch über Mund und Nase gezogen, vor dem Hintergrund explodierender Tränengasbomben. Der junge Mann hielt mit beiden Händen eine P 38 und schoß, schoß wie besessen.

Es war Maurizio, genannte Mauro, 17 Jahre alt, Berufsschüler der Klasse III F im Institut für Bauvermesser «Carlo Cattaneo». Sein Vater ist Buchhalter, seine Mutter Hausfrau, seine drei Schwestern sind verheiratet und haben Kinder – eine idyllische italienische Familie also. Jeden Sommer verreisten sie alle zusammen mit Nichten und Neffen ans

Meer. Mauro spielt Klavier, liebt Molière und hatte im Examen zum Thema «Dante» eine der besten Noten gehabt. Die Klassenlehrerin erzählte den Reportern nach Mauros Verhaftung: «Ihm und seinen Freunden schwebt eine paradiesische Gesellschaft vor, ohne Ausbeuter und ohne Ausgebeutete, eine grüne Welt mit glücklichen Menschen, in der die individuellen Wünsche und Bedürfnisse aller Menschen gleichermaßen erfüllt werden.»

Nach dem ernüchternden Schock der Entführung Moros durch die Roten Brigaden am 9. Mai 1978 war wieder Ruhe auf der Piazza: Das Pflaster hatte als Bühne des sozialen Protests ausgedient. Die Mehrheit der Jugendlichen ging an ihre Bücher zurück. Die Kampfzellen der Autonomia polemisierten zwar kräftig gegen die «taktisch falsch operierenden Militaristen» der Roten Brigade, praktizierten nun aber immer häufiger selbst den bewaffneten Kampf. Ende 1978 wurden die militanten Autonomia-Sympathisanten und Gelegenheitsterroristen auf etwa 100000 Leute geschätzt. Im Frühjahr 1979 holte dann eine noch nie dagewesene Verhaftungswelle Hunderte von Tatverdächtigen, Mitläufern und Aktivisten, von der Straße. Seither schläft Italiens Jugendbewegung.

3

Balz Theus

Spiel mit dem Feuer

Ein Jahr Jugendbewegung in Zürich

30. Mai 1980. Bob Marley singt im Zürcher Hallenstadion «Get up, stand up, stand up for your rights», und ein paar Kilometer weiter weg tobt in der Innenstadt die schwerste Straßenschlacht seit 1968.

Für fast alle unerwartet, sind in Zürich die sogenannten Jugendunruhen ausgebrochen. Sie lösen eine Explosion des Hasses aus.

Die sogenannten Chaoten sagen: Der Lebensraum wird immer enger; du hast das Gefühl, im Wohlstand zu erstikken. Und: Wir sind die Kulturleichen der Stadt. 200 versammeln sich vor dem Opernhaus, um gegen die geplante Renovation des Gebäudes, die 60 Millionen Franken kosten soll, zu protestieren.

Ein unvergeßlicher Opernabend: Eier und Tomaten fliegen. Die Polizei schafft es nicht ganz, alle dunklen Anzüge und Abendroben zu schützen, obwohl sie sich sehr anstrengt.

Die Bürger toben. Die einflußreiche *Neue Zürcher Zeitung*, Sprachrohr der Freisinnig-Demokratischen Partei (FDP), des Großbürgertums und der Wirtschaft, wird übermorgen über die Ereignisse schreiben: «Die Krawallszenen, die sich in Zürich über das Wochenende während Tagen und Nächten in verschiedenen Wellen abgespielt und die jeweils in massiven, bisher nie erlebten Plünderungen gegipfelt haben, sind, was die Haltung der jugendlichen Teilnehmer betrifft, höchstens ganz weit draußen am Rande Ausdruck eines politischen oder ideologischen Willens. Die meisten der Randalierer hatten, wenn man sie befragte, kaum eine Ahnung, um was es bei der Opernhausvorlage überhaupt geht, und wendeten sich dann auch rasch ihrem eigentlichen Ziel zu: Störung und Zerstörung, Radau und Konfrontation mit der Polizei.»

Die Chaoten griffen den Posten der Kantonspolizei beim Rathaus an. Sie warfen Steine und schlugen Schaufensterscheiben ein. Sie steckten Fahrzeuge in Brand. Es wurden Schaufensterauslagen geplündert. Teure Röcke landeten zerrissen auf der Straße. Pelzmäntel flogen in die Limmat.

Einige Monate später wird ein bewegter Jugendlicher in einem SPIEGEL-Gespräch sagen: «Du kennst das erlösende Gefühl nicht, wenn die Fenster einer Pelzboutique oder einer Bank zerknallen.»

Die Polizei sucht die Knüppelkontakte weitestgehend zu vermeiden. Sie setzt sich mit moderneren Mitteln durch: mit gesundheitsschädigendem (krebserregendem?) Tränengas und Hartgummigeschossen.

Die Chaoten sagen: Wir haben Grund zum Weinen, auch ohne euer Tränengas.

3. Juni 1980. Den gewaltsamen Ausbruch vom Wochenende hatte niemand erwartet. Die Leute standen ratlos auf der Straße und sprachen miteinander. Einige wenige wußten schon alles. Die Sektion Zürich der hauptsächlich vom Gewerbe getragenen Schweizerischen Volkspartei schrieb in einer Mitteilung: «Die Schuld an der verbrecherischen Gewalt tragen nicht allein die Rädelsführer, die Brandbombenwerfer und zerstörungswütigen Linksradikalen. Ebenso schuldig sind diejenigen, die die Kulturpolitik zum Klassenkampf mißbrauchen und vom Schreibtisch aus politisch Andersdenkende laufend verunglimpfen. Man kann, wenn dann die Drachensaat in der Gosse aufgeht, seine Hände nicht in Unschuld waschen und sich von den Gewalttaten distanzieren, die ihren Ursprung in der permanenten Hetze linker Politdemagogen haben.»

4. Juni 1980. Eine Abordnung des Stadtrats (Stadtexekutive) hat sich zu einer Aussprache mit der Bewegung ins «Volkshaus» begeben. Die Bewegung ist stark: 2000 Leute warten auf die Abordnung.

Viele sind erstaunt, daß die Bewegung sprechen kann. «Wir finden, wir sind zwölf Jahre lang vernachlässigt worden.» Und: «Diese Ausschreitungen haben mit der Wohnungsnot zu tun.» Und: «Es war die Polizei, die provoziert hat.» Und: «Wir wollen die Abbruchliegenschaft Limmatstraße 18/20 für ein Autonomes Jugendzentrum.»

Einen Tag später schreibt die *Neue Zürcher Zeitung*: «Die Staatskundelehrer werden ihr Unterrichtsprogramm ergänzen müssen. Wer ein Anliegen an die öffentliche Hand habe – so werden sie zwar weiterhin ihren Schülern mitteilen –, der könne natürlich Briefe schreiben, auf Antworten warten, nochmals Briefe schreiben, Unterschriften sammeln, sich mit Gleichgesinnten zusammentun und sich mit Konkurrenten auf gemeinsame Lösungen einigen, Abstimmungspropaganda betreiben und neue Anläufe machen; diesen – etwas mühsamen – Weg sehe der demokratische Rechtsstaat vor. In Zürich allerdings, so ist nun anzufügen, gebe es noch eine andere Methode, eine raschere, mit Eiern, Megaphonen und Pflastersteinen, mit einem Gemisch anarchistischer und linksextremer Ideologie und einem Vokabular aus dem Analbereich ... Die Konsternation über die zerbrochenen Glasscheiben vor einer Woche mag beträchtlich gewesen sein; noch fassungsloser ist man über die Reaktion des Stadtrates. Angriffe auf Recht und Ordnung sind schlimm; daß sie hingenommen und honoriert werden ist schlimmer.»

Noch einen Tag später erklärt der Zürcher Stadtrat: «Lange Zeit übte der Stadtrat der demonstrierenden Jugend gegenüber Nachsicht. Die Polizei hielt sich, solange es ging, zurück. Bereits meldeten sich Stimmen, die eine härtere Hand fordern ... Am Montagabend kam es zu neuen Ausschreitungen. Damit ist offensichtlich geworden, daß die Wortführung der Jugendlichen nicht in der Lage ist oder nicht willens ist, Ausschreitungen zu verhindern. Durch diese Entwicklung in den letzten drei Tagen sieht sich der Stadtrat zu seinem Bedauern gezwungen, die entsprechenden Konsequenzen zu ziehen.»

Im Juni 1980. Das Geld frißt sich durch die Stadt, hinterläßt üble Haufen. Da ein bißchen Unordnung, dort ein bißchen Unrecht, hier ein bißchen Unruhe. Die Chaoten sagen: Die reichste Stadt der Welt ist eine riesige Produktions- und Profitmaschine. Keine Menschlichkeit. Keine Wärme. Kein Platz für Normale. Keine Toleranz. Keine vernünftigen Wohnungen. Keine vernünftige Kultur. Eine Geldsackstadt. Eine Verkehrsmaschine. Ein Bauloch. Kein Haus ist sicher. Kein Platz ist sicher. Kein Lokal ist sicher. Die Chaoten sagen: Es steht schlimm um uns in dieser Geldsackstadt.

23. Juni 1980. Die Bewegung ist stark: Ein Demonstrationszug von 8000 Personen bewegt sich friedlich durch die Bahnhofstraße. Die Teilnehmer fordern Freiraum für die Jugend. Die Kundgebung ist von den Behörden ausdrücklich verboten worden, aber die Polizei weicht der Übermacht. Die Chaoten sagen: Ohne Polizei kein Krawall. Es gab keinen Krawall. Die *Neue Zürcher Zeitung* war unglücklich. Sie schrieb: «Die Autorität der Behörden hat einen neuen Schlag erlitten. Wie lange kann es noch so weitergehen in diesem tristen Spiel?»

28. Juni 1980. Heute haben die Chaoten ihr Autonomes Jugendzentrum an der Limmatstraße nun doch bekommen. Es befindet sich in einer leerstehenden Fabrikliegenschaft, die der Stadt Zürich gehört. Die Sozialdemokratische Partei übernahm gegenüber der Stadt die Verantwortung für einen geregelten Betrieb. Die Bewegung freute sich ob ihres Sieges. Sie gab sich einige Mühe, die Liegenschaft mit Spraydose und Farbtopf gemütlich einzurichten.

Die Chaoten sagen: «Es stimmt nicht, daß auch die Mehrheit der Bevölkerung mit den bestehenden Verhältnissen in diesem Lande unzufrieden ist ... Richtig ist vielmehr, daß die Mehrheit der Menschen in diesem Lande zufrieden ist, was schon durch den ständig steigenden Alkohol- und Tablettenkonsum sowie die kontinuierlich sinkende Beteiligung an den Wahlen und Abstimmungen bewiesen wird.»

2. Juli 1980. Heute abend ist die Bewegung vom Schweizer Fernsehen eingeladen und vermiest der zufriedenen

Mehrheit das Recht auf beruhigenden Fernsehkonsum: In einer sorgsam zusammengesetzten Diskussionsrunde blasen die geladenen Chaoten zu den sorgsam formulierten Erklärungen der Politiker echte Seifenblasen, auf daß sie mit den Wortgebilden aufsteigen und mit ihnen zerplatzen. Die Bewegung grölt und feixt, bis die Sendung abgebrochen wird.

Eine solche Unverschämtheit hat es im Schweizer Fernsehen noch nie gegeben. Das Fernsehvolk rast.

14. Juli 1980. Die Polizei bestätigt erneut, daß Tränengas ein humanes Mittel sei, weil es im Kampf eine Distanz von Mensch zu Mensch wahre: Tränengas, Tränengas-Wasser-Gemisch und Gummigeschosse.

Es vergeht nun keine Woche ohne Demonstration. Die Chaoten sagen: Wenn das Tränengas uns alle süchtig machte – würde es dann wohl verboten?

15. Juli 1980. Heute wurde der Begriff des Müllerns geprägt. Müllern heißt: den Gegner in dessen eigener Rolle bloßstellen, die Vorurteile und Wünsche aussprechen, die dieser nicht zu sagen traut. Müllern heißt: sich maskieren, um seinen Gegner zu entlarven. Oder auch: sich als Spießbürger ausgeben.

Eine hochkomplizierte Angelegenheit also, die sich da die Bewegung ausgedacht hat. Ein Pärchen trat als Herr und Frau Müller im Fernsehen auf. Sie waren zu einer Diskussionsrunde geladen, um die Anliegen der Bewegung zu vertreten. Ihre Aufmachung entsprach nicht den Erwartungen. Sie waren bürgerlich gekleidet. Müller rauchte eine Zigarre. Müller hieß in Wirklichkeit ganz anders (nämlich Meier) und seine angebliche Frau ebenfalls. Was sie im Gespräch mit der Stadträtin Emilie Lieberherr und andern unter der Leitung von Jan Kriesemer sagten, entsprach nicht den Erwartungen. Sie müllerten.

Auszug aus der mißratenen TV-Sendung:

Kriesemer: Was geschieht, wenn wieder demonstriert wird?

Lieberherr: Nach allem, was geschehen ist, können wir keine unbewilligten Demonstrationen mehr dulden.

Hans Müller: ... und reißt endlich mal die alten Häuser ab, damit die sich nicht immer zusammenrotten können in ihren Kommunen und Wohngemeinschaften, das ist auch ein Punkt ...

Kriesemer: Was geschieht, wenn es wieder eine Demonstration gibt?

Hans Müller: ... und man sollte auch die Kinderspielplätze endlich teeren, dann gibt es mehr Parkplätze ...

Lieberherr: ... ich habe gesagt, ich habe gesagt, es dürfe keine unbewilligten Demonstrationen mehr geben ...

Hans Müller: An die Wand stellen!

Anna Müller: Richtig, richtig ...

Lieberherr: Ja, gehen Sie ins Jugendhaus und sagen Sie das, gehen Sie heute abend mit dem, was Sie hier sagten, an die Limmatstraße, erzählen Sie das Ihren Leuten ...

Anna Müller: ... selbstverständlich, wir möchten wirklich gerne ...

Kriesemer: Meine Damen und Herren, unsere Zeit ist leider zu Ende, ich danke Ihnen ...

Hans Müller: An die Wand stellen, an die Wand stellen!

Kriesemer: ... und ...

Anna Müller: ... an die Wand stellen, ja, und Gewehre, und KZs könnten Sie doch auch noch bauen ...

Kriesemer: ... die Diskussion hat offenbar für Sie auch gezeigt, daß der Dialog ...

Hans Müller: Moskau!

Kriesemer: ... noch ein wenig schwierig ist, in der jetzigen Situation ...

Anna Müller: ... da braucht es jetzt ...

Kriesemer: ... Danke vielmal und auf Wiedersehen.

Hans Müller: Moskau, kann ich nur sagen, Moskau ...

Die *Neue Zürcher Zeitung* schrieb: «Was mit dieser Sendung jedermann, der das Ereignis dieses monströsen Mißbrauchs mit ansah, nochmals und hoffentlich zum letztenmal vor Augen geführt wurde, ist dies: daß der Geist der neuen Revoluzzer ein Geist der Verhöhnung und der zerstörerischen Provokation ist.»

Der *Blick* veröffentlichte den richtigen Namen und die Adresse von «Frau Müller». Die Kopfjagd war eröffnet.

Das gesunde Volksempfinden regt sich: «Frau Müller, Sie sind keine Frau, Sie sind eine Sau»; «Frau Müller, werden Ihnen die Schamlippen abhauen und das Gesicht zu einer Grimasse hacken.»

1. August 1980. Nationalfeiertag. Regierungsrat Albert Sigrist erklärt in seiner Ansprache in der Stadthausanlage: «Den Weg der Gewalt gibt es bei uns nicht.

15. August 1980. Die Inserenten drohen dem liberalen *Tages-Anzeiger* mit Inseratentzug. Die Abonnenten drohen mit Abbestellung. Die Politiker drohen, die Wirtschaft droht und übt Druck aus, die Behörden üben Druck aus. Die Polizei schlägt. Reporter, die ihr bei der Arbeit allzu gut zuschauen, bekommen es zu spüren.

Seit alle Druck ausüben, macht das Zeitungsmachen keinen Spaß mehr. Fast wird unter den Zeitungsmachern mehr geredet als geschrieben: von wirklichen und vermeintlichen Inserateboykotten, von Pressionen auf höchster Ebene, von Zeitungsabbestellungen und empörten Leserbriefen.

In den Redaktionsstuben sind plötzlich klitzekleine neue Wörter und Begriffe aufgetaucht, um die «feine Kunst des Dosierens und des Austarierens» in schwerer Zeit zu erleichtern: «das berufskulturelle Bewußtsein». «Das Textmanagement». «Die Schleusenwärterfunktion». «Die redaktionelle Begleitung schwächerer Mitarbeiter». «Das redaktionelle Umfeld». «Der Beobachter aus Distanz». Und: «Die Ausgewogenheit.»

Die Chaoten sagen: «Wo man hinschaut, rasseln die Bürger mit zu großen Säbeln und beginnen sich zu wehren. Der Schurnalismus verkriecht sich im Blätterwald und furzt riesige Töne von Recht und Ordnung.»

4. September 1980. Heute morgen hat die Polizei 230 Gramm Haschisch, ein heroinverdächtiges Pulver, zwei Schreckschußpistolen, eine Luftpistole, eine Stahlrute sowie Wurf- und Stellmesser im Autonomen Jugendzentrum gefunden. Der Stadtrat erklärt das AJZ-Experiment für gescheitert.

Das Jugendzentrum wird jetzt von der Polizei mit Hunden bewacht. Die Chaoten sagen: «Es stimmt gar nicht, daß das Autonome Jugendzentrum Zürich geschlossen worden ist. Richtig ist vielmehr, daß es in ein Autonomes Gemeinschaftszentrum für Hunde und Polizisten umgewandelt wurde, das sich bereits eines regen Besuchs erfreuen darf.»

Zwei Tage später steht im *Tages-Anzeiger*: «Die Unruhen nach der Schließung des Autonomen Jugendzentrums am Donnerstagmorgen gipfelten in der Nacht auf den Freitag in zerstörerischen Aktionen von militanten ‹Stadtindianern›, wie sie sich selber nennen. Besonders in Mitleidenschaft gezogen wurde die Gegend der Bahnhof- und Löwenstraße: Auf Rollschuhen ließ u. a. eine Splittergruppe ihre Aggressionen an den Schaufenstern der Geschäftshäuser aus. In rund zwanzig Minuten wurde die Bahnhofstraße vom Bahnhof bis hinauf zum Paradeplatz verwüstet und buchstäblich in einen Scherbenhaufen verwandelt. Mit Pflastersteinen, Blumentöpfen und greifbaren Baumaterialien wurde wahllos alles zerstört, was aus Glas und in Reichweite war. Das Ausmaß der Schäden steht noch nicht fest. Es dürfte sich aber laut Schätzungen der Polizei auf rund eine Million Franken belaufen.»

8. September 1980. Der Kantonsrat bewilligte heute einen Kredit von 170000 Franken als Anzahlung für einen neuen Wasserwerfer.

Die Mittel, welche die Stadt Zürich während der kurzen Öffnungszeit für die Renovation des baufälligen Autonomen Jugendzentrums freigegeben hatte, beliefen sich auf 140000 Franken.

Mitte September. Ein anonymer Schreiber schickte Walter Fröhlich einen Brief. Es stand darin: «Du bist das größte Arschloch der Eidgenossenschaft.» Walter Fröhlich ist als langjähriger Geschäftsführer eines großen Zürcher Modehauses fristlos entlassen worden, nachdem er sich in einem Leserbrief kritisch über einen Polizeieinsatz geäußert hatte.

In der Zeit vom 30. Mai bis 12. September 1980 hat die Polizei 2263 Tränengasgranaten, 1699 Tränengas-Handwurfkörper, 94 Füllungen für Tränengaswerfer, 60 Liter Tränengaslösung für Wasserwerfer, 189 Dosen Tränengas-Spray und 1650 Gummischrotladungen à 35 Geschosse eingesetzt. Diese Zahlen wird Polizeivorstand Hans Frick im Februar 1981 im Stadtparlament bekanntgeben. Die Gefährlichkeit der eingesetzten chemischen Mittel wird er als gering bezeichnen.

20. September 1980. In letzter Zeit haben sich die Geschichten von knallharten Konfrontationen auf Zürichs nächtlichen Straßen gehäuft. Einer der Chefredaktoren einer großen Zürcher Tageszeitung meint im persönlichen Gespräch, wenn wirklich alles stimme, was da gesagt werde, könne man sich ein bißchen an Südamerika erinnert fühlen.

27. September 1980. Die Staatsanwaltschaft hat eine Strafuntersuchung gegen den 30 Jahre alten Untersuchungsrichter René Ramer eingestellt. Ramer hatte am 6. September mit seiner Smith & Wesson auf einen Demonstranten geschossen. Ob er dem Demonstranten wirklich fast den Kopf abgeschossen, ihn nämlich am Ohrläppchen getroffen habe, wie später behauptet wurde, läßt sich nicht mehr feststellen, weil der Demonstrant untergetaucht ist. Er hat Angst, an die Öffentlichkeit zu treten.

Augenzeugen des Vorfalls – vier sind bekannt – sind von der Staatsanwaltschaft nicht einvernommen worden. Der Erste Staatsanwalt erklärte auf Grund von Polizeirapporten, die Augenzeugen hätten zu den Begleitumständen nichts Wesentliches auszusagen.

Ramer gab an, er habe in Notwehr gehandelt; der Demonstrant sei im Begriff gewesen, einen Molotowcocktail gegen ihn zu werfen. Dieser Darstellung schloß sich der Erste Staatsanwalt an.

Die Chaoten bestreiten das. Sie sagen: «Es stimmt nicht, daß das Verfahren gegen den Untersuchungsrichter eingestellt worden ist, ohne daß Zeugen des Tathergangs angehört wurden. Vernommen wurden vielmehr Ramer René, R. Ramer und René R. Alle drei Zeugen sagten übereinstimmend aus, daß der Untersuchungsrichter erst geschossen habe, nachdem er durch einen Molotowcocktail zu Boden geworfen und schwer verletzt worden sei.»

1. Oktober 1980. Rund 2000 Personen zogen am Vorabend durchs nächtliche Zürich zur Predigerkirche, um dort eine Vollversammlung abzuhalten. Die Vollversammlung ist das wichtigste Organ der Bewegung. Sie findet regelmäßig, mindestens einmal pro Woche, statt. Von ihr gehen alle Beschlüsse aus. Jeder kann daran teilnehmen und mitreden und bei den Abstimmungen mit entscheiden.

Die Bewegung hat etwas von ihrer ungestümen Kraft verloren. Die Auseinandersetzungen mit der Polizei, die vielen Verhaftungen, die vielen Versammlungen, die vielen Actions auf der Straße, das langwierige Taktieren um eine mögliche Wiedereröffnung des Jugendzentrums haben Spuren hinterlassen. Es sind Zweifel gekommen.

Einer der Chaoten wird später schreiben: «Da draußen auf der Straße ist es saukalt geworden, und wenn ich an die von euch eingesetzten Hüter der Ordnung denke, dann erstarrt in mir alles vor Angst. Nur noch Schiß, jämmerlich Schiß, zusammengepanscht mit unsäglicher Wut, mit Haß, mit einem einzigen Lichtblick, dem Lichtblick der Verweigerung.»

Einige werden sagen: «Wir haben nichts zu verlieren außer unserer Angst.»

In der Predigerkirche herrscht totale Konfusion. Rund 2000 Leute machen rund 2000 Vorschläge, was jetzt zu unternehmen sei. Die Stadtbehörden haben uns hintergangen. Soll man fürs kommende Wochenende um eine Demonstrationserlaubnis nachsuchen? Und sich dann friedlich verhalten? Und dann Krawall machen? Soll man versuchen, das Autonome Jugendzentrum mit Gewalt zurückzuerobern? (Nein – sonst geht noch was kaputt). Soll man eine Kirche besetzen? Soll man sich die Banken vornehmen? Soll man den Abendverkauf in der Bahnhofstraße behindern?

Einer kreischt als Nonne verkleidet ins Mikrofon. Einer ruft: «Arschloch, dort hinten!» Wein- und Bierreste fressen sich in den feinen Sandstein des Kirchenbodens. Zigaretten hinterlassen schwarze Spuren. Ein schwacher Beschluß: Abendverkauf stören, passiver Widerstand. Und am Sonntag dann: eine Kirche besetzen.

«Heute müssen wir um Mitternacht aus der Predigerkirche raus sein, so lang läuft die Bewilligung. Klingt vielleicht ein wenig komisch, aber wir sollten ein bißchen aufräumen, der Mann dort, der den Aufgang zur Orgel verteidigt, soll nicht so blöd tun und endlich Besen herausrücken.»

Keine Besen. Die Leute von der Kirche sind nervös. Sie sagen: Ist schon recht, wir lassen das von einer Reinigungsfirma machen. Aber das kostet doch Geld, sagen die Chaoten. Macht nix, sagen die Leute von der Kirche, das kostet halt, das kostet immer. Wenn ihr draußen randaliert hättet, hätte es noch mehr gekostet.

Ein Böllerschuß erschüttert die Kirche. «Raus jetzt!» schreit der Küster, aber die Kirche steht immer noch, und so beruhigt er sich wieder. Er sagt: Nur keine Kirchen besetzen, das bringt nichts, da könnt ihr doch jederzeit wieder hierher kommen, wir sind doch offen für alle.

2. Oktober 1980. Vor dem Warenhaus «Globus» brennen Feuerchen. Etwa 200 Chaoten stehen einigermaßen verloren herum. Wo sind all die andern? Ab und zu traut sich ein Grüppchen ins Warenhaus, an unzähligen Zivilpolizisten, Warenhausdetektiven und höheren Globus-Chargen vorbei. Die Chaoten müllern. Sie haben nette Kleider angezogen. Einer trägt die Pfadfinderuniform. Die höchste Spitze der Zürcher Polizei wagt tuschelnd im Halbdunkel einen Blick auf das Geschehen. Alles unter Kontrolle. Einer der Umstehenden sagt, unsere Jugend sei schon recht, aber das da, das sei der Abschaum. «Nein, das ist nicht unsere Jugend.»

4. Oktober 1980. Eine Demonstration an der Bahnhofstraße wird angesagt. Schwärmer krachen. Raketen steigen. Dann fährt die Polizei ein, zeigt Präsenz. Um 19.00 Uhr, beim Bellevue, muß die Straßenbahn vorzeitig anhalten: «Verkehrsumleitung wegen Verkehrsunterbruch.» Auf den Schienen beim Bellevue stehen die Chaoten. Der Wagenführer sagt in wildem Zorn: «Ich darf nicht reden, ich darf nur denken, ich bin ja im Dienst.» Er sagt es zu einem Herrn, der sich womöglich noch mehr aufregt. Er muß irgendwo hin, Richtung Zoo, seine Frau sitzt weiter hinten, ruft zur Beruhigung seinen Namen, aber es nützt nichts. «Dieses Saupack! Diese Schweine!» Ein jüngerer Mann sagt, was er sich wegen ein paar zerbrochener Scheiben so aufrege. Es gehe ihm um viel mehr, sagt der Herr, und wissen Sie, worum? Um den Rechtsstaat nämlich. Das sei doch kein Rechtsstaat, sagt der Angesprochene, das sei doch ein Wirtschaftsdiktaturstaat.

Am besetzten Fußgängerstreifen versucht ein wunderschöner Mercedes, sich durch die Menschenmenge zu drängen. «Ja, den kennen wir doch», sagt die Menschenmenge. «Da hast aber ein bißchen Pech gehabt, isn't it.» Schon ist der Mercedes-Stern weg, die Leute treten gegen den Wagen, Adidas-Turnschuhe gegen Mercedes-Blech, die Tür wird aufgerissen, zugeknallt, das Gesicht des Fahrers ist von Panik entstellt, er drückt mit ungeheurer Behendigkeit alle Türverriegelungen, ein Wunder, daß seine rasenden Finger die Knöpfe nicht verfehlen, dann wirft er den Rückwärtsgang hinein, saust in eine Nebenstraße. Die Menge johlt. Ein paar rennen ihm mit Steinen nach. Sie haben den Fahrer vor einer Woche näher kennengelernt, an der «Landsgemeinde für Recht und Ordnung», einer Protestversammlung der Rechten. Die Chaoten störten damals seine Rede, als er einige grundsätzliche Gedanken zum Rechtsstaat äußerte. Der Mercedes-Fahrer ist Präsident der Schweizerischen Volkspartei des Kantons Zürich, die von Anfang an kompromißlose Härte gegenüber den Chaoten gefordert hat.

Ein Spitzel wurde heute in die Limmat geworfen. An der Bootsvermietungsstelle wartet er, bis er von der Seepolizei abgeholt wird. Er sieht naß aus. Auf der Seeseite wird der

Verkehr blockiert. Die Chaoten schicken die Autos zurück. Zwei Fahrer verlieren die Nerven und fahren zu. Es tönt gräßlich, wenn die Pflastersteine durch die Scheiben dringen.

Zurücktreten, zurücktreten, sagen die Polizisten. Jetzt haben sie die Quaibrücke abgesperrt. Einige gutgekleidete Passanten lassen sie durch. Ein schöner Teil des Zürcher Vergnügungsviertels gleicht einer belagerten Stadt.

Ein älterer Mann sagt, man müßte diese Leute einfach einsperren. Weswegen? Weil die Pflastersteine werfen, weil die den Verkehr aufhalten. Jemand erwidert: Deswegen können Sie sie doch nicht einfach einsperren. Der Mann sagt: Natürlich nicht für immer. Nur bis wieder Ruhe ist.

5. Oktober 1980. Die Kirchenbesetzung heute morgen dauerte rund vier Stunden. Um 14.00 Uhr ist das Fraumünster von Polizisten umstellt. Die Besetzer sind kampflos abgezogen. Abends ein zweiter Versuch, diesmal in der Predigerkirche. Die Chaoten dringen nach Beendigung des Abendgottesdienstes in die Kirche ein, während die Orgel noch spielt. Sie rufen: «Zugabe, Zugabe!» Der Organist legt noch einmal los. Dann ist Schluß. Bravo, bravo, Händeklatschen, Begeisterung. Der Pfarrer sagt, die Kirche müsse nun leider geschlossen werden.

Die Chaoten rufen: Machen wir eine Vollversammlung! Die meisten sind ratlos. Einer ringt nach Luft: Im Sinn dieser Institution hier haben wir uns diesen Ort hier genommen, und die Leute draußen sollen gottverdammt noch mal wissen, daß wir ihre Kinder sind. Ein Gottesmann sagt: Die Kirche, das ist die letzte Zuflucht. Das ist in Südamerika so, das ist auf der ganzen Welt so, das ist auch hier so. Deshalb wird die Polizei hier nicht räumen.

Da hat sich der Gottesmann getäuscht. Die Kirchenpflege stellt ein Ultimatum, und um 21.55 Uhr ist die Sache ausgestanden. Die Polizei ist gefechtsmäßig angerückt, ein Flop für die Bewegung. Sie verdrückt sich den Mauern des Niederdorfs entlang.

7. Oktober 1980. Die Chaoten verfassen eine Presseerklärung:

«Wir haben den Zeitungen entnommen, daß die bürgerlichen Parteien von uns verlangen, wir sollten uns von der Gewalt distanzieren. Hier unsere Stellungnahme: Wir finden diesen Vorschlag außerordentlich interessant, aber wir müssen gleichzeitig festhalten, daß es sich hier um ein kompliziertes Problem handelt. Der Frieden ist ohne Zweifel ein sehr kostbares Gut, das mit aller Sorgfalt aufrechtzuerhalten sich lohnt, aber es gibt nichts Teureres als den Rechtsstaat, der sich, wie jedermann weiß, mit Armee und Polizei ebenfalls auf Gewalt stützt. Wenn wir uns nun also von der Gewalt distanzieren, könnte das heißen, daß wir uns auch vom Rechtsstaat distanzieren, und anstatt Frieden entstünde ein Chaos: Außerdem würden viele Eidgenossen diese Haltung als unschweizerisch empfinden, wurde doch die Schweiz mit Gewalt gegründet, mit Gewalt organisiert und stützt sich heute noch auf Gewalt. Welcher Zürcher könnte zum Beispiel das bedeutende Werk Huldrich Zwinglis vergessen? ...

Aber da wir diesen Vorschlag wie gesagt für sehr interessant halten, möchten wir ein Vorgehen vorschlagen, das sowohl den Frieden als auch den Rechtsstaat garantieren könnte. In den nächsten Wochen könnten sich im Bundeshaus Delegationen von Bundesrat, Kantonsregierungen, Parteien, Arbeitnehmer- und Arbeitgeberorganisationen und der Jugendbewegung treffen, um die gegenseitige Abrüstung nach SALT zu diskutieren. Das Ziel der Konferenz wäre ein erster Kompromiß, nach dem der Bundesrat mit Zustimmung sämtlicher Sozialpartner per Dekret die Armee abschaffte und die Polizei auflöste und gleichzeitig die Jugendbewegung eine Deklaration zum Verzicht auf Gewalt unterschreiben würde. Zu Ehren dieses Vertrages fände ein großes Milchsuppenessen im bei dieser Gelegenheit wiedereröffneten AJZ statt, und nach dem Essen würde an jeden Teilnehmer ein Joint verteilt.»

11. Oktober 1980. Das zürcherische Gewerbe hat mit zunehmender Besorgnis festgestellt, «daß es einer kleinen Gruppe gewalttätiger Jugendlicher noch immer gelingt, mehr oder weniger straflos fremdes Eigentum zu beschädigen, Diebstähle zu begehen sowie Umsatzrückgänge und Ertragsausfälle herbeizuführen». Die Polizei sei zu ermächtigen, die notwendige Härte beim Schaffen von Ordnung anzuwenden; die Strafverfolgungsbehörden werden aufgerufen, endlich keine Milde mehr walten zu lassen.

21. Oktober 1980. Vor dem Zürcher Obergericht ist ein Fall von Tränengasvergiftung verhandelt worden. Ein Feuerwehrmann hatte zum Spaß in einem engen Korridor eine Tränengaspatrone gezündet. Bei einem Kollegen des Feuerwehrmannes stellten die Ärzte darauf ein Lungenödem, Serumaustritt in die Lunge, Herzinsuffizienz, eine Lungenentzündung, Darm- und Leberbeschwerden sowie Störungen im vegetativen Nervensystem fest. Vier Monate blieb der Geschädigte voll und über ein Jahr teilweise arbeitsunfähig.

Die Zürcher Stadtpolizei verfolgte den Fall mit großem Interesse. Der stellvertretende Leiter des wissenschaftlichen Dienstes erklärte dem *Tages-Anzeiger*, daß eine Tränengasvergiftung zu derart schweren Folgen führen könne, sei bis anhin nicht bekannt gewesen. Der Sprecher der Polizei meinte, daß in Frankreich, im Unterschied zur Schweiz, das risikoreichere CN-Gas nicht mehr verwendet werden dürfe; doch auch hierzulande würden die CN-Bestände nicht mehr aufgefüllt. Der Fall des vergifteten Feuerwehrmannes habe im übrigen für die Stadtpolizei keine Konsequenzen.

Ende November 1980. Ein Bericht der «Eidgenössischen Kommission für Jugendfragen» wird veröffentlicht. Unter anderem steht darin: «Die Jugendunruhen zeigen, daß Ruhe und Ordnung nur noch zu Ruhe und Ordnung eines Teils unserer Gesellschaft geworden sind, nur noch einem Teil unserer Gesellschaft Freiheit gewähren.» Die Unrast entspringe nicht einfach der Laune eines Kerns von Randfiguren.

Damit sind hier längst nicht alle einverstanden. Die meisten finden, die «Eidgenössische Kommission der Krawallistenfreunde», in der immerhin fünf FDP-Politiker sitzen, sei ein bißchen weit gegangen. «Gehobene Makulatur», urteilt der Zürcher Erziehungsdirektor. Die rechtsstehende, mit Spendengeldern finanzierte «Aktion für freie Meinungsbildung» meint: «Das ist ja die pure Theorie der sogenannten ‹Repression›, die Neomarxisten und ähnliche Richtungen zusammengebastelt haben.»

1. Dezember 1980. Dem Ausschuß der City-Vereinigung Zürich wiederum war die geplante Diskussion über die Thesen der Jugendkommission im Schweizer Fernsehen einen scharfen Protest wert. Der Vereinigung gehören rund 1500 Firmen der Zürcher Innenstadt an. Sie schrieb, die Sendung «Jugend im Abseits» sei eine offene Provokation. Sie forderte eine Änderung des Programms.

Die Vereinigung war sicher sehr erstaunt, daß es zu keinen Krawallen kam, als die Sendung dennoch ausgestrahlt wurde.

5. Dezember 1980. Die Vereinigung Löwenstraße, der die Inhaber der Geschäfte an der Löwenstraße angehören, ruft die Stadtbehörden auf, die «schöne weihnachtliche Stimmung» in der Stadt zu erhalten: «Lassen Sie es nicht zu, daß diese Stimmung – sei es am Tag, sei es in der Nacht – von einigen wenigen Randalierern gestört wird.»

6. Dezember 1980. Der *Eisbrecher*, das Organ der Bewegung, hat in einem Leitartikel allen schöne Weihnacht gewünscht: «An Weihnacht wird demonstriert. Der Bewegung, allen Unzufriedenen, Demokraten und Sozialdemokraten, Gafferinnen und Gaffern, Ladenbesitzern, dem Stadtrat der Polizei und der Presse, kurz, allen Menschen, die guten Willens sind, hat das Blatt vorgeschlagen: Es soll, nach zahlreichen unfriedlichen, eine friedliche Demonstration werden.» Der *Eisbrecher* meint: «Der Stadtrat soll die Chance erhalten, einige seiner großen Irrtümer zu korrigieren.»

12. Dezember 1980. In der grauen, kalten, langweiligen Stadt hat eine Frau sich angezündet und verbrannt: «Ihr habt mich kaputtgemacht – seht, wie ich sterbe.» Die Botschaft ist bei der großen Masse nicht angekommen. Der Protest ist fast ungehört verhallt. Der Aufschrei ist ausgeblieben.

Die Zürcher Massenmedien behandeln den öffentlichen Gewaltakt in ihrer Stadt mit größter Zurückhaltung. Die Behörden halfen, den Fall herunterzuspielen. Das Publikum nahm es wie den täglichen Verkehrsunfall.

Die Zürcher Stadtpolizei schickte den Zeitungen eine Meldung. Text: «Das bedauernswerte Mädchen litt seit etwa zwei Jahren unter Problemen vor allem psychischer Art. Die

Jugendunruhen waren keineswegs der Grund für den tragischen Suizid.»

Vier Tage vor Heiligabend 1980. In einem großen Inserat von Sympathisanten wurde neben der bedingungslosen Wiedereröffnung des AJZ auch die Einstellung aller Strafverfahren verlangt. Im Klartext heißt das: Wenn dieses Ultimatum nicht erfüllt wird, ist mit einem friedlichen Heiligabend in der Stadt Zürich nicht zu rechnen. Dies ist Erpressung und Drohung mit Gewalt. Darauf darf nicht eingegangen werden. Jede erfolgreiche Erpressung gebiert neue Erpressung und jede triumphierende Gewalt neue Gewalt.

Zwei Tage vor Heiligabend. Der Stadtrat von Zürich erklärt: «Nach eingehenden, mehrfachen Beratungen ist der Stadtrat unter Abwägung aller Gesichtspunkte zum Schluß gekommen, daß eine auch nur vorübergehende Wiedereröffnung des Versammlungslokals an der Limmatstraße nicht in Frage kommen kann. Der heutige Zustand der Liegenschaft läßt eine Benutzung in vernünftigem Rahmen nicht zu.»

Heiligabend 1980. Ein Zug von weit mehr als 6000 Personen, Jugendlichen und Sympathisanten, Eltern und Kindern, hat die Bahnhofstraße in Besitz genommen, ist zum Autonomen Jugendhaus gezogen, hat dort einen Augenblick gewartet. Ein paar haben den Stacheldraht durchschnitten, haben Gegenstände gegen das Gebäude geworfen und sind auf das Gelände gezogen.

Die Polizei kam von der Seite und von hinten, vom Bahnhof her, schoß noch in wilder Fahrt Tränengaspatronen ab; weißer Rauch ringsum. Kinder schrien. Die Kundgebung der Wohlmeinenden war in wenigen Minuten aufgelöst.

Über die Treibjagden am 24. Dezember schrieb ein Journalist im *Tages-Anzeiger*:

> «Am Heiligen Abend drang in unsere Wohnung am Neumarkt nicht nur das Glockengeläute, das die Weihnachtsmessen ankündigte. Trotz Doppelverglasung waren Geräusche von zahlreichen Petarden, von abgefeuerten Gummigeschossen und von klirrendem Glas, aber auch Schreie zu hören ...

Angesichts dieser Szenen in der Altstadt entschloß ich mich um 23.40 Uhr, eine Bekannte, die wir eingeladen hatten, nach Hause zu begleiten. Wir gingen den Neumarkt hinunter in Richtung Marktgasse. Gegenüber der Kantorei hörten wir unvermittelt verzweifelte Schreie. Wir drehten uns beide um und sahen, wie vier oder fünf Polizeibeamte mit Knüppeln und Schuhen auf einen am Boden liegenden Wehrlosen einschlugen. Ich war schockiert, hielt inne, blieb aber aus Furcht ruhig stehen. Meine Begleiterin jedoch verlor die Nerven und schrie: Nein! Nein! Das könnt ihr nicht machen! Daraufhin stürmten drei Polizisten aus der Froschaugasse auf uns zu. Einer von ihnen feuerte ohne Warnung aus fünf Meter Entfernung eine Gummigeschoßladung ab. Wir wurden getroffen. Ich konnte kaum mehr gehen mit Prellungen an beiden Knien ... 20 Minuten nach dem Vorfall verlangte ich die Informationsstelle der Stadtpolizei und erreichte einen Sprecher. Ich bat ihn, wenn immer möglich, sich um den Verletzten zu kümmern. Der Polizeisprecher hatte großes Verständnis für mein Anliegen, erklärte aber, es sei schwierig, meiner Bitte nachzukommen, weil die Stimmung bei der Polizei wegen der vermasselten Weihnacht äußerst schlecht sei. Als Polizeibeamter sei er selber am Nachmittag von einem Gummigeschoß getroffen worden und habe daraufhin von der Polizeipressestelle aus zusammen mit dem Polizeipsychologen versucht, die Mannschaft zur Zurückhaltung aufzurufen. Dies habe jedoch dazu geführt, daß die Pressestelle in den eigenen Reihen nicht mehr beliebt sei. Wörtlich meinte er: Uns sagen jetzt nicht mehr alle Beamten ‹Grüezi›. Wir müssen bald einmal aufpassen, daß wir nicht auch noch einen Knüppel auf den Kopf bekommen.»

2. Januar 1981. Die Schweizerische Volkspartei der Stadt Zürich hat einen Appell zum neuen Jahr erlassen. Das vergangene Jahr sei durch falsch verstandene Toleranz gekennzeichnet gewesen. Die SVP appelliert an alle Bürger, Bevölkerungsgruppen und an die Behörden, mit einem klaren Ja zu unserer Freiheit, zum Rechtsstaat zu stehen und mit einem deutlichen Nein «die Zerstörungsversuche der Demokratie» zu verhindern.

3. Januar 1981. Die Regierung des Kantons Zürich dankt den Mitgliedern des stadtzürcherischen und des kantonalen Polizeikorps für die Bewältigung ihrer schwierigen Aufgabe während der Feiertage. «Es hat sich gerade in den letzten Wochen gezeigt, daß einer kleinen Gruppe militanter Leute jedes Mittel recht ist, um das friedliche Zusammenleben in unserer Gesellschaft zu stören.»

4. Januar 1981. Ein vom Bezirksgericht Zürich gegen Pfarrer Hans Roy angestrengtes Verfahren wegen Begünstigung ist eingestellt worden. Roy wurden jedoch die Verfahrenskosten überbunden. Der Pfarrer der Gemeinde Zürich-Industriequartier hatte sich am 12. Juli schützend vor jugendliche Demonstranten gestellt, die in der Johanneskirche Zuflucht vor der Verfolgung durch die Polizei gesucht hatten.

5. Januar 1981. Der Ort der Selbstverbrennung von Silvia Z. am Bellevue wurde in den letzten Tagen zu einer eigentlichen Gedenkstätte für Jugendliche, die zwischen dem Selbstmord und den Problemen der Stadt einen unmittelbaren Zusammenhang sehen. Nachts ist das Rondell auf dem Bellevueplatz von brennenden Kerzen erleuchtet. Die Polizei kommt jeweils gegen 2 Uhr morgens mit Schneeschaufel und Reisbesen, um alle Spuren zu beseitigen.

9. Januar 1981. Die Behörden teilen mit: 45 Prozent der Angeklagten, die in der Zeitspanne bis Ende Oktober im Zusammenhang mit den Unruhen festgenommen wurden, sind minderjährig. Der jüngste ist 13 Jahre alt. Insgesamt gab es allein bis Oktober über 1400 Strafuntersuchungen. Es gab Dutzende von Brand- und Sprengstoffanschlägen, zu denen sich radikale Elemente innerhalb der Bewegung bekannten. Die Schäden belaufen sich auf viele Millionen Franken.

Die Kantonsregierung hat die sofortige Besetzung von sechs neuen Stellen bei der Bezirksanwaltschaft bewilligt.

31. Januar 1981. Gestern hat die Polizei bei einer Großdemonstration 700 Personen kontrolliert. Die Schweizerische Volkspartei des Kantons Zürich teilte mit, daß sie über das entschiedene Vorgehen der Polizei «befriedigt» sei. Die neue Taktik mit Einkreisen und Erfassen der Teilnehmer habe sich bewährt. Im übrigen erachte es die SVP als nicht sinnvoll, Demonstranten nach der Überprüfung wieder freizulassen; diese sollten vielmehr über das Wochenende in Vorbeugehaft gesetzt werden.

Bei Handgreiflichkeiten wurde einer jungen Demonstrantin durch ein Gummigeschoß das Auge schwer verletzt. Die Zeitung *Der Zürcher Oberländer* schrieb unter ein Bild der schreienden Verletzten: «Wer nicht hören will muß fühlen.»

Bis Ende Januar sind nach groben Schätzungen rund 500 Menschen bei den gewaltsamen Auseinandersetzungen verletzt worden. Darunter waren 85 Polizeibeamte.

3. Februar 1981. Nach Angaben von Polizeivorstand Hans Frick hat die Polizei seit Ausbruch der Unruhen etwa 100000 Gummischrotkugeln verschossen.

13. Februar 1981. Die 18jährige Frau, die beim Landesmuseum von einem Gummigeschoß getroffen wurde, hat ihr verletztes Auge verloren. Nach Angaben ihres Vaters blieben die Eingriffe dreier Spezialärzte erfolglos. Ein anonymer Anrufer erklärte den Eltern: «Nächstes Mal sollte ihr auch noch das andere Auge ausgeschossen werden.»

18. Februar 1981. Die Vorberatende Kommission des Ständerates hat sich für eine noch weiter gehende Verschärfung des schweizerischen Strafrechts ausgesprochen. Im Dezember hat der Nationalrat eine verschärfende Spezialbestimmung beschlossen für den Fall, daß ein Täter als Mitglied einer Bande fremdes Eigentum beschädigt. Den Begriff der Bande hat die Kommission des Ständerats nun durch den Begriff der *öffentlichen Zusammenrottung* ersetzt. Außerdem sollen Sachbeschädigungen in diesem Rahmen künftig von Amtes wegen verfolgt werden statt wie bisher nur auf Antrag des Geschädigten.

27. Februar 1981. Das Bezirksgericht hat eine 19jährige Hilfsarbeiterin wegen Gewalt und Drohung gegen Beamte, wegen Landfriedensbruchs und Teilnahme an einer nicht bewilligten Demonstration zu einer bedingten Gefängnisstrafe von vier Monaten verurteilt. Die Verurteilung stützte sich auf die Aussagen eines Polizisten, der die Hilfsarbeiterin beim Steinewerfen beobachtet haben will.

Drei Monate zuvor hatte der Einzelrichter in Strafsachen am Bezirksgericht Zürich einen Polizisten vom Vorwurf der Tätlichkeit und des Amtsmißbrauchs freigesprochen. Laut

Anklage soll der Beamte in der Krawallnacht vom 12. Juli am Bellevue einem 38jährigen Passanten einen Tritt ins Gesäß versetzt und damit eine wilde Schlägerei ausgelöst haben. In der mündlichen Urteilsbegründung hielt der Einzelrichter fest, den Aussagen des Geschädigten und seiner Freundin stünden die Aussagen von zwei Polizeibeamten gegenüber, so daß im Zweifel zugunsten des Angeklagten auf Freispruch zu entscheiden sei. Der freigesprochene Polizist erhielt eine Umtriebsentschädigung von 700 Franken.

23. März 1981. Die Regierung des Kantons Zürich, so teilt sie dem Kantonsrat mit, ist mit dem Ersten Staatsanwalt zur Überzeugung gelangt, der Zürcher Untersuchungsrichter René Ramer, der am 6. September auf einen unbekannten Demonstranten schoß, habe in Notwehr gehandelt.

2. April 1981. Nach langen Verhandlungen ist das Autonome Jugendzentrum wieder geöffnet worden. Die evangelische und die katholische Landeskirche sowie die Pro Juventute haben die Trägerschaft übernommen.

Die Stadt Zürich leistet an den Umbau einen Beitrag von einer Million Franken. Die Umbauarbeiten werden von den AJZ-Benützern gegen Bezahlung überwiegend selbst ausgeführt.

Noch vor ein paar Tagen hatte es um das Autonome Jugendzentrum erneut die schwersten Krawalle gegeben. Leute der Bewegung hatten es besetzt und waren von der Polizei in hartem Einsatz mit viel Tränengas vertrieben worden.

Heute betreten sie es wieder als die vermeintlichen Sieger.

3. Juni 1981. Der Zürcher Gemeinderat hat in seiner Nachtsitzung einen Lohnzuschlag als Gefahrenzulage für Polizisten beschlossen.

Im Juni 1981. Das Leben im Autonomen Jugendzentrum ist mit Schwierigkeiten angelaufen. Die Million der Stadt korrumpiert das AJZ.

In einem Flugblatt steht: «Nachdem der Kampf ums AJZ fürs erste gewonnen war, ist der Kapitalismus mit Karacho wieder eingefahren. Während Wohnungsnot herrscht, nach wie vor viele Leute im Knast sitzen oder laufende Verfahren am Hals haben, wird ums Geld gefeilscht und gemischelt, daß es zum Kotzen ist.»

Im Sommer 1981. Neulich mußte ein Mann am frühen Morgen mit einem Oberschenkeldurchschuß ins Spital gebracht werden, nachdem ein Automobilist aus geringer Entfernung Schüsse auf ihn abgegeben hatte. Der Mann war morgens um drei Uhr hinter dem Hauptbahnhof an der Limmatstraße bei einem Taxi gestanden, das dem ungeduldigen Automobilisten den Weg versperrt hatte.

Die Dealer überschwemmen das AJZ mit Drogen.

Die Zürcher Kantonsregierung schlägt vor, in der kantonalen Strafprozeßordnung den Haftgrund der Wiederholungs- oder Ausführungsgefahr einzuführen. Damit könnte ein Bürger in Untersuchungshaft genommen oder behalten werden, wenn zu befürchten ist, er werde erneut eine Straftat begehen oder eine angedrohte Straftat ausführen.

Einem Zürcher Architekten ist der Preis «Beton 81» verliehen worden, ein Preis des Vereins Schweizerischer Zement-, Kalk- und Gipsfabrikanten.

Die bürgerliche Stadt hat ihre Zuversicht zurückgewonnen.

4

Hubert Seipel

Offene Feindschaften

Über die Jugendrebellion in Hannover, Bremen, Göttingen

Es war wie in jedem Jahr. Auf dem Marktplatz in Göttingen versammeln sich Hunderte von Jugendlichen, um den Jahreskehraus 1980 zu feiern. Die Stimmung ist ausgelassen, Schampus und Raketen, Knallfrösche und Musik.

Plötzlich klirren Fensterscheiben. Pflastersteine zerdeppern Schaufenster der Imbißstube «Hamburger Farm» und des angrenzenden Spielsalons, jeder einzelne Wurf von Beifall begleitet. Beide Geschäfte sind schon lange Szenengespräch. Der eine Laden, weil dort keine Gastarbeiter bedient werden, beim anderen wünscht der Chef gelegentlich Zuwendung vom weiblichen Personal.

Als eine Polizeistreife die Steinewerfer aus der Menge greifen will, kommt es zur Schlacht. Flaschen fliegen, die Polizei hetzt mit deutschen Schäferhunden und gezogenem Gummiknüppel Jugendliche durch die Altstadt, weitere Scheiben gehen zu Bruch.

Bilanz der Neujahrsnacht: Über 20 zum Teil schwer Verletzte, Sachschaden, der in die Hunderttausende geht.

Rabatz in Hannover. An die tausend Polizisten belagern das Niedersachsenstadion und lassen keinen hinein noch einen heraus. Die Staatsmacht beschützt 1250 frische Rekruten der Bundeswehr, die zum feierlichen Gelöbnis angetreten waren. Während drinnen der Trompeter den Choral «Ich bete an die Macht der Liebe» bläst, werfen maskierte Gruppen bei Karstadt und Kaufhof die Scheiben ein. Vor dem Hotel Interconti kippen sie einen Streifenwagen um. Stunden später umzingeln Hundertschaften der Bereitschaftspolizei das Jugendzentrum in der Kornstraße, stürmen das Gebäude und behandeln 150 junge Leute «ed», erkennungsdienstlich, stellen Personalien fest.

Zoff in Bremen. Auf dem Osterdeich, Idylle für Sonntagsnachmittagsspaziergänger, bersten Molotowcocktails. Stoßtrupps von vermummten Jugendlichen liefern sich blutige Nahkampfgefechte mit Polizeizügen, die aus dem ganzen Bundesgebiet in den Norden beordert waren. Während Generale und hohe Politiker sich mit Hubschraubern aus dem Stadion ausfliegen lassen, müssen die Rekruten bis Mitternacht warten. Erst dann hat die Polizei die Lage im Griff.

Die ganze Republik ist wochenlang damit beschäftigt, Gutes und Böses auseinanderzusortieren. Hauptsächlich Böses. «Bei diesem einmaligen Skandal in der Geschichte der Bundesrepublik», wie der Oppositionsführer im Deutschen Bundestag, Helmut Kohl, die Krawalle in Bremen nennt, wird Abscheu zur demokratischen Pflichtübung. Herbert Wehner, Fraktionsvorsitzender der SPD, entschuldigt sich bei den Soldaten, «so etwas» hätten sie «nicht verdient». Für Bremens Lokalpolitiker war es «Krieg».

Szenen aus der deutschen Provinz. An drei unterschiedlichen Orten und an unterschiedlichen Tagen, doch das Echo ist immer das gleiche. Unterwanderungstheorien wuchern, Drahtzieher werden ausgemacht. «Die von Politrockern und Anarchisten ausgehende Gewalt ist in ein neues Stadium getreten», analysiert Niedersachsens Innenminister Möcklinghoff die Vorgänge in Hannover, dagegen helfe nur «mehr Chemical Mace» und «Gummigeschosse».

In Göttingen greift der Ressortchef der Lokalzeitung persönlich zur Feder, ruft «nach härtestem Vorgehen». Wörtlich: «Die Schaukel der Gewalt ist in Bewegung geraten, angeschoben von einigen wenigen Kriminellen unter tatkräftigem Beifall ihrer knapp 300 Mann starken Massenbasis.»

Die Handlungsanweisung hat Ähnlichkeit mit dem Western, der in der Universität läuft. Titel: «Eine Faust geht nach Westen». Der Lokalredakteur: «Es muß das Ziel aller Demokraten sein, den Chaoten ihre Operationsbasis zu entziehen, und dieses ist nun mal zu diesem Zeitpunkt das besetzte Haus Jüdenstraße 35.»

Gewalt, so der gemeinsame Nenner öffentlicher Entrüstung, ist nicht gesellschaftsfähig. Wer Steine wirft, ist kriminell, gleich ob in Göttingen, Hannover oder Bremen und aus welchen Gründen auch immer. Die Reklamation des Rechtsbruchs ersetzt die Auseinandersetzung mit den Motiven, die Diagnose steht: Bei den Chaoten bestimmt der Stein das Bewußtsein.

Nachrichten aus der anderen Welt lagen schon lange vor den Auseinandersetzungen vor. Kaum eine Stadt, in der die Losungen nicht vorzugsweise an die Mauern der Institutionen gesprüht wurden, die den Feind verkörpern. Die Stadtsparkasse, Parteibüros, Hertie oder Karstadt. Ironisch wie «Ihr kauft zuwenig», die «Kaputten grüßen die Heilen», oder auch militant: «Schade, daß Beton nicht brennt» und: «Gewaltfrei geht die Welt zugrunde».

Flugblätter vermitteln Botschaften des Unbehagens seit Mitte der Siebziger. Stückchenweise, in unregelmäßigen Abständen und selten so lang wie nach dem Gelöbniskrawall am 11. November 1980 in Hannover:

> «Wir lassen uns nicht BRDigen. Deshalb werden wir die Särge, die uns ersticken wollen, die falsche Plastikwelt, für die anderswo auf diesem Planeten Menschen umgebracht werden und verhungern, die Fließbänder, die unser Leben fressen, die Schule, die uns verstümmelt, die öde Betonperversion unserer Städte, die Zerstörung unserer Umwelt, schließlich die Polizeiknüppel, Überwachungskameras, Computer, Soldaten und Knäste, die uns ruhighalten sollen, die Särge werden wir zertrümmern. Überall da, wo es möglich ist. Der Karneval geht weiter.»

Die Forderungen sind konkret. Gesamtgesellschaftliche Perspektiven mit Langzeitwirkung sind nicht gefragt, nicht das richtige Theoriekonzept wie anno 68, das irgendwo irgendwann irgendwas stufenweise einlöst. Was zählt, ist abgesicherter Handlungsspielraum: Autonome Kommunikationszentren, menschliche und billige Wohnungen, Ausbildungsplätze. «Paradise now» steht an einer Wand in Bremens Altstadtviertel Ostertor. «Wir wollen alles – und zwar jetzt», fordern Karlchen Chaos und Lily Fatal von der Stadtverwaltung in Hannover und meinen das Fabrikgelände der Firma Sprengel als Kommunikationszentrum. In der kleinen Universitätsstadt Göttingen sind es die ehemaligen Gebäude des *Göttinger Tageblatts* und der Uni-Klinik in der Altstadt, nachdem die Zeitung vor etlichen Jahren in einen Neubau am Stadtrand umgezogen war. In Bremen steht für den Raumwunsch der einstige Lagerschuppen in der Schildtstraße und ein alter Speicher in Bremen-Vegesack.

Die aufgewachsen sind in einer Phase wirtschaftlichen Wachstums und ständig steigenden Lebensstandards halten nichts vom Warten. Es hat sich zu oft nur als Chiffre für leere Versprechungen erwiesen. Provozierend lehnen sie ab, wofür sich andere Generationen krumm gelegt haben. «Wir glauben nicht, daß man reich werden kann, ohne ein Raubtier zu sein. Um reich zu werden, muß man Wucherer, Gauner, unerbittlich, Erpresser und Mörder sein», verabschieden die Hausbesetzer in Hannovers Velvetstraße, der «Verein krimineller Elemente», das allgemeingültige Ideal vom Besitz und seinen Umgangsformen.

«Wie Roboter hetzen Menschen aneinander vorbei, umringt und eingekreist von Betonklötzen, versteckten Kameras und Neonreklame und kaufen, kaufen, kaufen ...» beschreibt einer der Hausbesetzer in der Franz-Bork-Straße Hannovers die Empfindungslage seiner Gruppe. Gaby, 19, jobbt nur gelegentlich, «immer dann, wenn ich unbedingt Kohle brauche. Ich habe überhaupt keinen Bock darauf, für irgendeinen Bonzen Durchlauferhitzer zu spielen».

Dabei signalisierten die politischen Parolen der vergangenen beiden Jahrzehnte Optimismus. Individuelles Glück, ein Plus an Menschlichkeit waren angesagt. «Mehr Demokratie wagen» beispielsweise, dann «Humanes Wachstum», verkündete die SPD und «Sicher in die achtziger Jahre». Gesamtschulen wurden wegen der Chancengleichheit propagiert. Überall, beteuerten die Stadtväter, müßten die Innenstädte wieder belebt, das gewachsene Erbe an Bausubstanz nicht mehr sinnlos der Spitzhacke geopfert werden.

Eine Legende, die inzwischen zu Fuß geht. Die Ansprüche wurden selten umgesetzt. Und das Vollzugsdefizit trifft die um so härter, die mit den Verheißungen groß und dann in die Realität entlassen wurden.

1976 drängte der erste geburtenstarke Jahrgang auf den Arbeitsmarkt. Trotz des Arsenals von Computern, Hochrechnungen und Arbeitsmarktprognosen hatten weder Politiker noch Arbeitgeber Vorsorge getroffen, als die Nachfrage nach Lehrstellen rapide in die Höhe schnellte.

Wer seither eine Lehrstelle will, darf sich nicht unbedingt auf einen Beruf festlegen. Künftigen Maschinenschlossern werden Lehrstellen als Bäcker angeboten. Einen Lehrplatz in einer Schreinerei zu bekommen ist etwa so schwierig, als wollte ein Abiturient mit einem Notenschnitt von 3,0 Medizin studieren.

Da gibt es regional kaum Unterschiede, die Lage ist in Hannover nicht anders als in Bremen. «Ich suche seit anderthalb Jahren eine Lehrstelle», sagt der Jungbremer Thomas, inzwischen 19, mittlere Reife, mittlerer Zeugnisschnitt, «meinst du, ich finde eine?»

Mit ihm suchten in Bremen im Frühsommer 1981 weitere 1173 Jungen unter 20. Von den 20- bis 25jährigen waren, offiziell erfaßt, im vergangenen Jahr 2136 ohne Arbeitsplatz. In Hannover liegen die Zahlen ähnlich.

Im vergangenen Jahr blieben über 100000 Jugendliche in der Bundesrepublik ohne qualifizierte Ausbildung, seit 1976 sind es, nach Auskunft der Bundesanstalt für Arbeit in Nürnberg, jährlich zwischen 70000 und 80000 Jugendliche. Statt versprochener Sicherheit fühlen die Betroffenen gelegentlich nur Sicherheitsvorkehrungen, bloßen Objektschutz. «Überall in der Stadt überwachen Kameras die großen Plätze», sagt Anke, arbeitslose Erzieherin aus Hannover. «Die sichern sich vor mir, anstatt daß die mich sichern.»

Die ökonomische Lage produziert doppelte Diskriminierung. Jeder, «der in unserer Gesellschaft arbeiten will», formulierte Bundespräsident Karl Carstens, «findet bei uns auch eine Lehrstelle». Wer nicht, ist folglich ein Drückeberger. «Wenn du diese Norm nicht erfüllst, nicht auf den Leistungstrip abfährst, sagen sie dir: ‹Für uns bist du tot›; genauso, als wenn du unter einen Lkw gekommen bist», schildert Hanne, 20, Henna im Haar, ihre Erfahrungen. Die ausgeflippte Oberschülerin ist nach der Räumung des Hauses Jüdenstraße 35 in Göttingen bei einer WG untergekommen.

Überhaupt Göttingen. 130000 Einwohner, Universitätsstadt, Geburtsort der Gebrüder Grimm und auch sonst auf Folklore bedacht. Auf dem Marktplatz der Brunnen mit der Gänseliesl, die Fachwerkhäuser sind Hausnummern für deutsche Prominenz aus Wissenschaft und Politik vergangener Tage. Auch Bismarck, der Eiserne Kanzler, hat hier studiert.

Im Rathaus regiert eine CDU/FDP-Koalition. Ein bißchen Industrie, ein bißchen Handwerk, Fußgängerzone und altes Gemäuer, McDonald's und akademisches Aufsteigerbewußtsein. Um die Altstadt verläuft eine vierspurige Schnellstraße, das Denkmal autogerechter Verkehrsplanung aus den sechziger Jahren.

Auf dem Arbeitsamt raschelt der Sachbearbeiter in seinen Papieren, fischt Statistiken aus Hängeakten. Ende Mai 1981 waren 633 Jugendliche unter 20 Jahren ohne Job. Die Zahl für die 20- bis 25jährigen dürfe er mir nicht geben, leider, eine «amtliche Anweisung». Aber so weit könne er gehen, sagt der Beamte, für die nächste Zeit sehe es «sehr düster» aus.

Worum es in der Stadt noch geht steht in der Lokalzeitung. Dort inseriert die «Dr. Voß KG»: «Göttingen ist eine expansive Universitätsstadt mit hohem Wert und erheblichem Wohnungsfehlbestand. Gute Voraussetzungen für eine Investition in Immobilien.» Die Anlageberatungsfirma reißt mit dem Segen der Stadtverwaltung alte Häuser ab und baut neuen Wohnraum, nach dem Bauherrenmodell, mit Steuergeldern also.

Die Methode hat sich in Göttingen bewährt. Seit einigen Jahren steht bereits das «Iduna-Zentrum», ein Neubaukomplex mit Geschäftsräumen und teuren kleinen Appartements. 400 Mark für die Einzimmerwohnung kann kaum einer bezahlen, und so stehen manchmal einige Wohnungen leer, obwohl laut Auskunft der Stadt 5000 Wohnungen fehlen. Die Einwohnerzahl in der Innenstadt ist innerhalb der vergangenen zehn Jahre von 16000 auf 8000 gesunken.

Offiziell darf auch in der alten Universitätsstadt kein Haus leer stehen, kein Wohnhaus abgerissen werden. Darüber wacht die «Zweckentfremdungsordnung» – auf dem Papier. Die Gebrüder Wurm, Mitbesitzer des *Göttinger Tageblatts*, denen ein Häuserblock mitten in der Altstadt gehört, zwischen Weenderstraße, Sumpfebiel und Mühlenstraße, lassen das ehemalige Zeitungsgebäude seit Jahren halb leer stehen. An der «Oberen Karspüle» in der Innenstadt stehen gleichfalls schon lange die «Kulphäuser» leer – aus Spekulationsgründen. Das historisch gewachsene Reitstallviertel planierten Bulldozer. Statt Wohnraum gibt es dort Gelände zum Parken. Die beiden letzten Häuser sollen einem weiteren Versicherungsklotz der Allianz Platz machen.

Das Stück, das da nicht nur in Göttingen gespielt wird, ist ein Dauerbrenner aus dem Bilderbuch des Kommerz. Der Titel: Filz oder Die reine Lehre von der Heuchelei, Unterzeile: Das Ende der Glaubwürdigkeit.

«Gerade wir Liberalen haben immer viel Verständnis gezeigt für die Probleme Jugendlicher», hatte sich neben CDU, SPD und DKP auch die FDP-Stadtratsfraktion enttäuscht über die Krawalle in der Göttinger Silvesternacht ausgelassen, «wir setzen uns für die Mitsprache Jugendlicher ein, wenn es um ihre Interessen geht.»

Das Skript aus dem Leben läuft anders. Anfang des Jahres besetzten 50 junge Leute ein über 100 Jahre altes Fachwerkhaus in der Weender Landstraße 51. Kurze Zeit später umstellt eine Hundertschaft Polizei das Haus und räumt, die Besetzer werden erkennungsdienstlich behandelt. Im Troß Bauarbeiter. Sie reißen die Fenster aus dem gut erhaltenen Wohnhaus, vernageln den Eingang, das Haus wird «unbewohnbar» gemacht. Eine Abrißgenehmigung hatte der Rat der Stadt schon des längeren ausgestellt. Empfänger ist der FDP-Ratsherr Günter Dawe, Fraktionsvorsitzender der Liberalen und Besitzer einer alteingesessenen Baufirma.

Einzige Reaktion auf das perfekte Zusammenspiel von Profit und Politik ist eine Annonce im *Göttinger Tageblatt*, eine Woche später, von einer Handvoll Akademiker initiiert. «Trotz der guten Bausubstanz des Hauses und der Möglichkeit, zentral gelegenen, gerade für kinderreiche Familien gut geeigneten Wohnraum billig anzubieten, hat Herr Dawe für das Haus eine Abbruchgenehmigung erwirkt, um auf dem Grundstück für den Normalbürger unerschwingliche, aber profitträchtige Appartements hochzuziehen.»

Was übrigbleibt, wird Wut. «Das ist für mich ein klarer Grund, einen Pflasterstein zu nehmen und hier mal 'ne Linie zu ziehen», sagt Andreas, 23, Medizinstudent. «Die Banken können Häuser abreißen, weil sie die Kohle haben, und prägen damit das Gesicht einer Stadt, in der wir leben werden.»

Wo alle leben wollen, erübrigt sich die Frage nach dem Notausgang. Konsequenz ist gefragt, und die erfordert Vorbereitung.

«Grundsätzlich immer 23 Pfennig dabeihaben, die Bullen wollen Kohle sehen, wenn ihr euren Anwalt anruft», mahnt das Merkblatt «Dampf dem Häuserkampf». Mit dem Ernstfall wird gerechnet: «6.30 Uhr. Ein kurzes Hupsignal ertönt. Du hast dreißig Minuten Zeit, wach zu werden, aufzustehen, dich zu waschen, anzuziehen. Dann wird die Zelle aufgeschlossen. Ein Beamter und Kalfaktor bringen das Frühstück ... Wer einfach weiterschläft bekommt nichts ...»

Das Brevier, das da auf den Knast einstimmt, heißt «Ratgeber für Gefangene» und ist in der Szene so verbreitet wie die AKW-Plakette. Juristische Hinweise, die manchmal not tun, dann, wenn es um Gesinnung statt um rechtlichen Sachverhalt geht. Bei einem Haftprüfungstermin im Mai 1981 fordert der Staatsanwalt in Göttingen einen festgenommenen Demonstranten auf, der Szene abzuschwören. Obwohl Arbeitsplatz und Wohnung vorhanden waren, müsse «der Beschuldigte sich von der Szene lösen», außerhalb Bindungen eingehen. Erst dann bestünde Bereitschaft, ihn auf freien Fuß zu setzen. Der Richter widersprach nicht.

Der gleiche Oberstadtdirektor, der in Göttingen gegen Hausbesetzer härtesten Einsatz mobilisiert («wegen Verhöhnung des Staates») und gleichzeitig Parteifreunden Abrißgenehmigungen zuschiebt, präsentiert sich wenig später als verständnissinniger Reformer im Fernsehen. Live, offene Diskussion. Er plädiert dafür, daß «wir auf Bundesebene eine Regelung treffen, die es möglich macht, gegen Leute, die aus Spekulationsgründen Wohnraum länger leer stehen lassen, zur Zwangsvermietung zu kommen».

Es ist diese Doppelzüngigkeit, die Pflastersteine in Bewegung bringt und Staatsverdrossenheit produziert. Politik, das ist für den Jahrgang 1960 aufwärts hauptsächlich subjektive Erfahrung, Ganzheitsprinzip, ohne Trennung von hoher Bundespolitik und dem, was die eigenen Stadtväter tun. So liegen Erfahrungswerte vor, was geht und was nicht.

In Bremen läßt der Senat einen Großteil des gut erhaltenen Schlachthofes abreißen. Um das Gebäude etlichen Jugendgruppen zur Verfügung zu stellen, «ist kein Geld da», begründet die Stadtverwaltung den Kahlschlag.

In Hannover knapst das Jugendzentrum in der Kornstraße mit minimalen Mitteln gerade so über die Runden. «Ebbe in der Staatskasse» ist der obligate Spruch, wenn es um mehr Geld geht.

In Göttingen treffen die Bafög-Einschränkungen vorrangig Studenten aus den Schichten, die dank der Gesamtschule den Sprung auf die Hochschule geschafft haben. «Da machen die einen auf Sparen», resümiert Hanne, «und buttern gleichzeitig Milliarden in den Tornado.»

Als Bestätigung vermuteter und erfahrener Repression «dieses Staates» wirkt, wenn, wie in Bremen-Vegesack, die Stadtwerke das alte Gaswerk gleich nach der Räumung abreißen lassen – obwohl der Abriß illegal ist, das Gaswerk unter Denkmalschutz steht. «Wir müssen uns nicht wundern», sinniert Henning Scherf, Jugendsenator in Bremen, «wenn für die alles gegessen ist, was wir in den Rathäusern machen. Wir sind selbst schuld daran.»

Manchmal gibt es Versuche, sich zu verständigen, wie an der Weser. Schon seit Anfang 1970 laufen in Bremen Hausbesetzungen. Etwa 100 Häuser, alle in städtischem Besitz, stehen seit Jahren zum Abriß bereit. Sie sind Überbleibsel einer geplanten Aktion Kahlschlag, um die Hansestadt verkehrsgerecht zu erschließen. Die «Mozart-Trasse» sollte durch das Altstadtviertel Ostertor gezogen werden.

Das Straßenprojekt wurde Ende der sechziger Jahre politisch zu Fall gebracht, und statt zu räumen, schloß die Stadt Nutzungsverträge mit den Hausbesetzern. 34 Initiativen wohnen nun in dem ehemaligen Lagerhaus in der Schildstraße, das als Kommunikationszentrum fungiert. Ob Change Music, Bremer Punker, Teestube, alternativer Bäcker oder die Theatergruppe Klatschmohn, sie alle bekamen auf dem ehemaligen Co-op-Gelände – ein Komplex von Werkstätten, Kontoren und Lagerhallen – einen Mietvertrag. Arbeitslose Jugendliche, mit Arbeitsbeschaffungsmittel des Arbeitsamtes finanziert, ziehen neue elektrische Leitungen ein, mauern Trennwände und verlegen die Kanalisation. In Hannover übernimmt das Martinswerk die Haftung für die besetzten Häuser in der Ricklinger Straße, handelt mit der Stadt Mietverträge für die Besetzer aus.

Solche Verhandlungsbereitschaft hat Seltenheitswert. Weil Kommunalpolitiker oft zu weit weg sind, um dran zu sein, verlaufen Begegnungen zumeist nach dem Audienzprinzip. «Ihr müßt mir doch erst einmal dankbar sein, daß ich überhaupt hierhergekommen bin, um mit euch zu reden», wehrte sich in Hannover ein Kommunalpolitiker, als er von Jugendlichen ausgepfiffen wurde.

Dabei ist es inzwischen selbst in Amtsstuben klar, worum es geht. «Vielen Hausbesetzern geht es nicht nur um die Lösung von Wohnproblemen, sondern vielmehr um die Verwirklichung alternativer Lebensformen», konkret um «Leben, Lieben, Arbeiten», schreibt die Zeitschrift *Unsere Sicherheit*. Das Blatt will in «erster Linie Polizeibeamte informieren». Herausgeber ist der niedersächsische Innenminister. «Solche Vorstellungen», belehrt die Gazette die Beamten bündig, «sind nicht mit den Belangen der Allgemeinheit zu vereinbaren», sie stören «die öffentliche Sicherheit und Ordnung». Ende der Durchsage.

Die Angst vor einem Wandel tradierter Verhaltensnormen aktiviert die Intoleranz, in der Provinz noch stärker als in den Metropolen. Statt Ursachenforschung läßt sich lediglich sicherheitspolitische Einschätzung festmachen. Drei Strategien offizieller Umgangsform bestimmen die Auseinandersetzung.

Da ist einmal noch die alte Garde der Kommunalpolitiker aus der Wiederaufbauphase der Republik. Sie haben den Schutt weggeräumt, die Infrastruktur für das Wirtschaftswunder ausgerichtet. Unter ihrer Ägide gerannen Waschbeton und Einkaufsstraßen wie in Hannover zum Symbol deutscher Schaffenskraft, standen Hochhaussilos und Autobahnen für Aufbau und Fortschritt.

Enttäuschte Liebe und Angst bestimmen ihr Standardargument: «Erst besetzen die Chaoten die leerstehenden Häuser, dann das Rathaus und schließlich unsere Wohnungen», lamentiert ein alter Stadtrat in Göttingen. «Es sind doch die Alten, die die Jungen vom Hunger befreit haben und ihnen die kreative Muße verschaffen», rechnet der Großverleger Gerd Bucerius, 75, in der *Zeit* den Jungen vor.

Gefährlicher ist da schon die nachgewachsene Riege der saloppen Technokraten, die unterdessen in den Rathäusern das Sagen haben. Ihr Credo ist die Machbarkeit, ihre Meßlatte die Verwaltungsvorschrift. Soziale Probleme sind für sie vorrangig eine Frage adäquater Definition, deren Etikettierung die richtige Lösung garantiert.

Rolf Vieten, Oberstadtdirektor in Göttingen, ist so einer. Kaum im Amt, präsentierte der Kommunalpolitiker und stellvertretende FDP-Landesvorsitzende seine Kenntnisse des Bundessozialhilfegesetzes und rief «alle Obdachlosen auf, sich umgehend beim Amt für Wohnungswesen der Stadt Göttingen zu melden». Zuvor hatten um die hundert junge Leute die Gebäude in der Jüdenstraße 35 besetzt, eine ehemalige Schule und ein dreistöckiges Fachwerkhaus. Es wurden immer mehr, die kamen, um das «Café Chaos» einzurichten, Übungsräume für Musik oder eine Fahrradwerkstatt zu planen.

«Lange genug sind Versuche, ein geeignetes Haus als Kommunikationszentrum zu bekommen, von der Stadt belächelt und ignoriert worden», begründeten die Besetzer die Aktion, «darum haben wir zur Selbsthilfe gegriffen.» Vietens Reaktion bestand im Rückgriff auf herkömmliche Mittel. Da «die Hausbesetzer öffentlich erklären» ließen, «sie verstünden sich keinesfalls als Obdachlose», verfügte er die Zwangsräumung, zumal «die unmittelbare Gefahr besteht, daß eine weitere Hinnahme der Besetzung zur Nachahmung führt».

Schließlich ist da noch die dritte Phalanx, die der autoritätsfixierten Wertkonservativen. Ihr geht es um das Prinzip, um «die Rechtsstaatlichkeit». Meist Juristen und gehobene Beamte, die dem Image eines schlappen Staates auf jeden Fall vorbeugen wollen. Schon bei «offiziellen Verhandlungen» mit Hausbesetzern beginnt für Bremens Polizeipräsident Ernst Diekmann die «Schwäche des Staates». Die «Modeerscheinung, Straßenfeste abzuhalten», diagnostiziert der oberste Polizist des kleinsten Bundeslandes, führt «besonders alternativ lebende Gruppen dazu, die Straße für sich in Anspruch zu nehmen, wenn es praktisch gar keinen Grund für ein Straßenfest gibt».

Lebensgefühl wird damit lizenzpflichtig, ansonsten droht nach dieser Argumentation «Respektlosigkeit vor den Staatsorganen, Autoritätsverlust der Politiker».

Die Bereitschaft, auf der Suche nach Selbstverwirklichung auch nach Pflastersteinen zu greifen, weckt Vermutungen, skurrile Theorien. Für Egbert Möcklinghoff, niedersächsischer Innenminister, ist es «die relativ lange Zeit des Friedens nach dem Zweiten Weltkrieg», die «Teile unserer Jugend» dazu bringen, «bei Meinungsverschiedenheiten die Lösung mit der Faust zu suchen».

Theoriebedürfnis nicht nur auf der Rechten, auch die Linke schöpft aus dem Born eigener Lebenserfahrung – und läuft auf. «Ich kann es einfach nicht mehr hören», sagt Andreas, 17, Gesamtschüler in Hannover, «wenn mir dieser Scheißkacker laufend analysiert, warum es verständlich ist, daß ich keinen Bock mehr auf Schule habe; dabei erzählt er mir aber im gleichen Atemzug, daß ich mir alle Chancen kaputtmache, wenn ich die Schule jetzt schmeiße.»

Der Scheißkacker ist Apo-Veteran, Nutznießer des beliebtesten deutschen Studienziels, Besoldungsgruppe A 13, Studienrat für Geschichte und Deutsch. Einer aus der Spezies, die sich arbeitsfreudig mit der spätkapitalistischen Warenästhetik gequält haben, leistungsorientiert «Kapital»-Schulung absolviert und den Marsch durch die Institutionen angetreten haben. Die haben nun zur akademisch ummantelten Abqualifizierung der Jugendlichen den «NST», den «Neuen Sozialisationstyp» erfunden. Dieser sei zu kontinuierlicher Politarbeit nicht fähig, sein «narzißtischer Charakter» erschöpfte sich in unstetem Spontitum, ausgeprägtem Individualismus, Ungeduld.

Der «orale Flipper» trifft den Nerv der Linken wie der Rechten, weil er Leistung nicht als wesentlichen Wert für sich anerkennt. Kein Anführer, der sich durch besondere Theoriekenntnis oder Organisationstalent soweit auszeichnet, daß er gleichzeitig auch das Sagen hätte. Es entscheidet «die Basis».

Wenn in Göttingen oder Hannover eine Räumung ansteht, weiß die Behörde nicht recht, wie sie ihre Verfügung an den Mann oder die Frau bringen soll. Die Anrede wird so generell gehalten: «Alle Personen, die sich widerrechtlich in den Häusern aufhalten ...» formulierte das Ordnungsamt in Göttingen bei der Räumung Jüdenstraße.

Kern der Hausbesetzer sind zweifellos auch «Arbeitslose und Personen ohne festen Wohnsitz», wie der niedersächsische Staatsschutz in Göttingen ausgemacht hat. Doch nicht nur. Es sind Oberschüler darunter, Kriegsdienstverweigerer und Altenpfleger. Auch der Tischler in spe, auf seiner Suche nach einem Ausbildungsplatz.

Politische Hausnummern geben da keine Orientierungshilfen – nicht bei den ehemaligen K-Gruppen-Anhängern, wie sie es vor allem in Bremen gibt. Und weder DKP-Agitatoren in Hannover und Göttingen noch RAF-Strategen können den Jugendprotest instrumentalisieren. «Wir wissen, daß der Versuch zentraler Steuerung durch Personen aus dem terroristischen Umfeld gescheitert ist», faßt Henning Scherf vorliegende Erkenntnisse zusammen.

Wenn gegen Isolationshaft und Hochsicherheitstrakte demonstriert wird, dann deswegen, weil es dabei um «die Achtung von Menschenrechten der Gefangenen» geht, «unabhängig von der Einschätzung der politischen Positionen der Hungerstreikenden», umschreibt eine Entschließung des Jugendzentrums Glockensee in Hannover das Ziel.

«Wichtig ist nur, daß du was tust, und zwar jetzt», sagt Hanne.

5

Reimar Oltmanns

Deutschland übermorgen

Über Frankfurts Verweigererjugend

Vom Taunus betrachtet, gleicht Frankfurt einer panoptischen Filmvision des kommenden Jahrhunderts. Silhouetten liefern den Aufriß einer schnörkellosen Metropole der scharfen Kanten, die mehr Digitaluhren als Bäume kennt. In Spiegelglas verkleidete Wolkenkratzer überragen wahllos ein mausgraues Häuser-Gekrümel. An die drei Dutzend Beton-Bananen prägen die sogenannte «städtebauliche Dominanz» für Versicherungen, Banken, Gewerkschaften, Konzerne – und natürlich fürs Fernsehen mit seinem 331 Meter hohen Turmschaft. An den ausgefransten Stadträndern haben sich wachstumsbesessene Industriegiganten festgebissen. Riesenkrebse, die Flüsse verseuchen, Wiesen vergiften und trickreich eine Schneise nach der anderen in die angrenzenden Wälder schlagen.

Frankfurt am Main – das ist die Metropole für die Wirtschafts- und Finanzwelt in diesem Land, ein Banken- und Börsenimperium mit seinen 338 Kreditinstituten. Über 600000 Mitarbeiter im In- und Ausland lassen sich aus dieser Stadt steuern. Der Umsatz ihrer Produkte kletterte erst im vergangenen Jahr auf mehr als 50 Milliarden Mark.

Frankfurt am Main – das ist auch der Verkehrsknotenpunkt dieser Republik. Allein der Flughafen: Über 235000 Starts und Landungen, über 17 Millionen Menschen schnaufen jährlich über die computergelenkten Verladerampen.

Frankfurt am Main – das ist schließlich das Zentrum der ausgebufften Werbebranche zwischen Glanz und Glimmer, zwischen Empfindungen und Befindlichkeiten, zwischen stars and stripes – eben ein Warentestmarkt fürs Bundesgebiet. Übersättigt und ausgelaugt ist er allemal, auf dem es aber stets erneut Konsumgier und Kauflust zu entfachen gilt. Ob Marlboro oder West, ob Durchbruch oder Aufbruch, nicht weniger als 300 Werbeagenturen proben hier produktbezogene Enthemmungsstrategien.

Tatsächlich sind Bankfurt, Zankfurt, Krankfurt längst zu Synonymen für Frankfurt geworden. Eine Stadt, die sich selber frißt, die Lebensräume abkappt und Nischen zuschüttet, eine Wüste, deren hervorstechendes Merkmal das Geld ist. Hier wurden schon Häuser besetzt, als noch nirgendwo von Hausbesetzungen die Rede war. Hier wurde demonstriert, spekuliert, kaputtgemacht, gewuchert, vergeudet, radikaler, brutaler, besinnungsloser als in irgendeiner vergleichbaren Stadt.

Früher, krasser auch als anderswo in Deutschland, Berlin ausgenommen, hat sich eine Gegenwelt aufgetan: Stadtindianer, Stadtguerillas, einfache RAF-Sympathisanten aus Folterkomitee und Roter Hilfe, Spontis und Grüne, Homos und Heteros, Frauengruppen und Gastarbeiterkinder, arbeitslose Mädchen und Jungen, heimatlose Mischlinge aus amerikanischen Kasernen, Rocker und Punks: eine kunterbunte Verweigerungsgesellschaft, die alles ist und nichts, die kein einheitliches Gesicht vor sich her trägt, die ihre Vitalität aus eigenen und fremden Widersprüchen bezieht und sich nur in einem Punkt einig weiß: in der Negativabgrenzung gegenüber der Wirklichkeit.

Diese Gegenkultur, von der bürgerlichen Welt oft als «Neurosen- und Exhibitionismus-GmbH» belächelt, arbeitet sich seit einem Jahrzehnt am Widerstrebenden ab. Ständig auf der Suche nach sich selbst, ständig absprungbereit zu einer lang herbeigesehnten, neuen Identität. Frankfurt ist für die Spontis ihr Schauplatz, für den sie Haß und Verachtung empfinden, der sie zu Gegnern dieses Staates werden ließ, ohne den aber ihr Weltbild erst recht lädiert wäre. Eine Haßliebe, die keinen Stillstand kennt, immer neue Nahrung und auch Märtyrer findet.

So steht's im *Pflasterstrand*, dem Zentralorgan der Spontis, geschrieben:

«Frankfurt – eine erotische Stadt. In Berlin ist alles so halbseiden, selbst die Subkultur lebt von Senatskrediten. In Hamburg gibt es mehr Häuser im englischen Stil, dafür sind die Leute stämmig und wetterfest. In Berlin machen die Punks das, was hier vor zehn Jahren die Anarchos gemacht haben. In Frankfurt weigern sich die Punks, das kaputtzumachen, was uns kaputtmacht. Sie machen lieber das kaputt, was sie kaputtmacht. Alle Leute fragen sich, was machen hunderttausend in Poona, aber niemand fragt sich, was machen fünfzigtausend in Höchst. München ist auch eine schöne Stadt, von Dachau aus gesehen.»

Gewiß, Frankfurt ist nicht die Bundesrepublik und die Sponti-Szene auch nicht die Jugend. Aber wenn Ernst Blochs These von der Ungleichzeitigkeit zutrifft, dann zwischen Frankfurt und dem Rest der Republik. Frankfurt, Anfang der achtziger Jahre, ist eventuell die Bundesrepublik von übermorgen. Parallelen, die nicht augenscheinlich verlaufen, oft erst durchs Zeitlupentempo im nachhinein greifbar werden.

Frankfurt ist eine Stadt, die betroffen macht, eine Metropole der bewußten Mißverständnisse und unbewußten Genauigkeiten. Alles, was in Frankfurt passiert, ist mißverständlich und genau. Schon allein deshalb wäre Frankfurt die ehrlichere Hauptstadt für dieses Land gewesen. Ein Mißverständnis ist schon die Außenausstattung der Stadt. Menschen wurden entwurzelt, an ihren Rand ausgebürgert und vom Beton verschluckt. Urbane Viertel mit alter Bausubstanz und Parks wurden dem Erdboden gleichgemacht. Beton entstand, Banken und Bonzen zogen dort ein.

Genau sind dagegen die Gewinne zu kalkulieren. Grund und Boden sind in der City ausverkauft, bei Quadratmeterpreisen bis zu 14000 Mark. Genau ist auch die Zahl derer, die eine Wohnung bitter benötigen, nämlich 20500, wobei 1000 Luxuswohnungen leer stehen. Genau sind auch die Manager, die in ihren klimatisierten Hochhäusern den Panorama-Blick ihr eigen nennen und die Stadt unter sich wissen. Kaum ein Dollar-Höhenflug ohne Interventionen der Deutschen Bundesbank, kein Metallarbeiter-Streik ohne Eugen Loderer samt der Bank für Gemeinwirtschaft, keine Hoffnung auf sichere Arbeitsplätze im Norden und Süden des Landes, wenn Banken, mit Sitz in Frankfurt, kränkelnden Unternehmen Kredite oder Bürgschaften entziehen.

Ein Mißverständnis ist auch die Sozialdemokratie in dieser Stadt, die programmatisch und emotional abgewirtschaftet hat. Eine Orts-SPD, weit links von der Bundespartei, trägt die Hauptverantwortung für Spekulationsprofite, City-Zerstörung und Mietwucher. Genau sind dafür Skandale und Affären, bis auf Heller und Pfennig. Millionen-Verluste der Hessischen Landesbank (Helaba) bei merkwürdigen Investitionen unter SPD-Aufsicht, Spenden-Geschichten, die in Wirklichkeit Schmiergelder waren.

Ein weiteres Frankfurter Mißverständnis ist ferner, daß jeder vierte Polizeibeamte ein Versetzungsgesuch eingereicht hat. Vielen ist es egal, wohin, nur raus aus dieser Stadt. Genau waren und sind aber stets ihre paramilitärischen Aufmärsche und ihre Knüppelaktionen – gegen alles, was nach Demonstrant riecht und nach Hausbesetzern aussieht.

Mißverständnisse über all die Jahre, das macht betroffen, so viel Genauigkeit und Geschäftigkeit macht ohnmächtig. Denn Betroffenheit ist eine winzige Nische, die noch bleibt, um sich in einem hoffnungsvollen Rest zurechtzufinden. Sie ist die Maxime der Spontis und Frankfurt ihre Hochburg. So wie es Daniel Cohn-Bendit, der Studentenführer vom Pariser Pflaster von einst und Herausgeber des *Pflasterstrand* von heute, meinte: «Beim Bau der Barrikaden wurden die Grundlagen für die Entstehung neuer emotionaler Beziehungen gelegt. Diese Barrikadengemeinschaft verkörperte den großen Einbruch der Zukunft in die Gegenwart. Diese Nacht hat viele Psychoanalytiker arbeitslos gemacht.»

Das Bundesamt für Verfassungsschutz schreibt über die Spontis: «Die schwer überschaubare undogmatische linksextremistische Bewegung besteht nach wie vor aus zahlreichen meist kleinen Gruppen – oft nur lockere, kurzlebige Zusammenschlüsse ohne feste Mitgliedschaft und Programm –, die die bestehende soziale und politische Ordnung revolutionär beseitigen wollen. Sie lehnen die marxistisch-leninistische Konzeption ab und treten für Autonomie, Spontaneität und Selbstorganisation der ‹Unterdrückten› ein, von denen sich einige deshalb auch ausdrücklich Spontan-Gruppen oder ‹Spontis› nennen.»

Linksextremistisch, wenngleich undogmatisch im Sinne Lenins, trotzdem revolutionär, auch wenn es sich oft nur um kurzlebige, lockere Zusammenschlüsse handelt? Ein Sponti, der solche Verfassungsschutz-Weisheiten ernst nimmt, ist in Wirklichkeit kein Sponti. Selbst Revolution, dieses rote Wörtchen, ist heute stumpf geworden. Zumindest für den Autokonzern BMW, der mit ihr wirbt, um seine schnellen Renner an den Mann zu bringen.

Sponti-Betroffenheit kennt ganz andere Varianten – sie ist für Außenstehende in der Tat schwer zu überschauen. Vor allem reicht das verschlissene politische Links-Rechts-Vokabular nicht mehr aus, um sie zu erfassen. Auf eine ideologische Größenordnung ist sie ohnehin nicht mehr zu bringen. Hinter der Sponti-Betroffenheit verbirgt sich, wie es Heinz Stephan Herzka in der Zeitschrift *psychosozial* formulierte, der neue «Empfindungsmensch». Er ist mißtrauisch gegenüber Institutionen, organisierten Gruppen und durchgeplanten Aktionen. Seine Lebensphilosophie ist vielmehr von dem Grundgefühl getragen, «daß die Organisiertheit der Gesellschaft den eigenen Grundwerten zuwiderlaufe und auf ihn verstümmelnd wirke» (Herzka). So glauben die meisten dieser Jugendlichen, den Grundwiderspruch zwischen Denken und Fühlen, zwischen Kopf und Bauch nur in einem alternativen Lebenszusammenhang auflösen zu können. Ein Lebenszusammenhang, der die bürgerlichen Spielregeln außer Kraft setzt, in dem rationales Handeln nicht konträr zu den Gefühlen abläuft.

Der *Pflasterstrand* berichtet vom «Volk ohne Traum».

> «Der große Traum von 1968 ist ausgeträumt, der alte schreckliche Traum der Deutschen der 50er, ein Leben in Frieden und eigenem Häuschen, wird zwar nostalgisch wieder aufgewärmt, erreicht uns

auch, aber ist noch zu schwach, um wirksam zu werden. Unsere Armut ist, keine Träume zu haben. Daß wir damit wieder dem übrigen Volk näherstehen als noch vor Jahren, macht die Lage nicht erträglicher. Der gemeinsame Mangel stärkt nicht, er hetzt gegeneinander auf.»

Frankfurt in diesen Tagen, Szenen aus dieser Stadt. Im blumengeschmückten Dekor der Paulskirche, jenem historischen Gemäuer republikanischer Tradition, haben sich Manager, Minister, Stadtväter und Universitätsprofessoren eingefunden. Ein pompöser akademischer Festakt ist angesagt. Drei hochkarätigen Industriellen soll aus Dankbarkeit und Anerkennung die Ehrensenatorwürde der Johann-Wolfgang-Goethe-Universität verliehen werden. Unter den Geehrten: Rolf Sammet, Präsident des Chemieverbandes und Vorstandsvorsitzender der Hoechst AG. Gerade dieser multinationale Konzern hat es in jüngster Zeit verstanden, einen Umweltskandal nach dem anderen zu inszenieren. Und nach einer Studie der Arbeitsgemeinschaft Rhein-Wasser-Werke gilt die Hoechst AG als der größte Wasserverschmutzer der Bundesrepublik.

Im Festsaal intoniert das Kammerorchester der Musikhochschule Antonio Vivaldis «Concerto grosso», draußen vor der Tür kreischen Polizeisirenen, rotieren Hubschrauber im Niedrigflug, fegen Wasserwerfer den Paulsplatz menschenleer. Etwa 300 Jugendliche waren dem Demonstrationsaufruf des Allgemeinen Studentenausschusses (AStA) der Universität gefolgt, um gegen die zu kürenden Ehrensenatoren zu protestieren. Auf ihre Transparente hatten sie in großen Lettern gepinselt: «Die Schweine von heute sind die Braten von morgen.» – «Umweltschutz ist wichtiger als die Gewinne der Farbwerkbosse.» – «Aus Liebe zu den Senatoren kauft Schweineschwänzchen und Schweineohren.»

Von Sperrgittern und Wasserwerfern verbarrikadiert, von Polizeihundertschaften nebst Reiterstaffeln eingekreist, doziert im Kircheninterieur Uni-Präsident Hartwig Kelm über die «schweigenden Mehrheiten» von Studierenden und Lehrenden, die sich aus der «Umklammerung von brutaler Gewalt und rücksichtsloser Mißachtung demokratischer Gesetzmäßigkeiten» befreien wollen.

Privatbankier Johann Philipp Freiherr von Bethmann, der der hessischen Dregger-CDU ausgerechnet wegen Linksabweichung ade gesagt hat, orakelt in seinem Festvortrag über die von Vertrauenskrisen geschüttelten westlichen Demokratien. Ihm fehle es insbesondere an politischer Führung in diesem Land. Vor allem sei es aber «der alles regelnde Wohlfahrtsstaat, der als riesig umverteilende Sozialbehörde mehr und mehr den Charakter der beschützenden Herrschafts- und Ordnungseinrichtung verliere».

Politik und Perspektiven, Akkuratesse im Gesicht und am Zwirn – in Frankfurt kommt und geht ein Ehrensenator selten allein. Draußen auf dem Paulsplatz fliegen Eier, Farbbeutel, Jauchetücher, Schweineschwänze, Stinkbomben, verdrecktes Mainwasser wird kübelweise ausgekippt. Und immer wieder stimmen Jugendliche ihr eigens für diesen Tag getextetes Liedchen an: «In einer Kirche sitzen zu Frankfurt am Main Leute, die nichts nützen, und lassen keinen rein. Sie schwingen große Reden von ihrem Bürgerglück und schmieden schon die Waffen der Giftmüllrepublik.»

Zwei Welten knallen zusammen, die einander nichts zu sagen haben, die kaum noch Berührungspunkte kennen, die sich im Grunde aber gegenseitig bedingen.

Frankfurt in diesen Tagen, Szenen aus dieser Stadt. Wie an jedem Samstag schieben sich Menschentrauben über den Eisernen Steg, eine schmale Fußgängerbrücke, die über den Main führt. Am Sachsenhäuser Ufer ist Flohmarkt-Zeit. Ein Treffpunkt für Trödler und Gaukler, für professionelle Schausteller und Schüler, die Nippes und Comics anpreisen. Aber auch Alternativler aus den umliegenden Landkommunen haben da ihre makrobiotischen Stände, heimgepilgerte Poona-Jünglinge treten im Pulk auf und lassen den plötzlichen Exodus aus dem transzendentalen indischen Jenseits erahnen. Und dann gibt's noch die Punks, Angehörige des sogenannten «Schwarzen Blocks». Ihr Äußeres: Lederklamotten, Stiefel und Sporen, Bürstenschnitt mit Ohrringen.

Ihr Habitus: Sie trinken schon frühmorgens Bier wie Limo und geben einen dummen Spruch nach dem anderen zum Besten. «Kein Schwanz ist so hart wie das Leben» – «Auch Flöhe husten manchmal».

Von Flöhen und Hustinetten wollte jedenfalls keiner mehr etwas wissen, als an die 50 Jugendliche in der routinierten Manier einer Klebekolonne ihre Transparente und Plakate befestigen. «Wir lassen uns nicht einschüchtern», flattert es auf einmal vom Eisernen Steg. Ein durchgestrichenes 129a deutet an, daß es sich um die vom Staat unter Strafe gestellte Unterstützung einer terroristischen Vereinigung dreht.

Auslöser dieser Aktion war eine bereits Wochen zurückliegende Demonstration gegen «Isolationsfolter» gewesen. Auf den Flugblättern heißt es nunmehr: «Das Kleben dieses Plakats wurde zum Anlaß genommen, um gegen Jürgen D. und Miriam G. Haftbefehl zu erlassen! In der Begründung des Ermittlungsrichters Kuhn (Bundesgerichtshof) steht: ‹Die Forderung um Zusammenlegung von politischen Gefangenen stellt den Tatbestand der Unterstützung einer terroristischen Vereinigung dar.»

Polizei rückt an. Visiere runtergeklappt, Knüppel gezogen, Wasserwerfer in der obligaten Lauerstellung. Ihrer Aufforderung, die Straße unverzüglich zu räumen, folgen nur schaulustige Passanten und verängstigte Trödler.

Zurück blieben etwa 150 Demonstranten. Ein seltsames Gemisch aus Punks, RAF-Sympathisanten und Hausbesetzern baut sich da spontan gegen die Staatsmacht auf. Aus Müllkästen werden Barrikaden, aus Bierflaschen gefährliche Wurfgeschosse. Für die Wohlsituierten dieser Stadt erlebt der «Bürgerkrieg» eine Neuauflage. Ihr Leitspruch: «Das Maß ist jetzt aber voll.» Doch für die distanzlosen Jugendlichen ist ihre Straßenschlacht «ein Rodeo auf hessisch, ein High noon in Frankfurt». Denn «wir gehen hier kaputt, und du gehst mit», lautet ihre Maxime. Über vier Stunden dauert die Massenschlägerei. Knüppel um Knüppel, Flasche um Flasche. Die Folgen: kilometerlange Autostaus auf den breiten Ausfallstraßen nach Süden, Verkehrschaos in der City, krankenhausreife Polizisten, Landfriedensbruch, Widerstand gegen die Staatsgewalt, Körperverletzung etc. etc.

Frankfurt im Sommer 1981, Szenen aus dieser Stadt. Aus dem Radio scheppert der Evergreen «Marmor, Stein und Eisen bricht ...» Auf dem UKW-Kanal 100 bis 104 meldet sich der 25-Watt-Sender «Radio Isnogud» (zu deutsch: is nix gut). Ein Sprecher verkündet: «Wir brauchen keine Konzession, und wir machen auch keine.» Denn «Radio Isnogud» lebt und überlebt im Schatten der Frankfurter Hochhäuser. Pfeilschnelle Gestalten sausen über die Dachböden. Sie zerren Antennen und Kabel hinter sich her und senden, was das Zeug hält. Heimlich. Und dabei wird ihnen langsam klamm. «Radio Isnogud» trifft sich an verborgenen Orten und heckt flüsternd finstere Pläne aus. Die Peiler von Post und Polizei heften sich verstohlen an seine Fersen. Kurzum, alles wie im Krimi und «einfach zum Kotzen».

Jeden ersten und dritten Montag im Monat strahlt «Radio Isnogud» sein Programm aus, das sich nach einem bösen Comic-Wicht nennt. Terminhinweise für Demonstrationen, ob verboten oder genehmigt, Veranstaltungskalender aus dem Alternativen-Zentrum Batschkapp, dem Café Größenwahn oder aus «Inder-City», einer leerstehenden Eisenbahnhalle. Seit Monaten peilten Post und Polizei die Stadt nach dem ominösen Piratensender aus. Stets Fehlanzeige.

Wie einst die Tupamaros im fernen Uruguay, hatte nunmehr die «Isnogud-Intendanz» zu einem Geländespiel auf dem verwaisten Fabrikareal der Seifenfirma Mouson («Die mit der Postkutsche») geladen, und alle kamen. Den Journalisten folgte Polizei und ihr natürlich der grüne Peilwagen. Von den «Isnogud»-Leuten jedoch keine Spur, nur der Sender tönte irgendwo.

Ganz im Stil einer hautnahen Kojak-Inszenierung hechten Polizisten trotz offener Tore über den Zaun. Über eine Stunde gestikulieren, rätseln 15 Zivilbeamte und 30 Uniformierte, wo der Schwarzsender nun eigentlich steckt. Sie durchkämmen Hof und Häusertrümmer, latschen durch

Pfützen und krabbeln unter Kellertreppen. Als nur noch der verrottete Fabrikturm übrigbleibt, muß erst einmal die Feuerwehr um Amtshilfe gebeten werden. Schließlich fährt die Leiter aus, Beamte klettern hinauf, schlagen Scheiben ein. Mit Suchscheinwerfern geht's in die Räume. Für Radio «Isnogud» kein Grund, Funkstille einzulegen. «Our fantasy is your desaster», heißt es da. Eine Stunde später. Der Polizisten-Troß stapft die Feuerwehrleiter hinunter. Ein Beamter von der Spurensicherung bringt eine Angel mit, ein anderer eine Plastiktüte. Im Beutel: ein Kassettenrecorder, Transistoren und Spulen. Die «Isnogud»-Freaks waren längst ausgeflogen. Der Feierabend hatte seine Beamten wieder.

Kaum ein Tag vergeht, an dem nicht solche oder ähnliche Vorfälle registriert werden; mal dramatisch, mal weniger spektakulär. Längst hat sich die breite Mehrheit daran gewöhnt. Ein schleichender Gewöhnungsprozeß, der das ohnehin nicht stark verankerte Unrechtsbewußtsein trübt, gleichzeitig aber noch von den hohen Postulaten unantastbarer Freiheits- und Lebensrechte ausgeht – Paradoxien dieser Zeit.

Aber nicht die Gewalt, nicht die paramilitärische Konfrontation mit dem Polizeiapparat ist ein erklärtes Sponti-Ziel. Vielmehr treffen happeningartige Proteste, künstlerische Clownerie und private Muße als Selbstfindung sein eigentliches Lebensgefühl. Doch nur wenige wußten um den schmalen Pfad, auf dem sie sich bewegten. Denn wann und wo lassen sich eindeutig die Grenzlinien ziehen, etwa zwischen kleinfamiliären Verhaltensweisen und tatsächlich neuen Formen des Miteinanders, wo endet die unterdrückende Gruppennorm, wo beginnt die befreiende Solidarität, wann hat jemand eine Neurose, wann sagt man, ja, endlich, das ist die neue Identität, wann ist die zu leistende Arbeit nicht entfremdet, sondern selbstbestimmt, inwieweit muß man sich noch kapitalistischen Marktzwängen unterordnen?

Die Grenzen sind oft fließend. Lehrlinge, Schüler und Studenten, Arbeitslose, Freaks und freiwillige Aussteiger zogen Ende der siebziger Jahre den aus der Ferne endlos erscheinenden Fluchtweg entlang, den andere, meist aus der Achtundsechziger-Generation bereits vorausgegangen waren: ob nach Nepal, Poona oder zur Landkommune in Niederbayern bleibt dabei einerlei. Doch nun ist ein Umkehrtrend erkennbar. Vorsichtig ertasten sie sich die Rückkehr ins städtische Getto.

«Ach», stöhnt Uwe Döhn nach leidvollen Wanderjahren stellvertretend für die Frankfurter Szene, «hätte diese Erde doch einen Notausgang! Doch wohin ich auch schau, sehe ich doch nichts als Ausweglosigkeit. Nichts geht mehr, die letzte Kugel rollt im Todesroulette der Zivilisation.» Frankfurt galt ihnen früher nur noch als ein «Hundeklo»; neuerdings ist von «Heimat» und «Lebensraum» die Rede.

«Wer nicht kämpft geht unter, wer kämpft reibt sich auf» – dieses Sponti-Grunddilemma hat sich in all den Jahren nicht auflösen lassen. Gleichwohl ist der stille Rückzug aus der Wirklichkeit einer erneuten Abrechnung mit ihr gewichen.

Darin mag einer der Gründe liegen, warum die Konfrontation zwischen dem Staat mit seiner strukturellen Gewalt und der Verweigererkultur mit ihrem ungesetzlichen Widerstandswillen an Härte zunimmt, in den achtziger Jahren sogar brenzlig eskalieren wird.

Was der neuen Jugendbewegung ihre übergreifende Dimension gibt ist die Tatsache, daß die Aussteiger-Philosophie weit ins Lager der sogenannten politischen Mitte reicht. Ausstieg aus der Kernenergie, Ausstieg aus dem Konsum, Ausstieg aus der Wegwerfgesellschaft.

Gerade das Rhein-Main-Ballungszentrum mit seiner kaputten Metropole Frankfurt hat die Schwelle von Wachstum und Vernichtung längst überschritten. Trotzdem jagen Staat und Wirtschaft atemberaubende Modernisierungsprozesse hemmungsloser durch denn je. Sie zerstören natürliches Leben, um künstliches zu schaffen.

Schnellstraßen, Hochhäuser, Abgase und Smogalarm. Trinkwasser, das teilweise ungenießbar ist, Flüsse, die zu Kloaken vergammeln. In den vergangenen 30 Jahren wurden bereits 3700 Hektar Wald, das entspricht rund 6000 Fußballplätzen, für Wachstum und Wohlstand abgeholzt. Über drei Millionen Bäume sollen 1981 für eine neue Startbahn des Flughafens gekappt werden. Massiver Widerstand ist bereits angesagt. «Wir sind keine Hippies oder Landstreicher, sondern Menschen, die trotz Androhung von Knast und Prügel dem Staat trotzen», so steht's auf der Gemeinschaftspinwand. Rund um die Uhr kreist ein Wachdienst, mit Walkie-talkies ausgestattet, ums Besetzer-Dorf.

Vorzeitige Schulabgänger, Studenten, Jugendliche, die nur gelegentlich jobben, Arbeitslose – das ist der Stamm der 40 Dauerbewohner. Hier dreht es sich kaum um alternative Lebensformen, auch nicht um die theoriebeflissene politische Feinabstimmung, hier wird Widerstand praktiziert. Pfarrer Wulf Boller aus dem Örtchen Walldorf ließ bei einer kleineren Holzfälleraktion vorsichtshalber schon einmal seine evangelischen Glocken bimmeln. «Wir handelten wie im Bauernkrieg», erklärt Boller, «ein kirchliches Zeichen in einer revolutionären Situation, in der alle gegen einen übermächtigen Gegner zusammenstehen müssen.»

Der 21jährige Alexander, ein ehemaliger Theologie-Student, hockt vor der provisorischen Holzkapelle, die für ökumenische Gottesdienste hergerichtet wurde. Er liest in dem Buch «Zärtlichkeit und Schmerz». Eine gelassene und zugleich doch sehr gespannte Atmosphäre durchdringt das Besetzerdorf, so, als ob es zwischen technologischem Fortschritt und der Rückbesinnung auf die Urwüchsigkeit der Lebenslust keine Zwischentöne mehr gäbe.

In Minuten-Abständen dröhnen überm Dorf im Tiefflug Jumbos und Airbusse aus anderen Kontinenten ihrer Landebahn entgegen.

II. Gegengesellschaften

Szenen – Modelle – Strukturen

Die «autonomen Jugendzentren» symbolisieren in den Augen der Jungen einen von der Erwachsenenwelt respektierten Freiraum zur Entfaltung jugendlicher Subkultur: vermeintliche Inseln solidarischer Freiheit inmitten der wölfischen Großstadtumgebung. Solche Autonomiewünsche tragen die Jugendlichen in die Hausbesetzer-Szene: Dort sehen sie – wie in der noch recht fragilen Gemeinschaft der Besetzer in Berlin-Kreuzberg – eine Chance, sich ganz von der Erwachsenenwelt abzukoppeln und in alternative Lebenszusammenhänge hineinzuwachsen (6. Kapitel). Ein ähnlicher, schon weiter fortgeschrittener Prozeß spielt sich in der seit Jahren fest etablierten Kraaker-Szene in Amsterdam ab. Dort konnten sich gegengesellschaftliche Strukturen verfestigen, weil die Besetzung leerstehenden Wohnraums vom Staat und der Justiz hingenommen werden muß. Trotzdem suchen nun Jugendliche wieder die Konfrontation (7. Kapitel). In Kopenhagen, wo aus der Hausbesetzer-Szene am Ende der sechziger Jahre der «Freistaat Christiania» hervorging und zum beständigsten Modell einer Gegengesellschaft wurde, driften die älteren Aussteiger und die jungen Verweigerer zunehmend auseinander und schwächen den gegengesellschaftlichen Zusammenhalt (8. Kapitel): Alle Modelle zeigen die geringe Integrationskraft der Gegengesellschaft, der auch Möglichkeiten zur Lösung innerer Konflikte weitgehend fehlen. Ein an Autonomie orientiertes Bewußtsein kann sich indessen auch ohne die an Territorien gebundenen Freiräume, inmitten etablierter Verhältnisse entfalten. Auffallend an diesem Bewußtsein ist aber der Bedarf an Selbstbespiegelung und Neigung zum Mystizismus (9. Kapitel) – im Unterschied zu der in den Straßenaktionen lebendig gewordenen «Ästhetik des Protests», deren eigentümliche Sensitivität Zeugnis dafür ist, daß es sich beim Jugendprotest der achtziger Jahre vornehmlich um eine Kulturrevolte handelt: Sie will die in der Außenwelt unterdrückten sinnlich-emotionalen Lebensbereiche kultivieren – um den Preis, nun ihrerseits das rationale Bewußtsein zu unterdrücken (10. Kapitel).

6

Hans Halter

«Niemand hat das Recht»

Über die Bewegung der Hausbesetzer in Berlin

In Erwägung, daß da Häuser stehen
Während Ihr uns ohne Bleibe laßt,
Haben wir beschlossen, jetzt dort einzuziehen
Weil es uns in unsern Löchern nicht mehr paßt.
In Erwägung, daß Ihr uns dann eben
Mit Gewehren und Kanonen droht,
Haben wir beschlossen, nunmehr schlechtes Leben
Mehr zu fürchten als den Tod.

Bertolt Brecht

Das ist Charlys Lieblingsspruch. Er kann ihn auswendig und sorgt nach Kräften für seine Verbreitung. Mit schwarzem Fettstift hat er ihn auf die frisch geweißte Wand am Kopfende seiner Matratze geschrieben. Dabei ist die letzte Zeile sehr klein geraten, sie verliert sich zum Boden hin.

«Wenn ich mal echt Zeit habe», sagt Charly und polkt dabei an seinen Fingernägeln, «werde ich das ganz groß irgendwo hinsprayen.» Das wird noch Weile haben, denn große Flächen, die es nach Farbspray dürstet, gibt es in Kreuzberg schon lange nicht mehr. Und im Besetzerrat ist Charly, als er die Rede auf seinen BB-Vers brachte und darauf, daß der mit allgemeiner Hilfe nach draußen, ans Licht gehört, glatt aufgelaufen. «Du, da gibt's echt beßre Sachen», ist ihm geantwortet worden von einem, der beides hat: Abitur (auf dem ersten Bildungsweg) und Narben am Kopf, weil er ein paarmal in den Wirkungsbereich polizeilicher Maßnahmen geraten und dabei mit dem staatlichen Monopol auf Gewalt kollidiert ist.

Charly hingegen, 18 Jahre alt, hat nur beinahe mittlere

Reife und ist in seinem Leben «komischerweise immer so geprügelt worden, daß nie 'ne Narbe übrigblieb».

Zu Haus vom Vater, einem Oberinspektor, vor allem wegen «Zuspätkommens». Sonnabends war für den nach der Sportschau «absolute deadline». Egal, ob Hertha BSC gewonnen hatte oder nicht. Sein Züchtigungsrecht nahm Charlys Vater kurz und schmerzvoll «unterm Dach juchhe» wahr, «da hatte ich mein Zimmer, das hatte der Alte wegen der Ölpreise totisoliert». Wärmedämmung ist immer auch Schallschutz. Kein Nachbar hörte Charly wimmern.

Aus dem Staub gemacht hat sich der Junge in den Adventstagen 1980. Der Anlaß: Um den Leistungswillen seines Sohnes anzustacheln, ihn in der mühsam beschafften Lehrstelle als Automatendreher zu halten, hatte der Vater zur Vorweihnachtszeit erstmals Gewalt gegen Sachen angewendet, ausgerechnet gegen die Scheibe «The Wall» von Pink Floyd, Charlys damalige Lieblingsplatte.

Unterwegs, «auf Trebe» durch das kalte Berlin, zog es den «Azubi» aus dem kleinen Reihenhaus seiner Eltern am Stadtrand zentripetal nach Kreuzberg. Wo sonst hätte er ein Dach über den Kopf bekommen? Mit der «Szene» hatte der Ausreißer vordem nur selten Kontakt gehabt, zumal er «nicht auf Punk stand», jedenfalls noch nicht im letzten Jahr.

Mittlerweile ist Charly äußerlich von einem richtigen Punker nur noch schwer zu unterscheiden. Er trägt schwarze Lederklamotten, hat im linken Ohrläppchen einen Ring, auf der Brusttasche ein großes umrundetes A. Seine Haarfarbe wechselt, was der Polizei womöglich Schwierigkeiten macht. Sie hat Charly inzwischen erkennungsdienstlich behandelt, von vorn und von der Seite fotografiert, schwarzweiß und in Farbe, bei der letzten Durchsuchung sogar mit Polaroid. «Schade, daß man all die schönen Bilder, die die Bullen von mir haben, nie zu Gesicht kriegt. Bei Demos machen sie die immer mit Tele», gerät der Abgelichtete ins Schwärmen, «das müssen doch wunderbare Action-Fotos sein! Und dann die Zivis –» gemeint sind Polizeibeamte in

Zivil – «von gegenüber, Manno, ich sag dir, herrliche Porträtaufnahmen haben die von mir!»

Charlys besetztes Haus liegt am Heinrichplatz in Kreuzberg, ist seine dritte Bleibe «und nicht die letzte». Hin und wieder wird der vierstöckige Altbau, den eine senatseigene Wohnungsbaugesellschaft schon vor Jahren erwarb, demonstrativ von Polizei beschattet. «Dann ist wieder wochenlang Ruhe, und du siehst hier überhaupt keinen Bullen mehr», erklärt der Hausbesetzer. Antrag auf Räumung ist bisher nicht gestellt. Vor allem wohl deshalb, weil der Senat und die Wohnungsbaugesellschaft – «alles dieselbe Mischpoke», sagt Charly –, wenn nicht an Bertolt Brecht, so doch an einen unbekannten Dichter zu glauben scheinen. Der hat unten im Flur die Situation auf den Reim gebracht: «Jeder Stein, der abgerissen, wird von uns zurückgeschmissen!»

Charly gehört jetzt zum «harten radikalen Kern» der Hausbesetzer. Er hat, jedenfalls nach den Maßstäben seines Vaters und der Staatsgewalt eine Schußfahrt in die Kriminalität hinter sich. Bis zum vorigen Dezember war der schlaksige Junge nur einmal «auffällig geworden», weil er ein Moped frisiert hatte. Nun, ein halbes Jahr später, ermitteln Polizei und Staatsanwaltschaft wegen Hausfriedensbruch, wegen Landfriedensbruch, «und den 129er habe ich auch», Verdacht also auf Bildung einer kriminellen Vereinigung.

Die besteht aus ein paar Dutzend «Typen, von denen ich oft nicht mal die Namen weiß, jedenfalls nicht die richtigen», erklärt der vielfach verdächtige Charly. «Guck doch selber, was hier für ein Reinundraus ist.» Der Wirrwarr ist in der Tat beträchtlich. Wie viele Hausbesetzer insgesamt in Berliner Mietshäusern wohnen, weiß niemand genau. Es gibt keine Anmeldepflicht und kein Gästebuch, keine administrative Infrastruktur, nicht einmal für Kenner den berühmten «Durchblick». Als im Mai 1981 ein neuer Senat unter dem liberalen CDU-Freiherrn Richard von Weizsäcker gebildet wurde, stellte sich heraus, daß auch die Amtsstellen keine verläßlichen Daten vorweisen konnten. Der neue Berliner Innensenator Heinrich Lummer, ein harter Rechtsausleger und Strauß-Spezi, bestellte sich als erstes eine Bilanz: Nach der Senatsrechnung sind demnach Anfang des Sommers in Berlin 168 Häuser ganz oder teilweise besetzt gewesen. Zum «harten Kern» rechnete man etwa 30 bis 40 Objekte mit 500 bis 800 Besetzern. In den anderen Häusern vermutete man etwa 1500 bis 2000 Bewohner ohne Mietvertrag. Gut die Hälfte der Häuser liegt in Kreuzberg, die anderen verteilen sich über die ärmeren Stadtviertel Schöneberg, Moabit und Wedding. Doch auch im bürgerlichen Vorort Lichterfelde ging der Kirche eine seit langem leerstehende Jugendstilvilla fürs erste verloren.

In den meisten besetzten Häusern ist die Fluktuation der Bewohner groß. So hat Charly schon ein paarmal Trebegänger, die in Not waren wie er zur Adventszeit, angeschleppt. Einen 14jährigen Libanesen, dessen Mutter einer blinden Granate zum Opfer fiel und dessen Vater nun mit einer deutschen Frau zusammen lebt, die nicht auch noch den verhaltensgestörten Knaben durchfüttern will. Ein bißchen zur Seite gerückt ist Charly auch schon für ein westdeutsches Mädchen aus besseren Kreisen, das entschlossen war, in Berlin durch eigener Hände Arbeit genug Geld zu verdienen, um ein Ticket nach Indien bezahlen zu können. «Die hatte echt keine Ahnung», erinnert sich der Gastgeber, «was sie in Berlin erwartet.» Inzwischen ist sie ihm wieder aus den Augen geraten, in ein anderes Haus umgezogen, Indien ist nun weit weg, sie sucht es nicht mal mehr mit der Seele.

Charly – vom Vater immer nur Karl-Heinz genannt – hat auch mal einen «echten Knacki aufgelesen, der war schon drei- oder viermal im Bau und so alle, daß er sich nur ausgepennt und dann gleich die Mücke gemacht hat. Den Stress hier wollte er freiwillig nicht mitmachen.»

Von «Stress» reden in der «Szene» alle. Zumal in den Häusern des «harten Kerns» ist die Belastung beträchtlich. Hinter ihren verrammelten Türen gibt es nur selten Highlife, von Gruppensex ganz zu schweigen. Oft herrscht die paranoide Stimmung einer Festungsfamilie, die sich einer Welt von Feinden gegenübersieht: der uniformierten und der zivilen Staatsgewalt, den rechtmäßigen Eigentümern und mürrischen oder islamischen Nachbarn. Die haben für lange Haare, flotte Sprüche und fremde Dialekte meist nichts übrig. Der kombinierte Druck von außen macht innen so manchen Hausbesetzer durstig und destruktiv.

Auch Charlys Vereinigung ist ein buntgemischter Haufen. Die meisten sind zwischen 17 und 22 Jahre alt. Matratze an Matratze ruhen junge Arbeitslose ohne Hauptschulabschluß, Ausgeflippte und Ausgestiegene, Zugereiste, abgebrochene Studenten und solche, die es auf dem zweiten Bildungsweg eigentlich mal werden wollten. Micha, wie Charly seit dem heißen Dezember 1980 dabei, erklärt die Unterschiede zu den «Instandbesetzern, die ja viel mehr Häuser haben als wir, mindestens hundert», so: «Die wollen vom Staat die Knete, und wir wollen, daß man uns in Ruhe läßt. Wir sind mit dem Staat echt fertig, die wollen vom Staat Nutzungsverträge, Stipendien, Festanstellung und so 'n Scheiß.»

In der Tat verbergen sich hinter den von außen so homogen wirkenden «Besetzt»-Fahnen offenbar zwei verschiedene Fraktionen: Radikale und Reformisten. Die Radikalen sind, wie so oft im Leben, in der Minderheit, «doch ohne uns», sagt der Radikale Micha, und Charly nickt dazu, «wäre ja gar nichts gelaufen, gar nichts!»

Jedenfalls nicht im «Häuserkampf», dessen deutsches Zentrum im West-Berliner Stadtteil Kreuzberg liegt. Dieses Kreuzberg, so genannt nach einem nur knapp hundert Meter hohen Hügel, auf dem 1815 ein Nationaldenkmal zur Erinnerung an die Befreiungskriege aufgerichtet wurde, liegt mit dem Rücken zur Mauer und verdankt seinen frischen Ruhm der Tatsache, daß es so kaputt ist wie kein zweites Wohngebiet in ganz Deutschland. Der Führer Adolf Hitler, den 1933 nur jeder vierte Kreuzberger wählte, und sein Krieg, die Royal Air Force und Josef Stalins Orgeln, danach die Ost-Berliner Mauerbauer und die West-Berliner Stadtsanierer, schließlich das große Kapital, welches die billigen Arbeitskräfte aus Anatolien zu Zehntausenden nach Kreuzberg zog, haben das Viertel völlig verwandelt: Kreuzberg ist nicht mehr Kreuzberg.

Mitte der dreißiger Jahre lebten in dem engen Geviert dicht bei dicht etwa 400000 Einwohner. Jetzt sind es noch rund 140000 – «nur richtige Kreuzberger gibt es hier nicht mehr. Wenn ich nicht den Laden hätte», sagt ein Tapetenhändler, der parterre wohnt und an seinen Hauptmieter, die senatseigene «Gemeinnützige Siedlungs- und Wohnungsbaugesellschaft» (GSW) brav Miete zahlt, während in den vier Stockwerken über ihm Hausbesetzer ohne Mietzins gut zurechtkommen, «wäre ich doch auch schon lange weg». Wie all die anderen ...

In Kreuzberg leben, wenn's hoch kommt, derzeit noch 50000 «echte Berliner». Weitere 30000 oder 40000 «sind Westdeutsche, Struppis, Flippis, Chaoten, können Sie ja nennen, wie sie wollen, sind ja auch anständige Leute drunter, nur eben keine Berliner», erklärt mir ein anderer Übriggebliebener, der «hier sterben will, weil ich hier geboren bin, komme, was wolle»: Gekommen sind vor allem Türken, nahezu 40000.

In der Kreuzberger Adalbertstraße und in der Mariannenstraße nahebei sind nur noch die Apotheken in deutscher Hand. «Gerade die aktiveren Deutschen sind weggezogen», erläutert Herr Direktor Kreuter von der GSW die Situation, «die wollten raus aus den Hinterhöfen» – und die mußten raus aus den Vorderhäusern, denn auch die wurden «saniert», gewaltsam mit Zentralheizung, Aluminiumfenstern und viereckigen Bädern nach DIN versehen. Dabei ging viel zu Bruch: Nicht nur die schönen Jugendstilöfen in den Wohnungen, die es doch 60 oder 80 Jahre gut getan hatten. Auch die geschnitzten Holzgeländer, der Stuck draußen und die Messingstangen drinnen in den Treppenfluren, die gemütliche Kneipe an der Ecke, die Handwerkerbude im Hinterhof und natürlich die letzten Bäume.

Erfolgreichen Widerstand gegen die menschenverachtende Art der Stadtsanierer – die jetzt unisono klagen: «Ja, wir haben Fehler gemacht» – hatte es früher nicht gegeben. Die ersten waren Ende der siebziger Jahre ein paar «Chaoten, Spontis, Punks, Stadtindianer» (Dr. Karl Miltner, MdB, Obmann der CDU/CSU-Fraktion im Innenausschuß des Deutschen Bundestages), ein paar «Verweigerer, Haltlose und Gewalttäter mit Verbindungen zur Terrorszene» (Max Kunz, Parlamentarischer Geschäftsführer der Unionsfraktion), ein paar «mutlose Frühgreise, Artisten im sozialen Netz, Profis der Resignation und des Anspruchsdenkens» (CDU-Chef Helmut Kohl), verstärkt durch «Gewalttäter und politische Provokateure» (früherer SPD-Bürgermeister Dietrich Stobbe). Sie haben die Regeln von Ein- und Entmieten, Geben und Nehmen in ein paar ganz traurigen Altbauhäusern außer Kraft gesetzt.

Da sprach es sich schnell herum, daß in Berlin zwecks Sanierung mehr als 800 große Mietshäuser leer stehen, viele schon jahrelang, und daß gleichzeitig die Stadtregierung, der Senat unter Eigenheimbesitzer Dietrich Stobbe, 40000 Wohnungsberechtigungsscheine der Dringlichkeitsstufe ausgestellt hatte. Ehe es sich Stobbe und die Seinen versahen, waren sie im Flächenbrand der Hausbesetzungen und des Garski-Bauskandals am Ende des Jahres 1980 politisch am Ende. Dietrich Stobbe, 42, versorgt bis ans Lebensende mit einer dynamisch steigenden Beamtenpension in Höhe von derzeit 8000 DM pro Monat, verzog wenige Monate nach seinem Rücktritt nach Washington, wo er sich bei der Friedrich-Ebert-Stiftung ein Zubrot verdient.

«Ja, ja», sagt Micha, «den haben wir in die Wüste geschickt.» Aber ein richtiger Grund zur Freude ist ihm das nicht. «Macht's denn einen Unterschied, ob der regiert, oder Vogel oder Weizensack –» gemeint ist Berlins neuer Regierender Bürgermeister Richard Freiherr von Weizsäcker, CDU – «oder du oder sonst wer? Niemand hat das Recht, Menschen zu regieren!» – «Wäre das die Anarchie?» – «Du mußt mal begreifen», erklärt Micha, «daß Anarchie nicht Unordnung heißt, sondern Freiheit von Herrschaft. Begreifst du das?»

Niemand hat das Recht, Menschen zu regieren – der alte Anarchisten-Vers ist vor Jahren von der legendären Rockband «Ton Steine Scherben» in Kreuzberg neu erdacht und vertont worden. Er feiert jetzt in den besetzten Häusern lautstark Auferstehung. Mit Musik geht es eben überall besser voran. Lektüre kann dabei eher hinderlich sein. In einem Kreuzberger «Tante-Emma-Laden», den ein diplomierter Apo-Veteran übernommen hat, um dort die große Auswahl der anarchistischen Raub- und Standardwerke feilzubieten, herrscht nur nach A-Aufklebern Nachfrage. Michail Bakunin und Max Stirner, Fürst Kropotkin und andere Anarcho-Väter bleiben ungelesen liegen. Zum ausgedehnten Theoretisieren, dem die Bewegung von 1968 so viele Bücher, Verleger und Distributeure verdankt, hat derzeit niemand Lust.

Mehr als den einen Bert-Brecht-Spruch hat auch Charly nicht drauf. Bei der anderen Fraktion, den Reformern, sieht das ganz anders aus. Wenn man den Begriff «Jugend» nicht wie in Heiratsanzeigen dehnen will, fällt von denen kaum einer in diese Altersklasse. Die meisten sind 25 bis 40 Jahre alt, und ein Zeugnis der Reife gehört zu ihrer Grundausstattung. «Natürlich haben wir alle eine politische Vergangenheit», erläutert Cornelia, 28, Diplom-Soziologin. Sie hat geholfen, ein auch der GSW gehörendes Wohnhaus in der Kreuzberger Kottbusser Straße 8 in Türkenhand zu bringen. Genauer: in die Verfügungsgewalt türkischer Frauen, denen Cornelia im «Treff- und Informationsort für türkische Frauen e. V.» nicht nur mit Rat zur Seite stehen wollte.

Solche projektbezogenen Besetzungen sind für die Mehrzahl der instandbesetzten Häuser typisch. Die Ausnahme besteht darin, daß Türken beteiligt sind, die sich sonst von Hausbesetzern und leeren Wohnungen fernhalten. Mit «konzeptionellen Arbeitspapieren» gelingt es entschieden leichter, den Senat oder seine GSW zur Hinnahme der neuen Situation zu bewegen. Diese Hausgemeinschaften verhandeln, und sei es unter der Hand, meist mit der anderen

Seite. Wer ein Projekt verwirklichen will – und darunter fällt vom Körnerladen über den Kleinverlag bis zur Liedermacherei alles, was der Szene das Flair gibt –, «der kann ja», erläutert mir ein Baßgitarrist, «nur vernünftig arbeiten, wenn er wenigstens ein bißchen Land sieht». Doch Stress ist es allemal.

Während die radikale Fraktion durch den «Häuserkampf», die Idee «Es ist Krieg!» und die Drohung «Wir vergessen keinen Mord!» gleichsam «unter Strom steht», wie Micha meint, sorgen sich die Älteren eher um «diese elende Hakelei mit der Bürokratie, diese Lahmarschigkeit, das Hingehaltenwerden». Kutte, ein besonnener Reformist, der den Staatsapparat aus seinen Tagen als wissenschaftlicher Assistent der Universität, «als Beamter auf Widerruf» auch von innen kennt, meint: «Aus dem Protest gegen Leistungsdruck, Beton und die Heuchelei der Berufspolitiker wurde in vielen besetzten Häusern ein Widerwille gegen jede, auch die großzügigste Gesprächsbereitschaft. Mit den Bürgermeistern, Stadträten, Abgeordneten, Rechtsberatern und Sanierern wollen die Leute dann einfach nichts mehr zu tun haben.» Diese Resignation macht aus einem Hausbesetzer, der die erste Tür noch mit dem Spruch «Es gibt nichts Gutes, es sei denn, man tut es» verziert hat, einen Radikalen, der jetzt sprayt: «Bullen, verpißt euch» und «Friede den Häusern, Krieg den Kasernen».

Die seit dem Juni 1981 von der neuen CDU-Regierung verschärfte Konfliktstrategie der Polizei trägt das Ihre dazu bei. Einen einzelnen Streifenbeamten sucht man in Kreuzberg vergebens. Was 30 Jahre lang als «Freund und Helfer» vorgestellt wurde, gibt es hier nicht mehr. Wenn Polizei, dann viel Polizei: in den grünweißen Mannschaftswagen, immer gleich ein Dutzend Beamte pro «Wanne» und nur selten ein Mannschaftswagen allein. Helm auf dem Kopf, Knüppel in der Hand, und natürlich kein Grundgesetz unterm Arm. Wie auch? «Bei Chaoten darf nicht der Eindruck entstehen», sagt Manfred Kittlaus, Chef des Berliner Staatsschutzes, «sie könnten sich alles erlauben. Der Staat kapituliert nicht vor Gewalttätern.»

Weil aber nur gewinnen kann, wer auf einen Schlag anderthalbe setzt und bald vielleicht gegen den Stein die Kugel, ist ein Polizeieinsatz in Kreuzberg immer auch ein Stück Bürgerkrieg. Pardon wird nicht gegeben, weder in Kreuzberg noch anderswo. So schlugen an der Nordseite des Schöneberger Winterfeldplatzes am 26. Mai 1981 gegen Mitternacht fünf Polizisten zwei Passanten mit ihren hölzernen Schlagstöcken so lange zusammen, bis die blutüberströmt in der Gosse lagen. Unbeteiligte Zeugen hörten, wie ein Polizist rief: «Das macht Spaß, wir schlagen zu.» Ein Pressefotograf, der die Staatsaktion gern abgelichtet hätte, wurde verwarnt: «Wenn du einmal blitzt, schlage ich dir die Birne ein.»

In einigen besetzten Häusern werden hinter den Stahltüren, die von den Sanierungsträgern vor Jahren eingesetzt wurden, damit sich in den leerstehenden Objekten keine Penner einquartieren, schon die alten Rezepte zum Bombenbauen wieder hervorgeholt. Und es flögen sicher längst Sprengsätze und Kugeln, hätte nicht das Lehrstück von der totalen Niederlage der RAF in den Köpfen auch der jüngsten Militanten eine dunkle Erinnerungsspur hinterlassen. Nun ist untereinander nur von «Kleinmilitanz» die Rede, einer kunstvollen Stabilisierung des Widerstandes auf einer Gewaltebene, die Schwerverletzte und gar Tote vermeidet.

«Ich möchte wirklich nicht in den Knast», sagt Charly, «da hätte ich ja bei meinem Alten bleiben können.» Auch Micha, der die genau 100 Jahre alte Moabiter Untersuchungshaftanstalt schon mal von innen gesehen hat (wie vor ihm rund 280000 Menschen, darunter Karl Liebknecht und Rosa Luxemburg, Gustav Noske und Admiral Canaris), will «lieber nach Kreta oder sonstwohin abtauchen, als das noch mal mitmachen».

In eine «Polizeiwanne» verladen zu werden und die erkennungsdienstliche Behandlung über sich ergehen zu lassen, trägt zu sozialem Prestige innerhalb der jeweiligen Besetzergruppe bei. Und die «Gruppe, das ist für uns etwas unheimlich Wichtiges», sagt Charly, «selbst wenn ich die nicht mit Namen kenne, sind es doch meine Leute. Nicht die Schweine von der anderen Seite.» – «Sag nicht nur ihr Schweine», mahnt Micha, «sag auch, wer sie dazu gemacht hat.» Charly: «Gebongt.»

Wegen ihrer, alles in allem, geringen Zahl und der Übermacht des Staates keimt in den militanten Hausbesetzern immer wieder Angst auf. Fast alle Häuser des radikalen Flügels sind schon mal von riesigen Polizeiaufgeboten durchsucht worden. «Beweissicherung», nennt es die Staatsanwaltschaft, «Einschüchterung» die Szene. Geräumt wurde erst mal nicht, nur dem Gesetz «genüge getan» – und vor allem Macht demonstriert. Ganz nebenbei behält die Staatsgewalt dadurch auch den Überblick: Die Besetzer werden namhaft, ihre Fotos und Fingerabdrücke geraten in die Computer-Dateien der Polizei und des Verfassungsschutzes. Manche Jugendlichen ahnen schon, was das für Folgen haben kann. (Brecht hätte sie warnen können: «Nutze die Jugend nicht, denn sie vergeht!»)

Der Furcht suchen viele Besetzer auf zweierlei Weise zu begegnen: Durch eine Art selbstsuggestiver Einrede – «Wir werden gewinnen!» – und durch Alkohol. Angst ist in Alkohol löslich. In manchen besetzten Häusern ist Bier deshalb wichtiger als Brot. An einen anständigen Joint und an Valium kommt man in Kreuzberg auch schwerer heran. «Wenn die Dröhnung nicht wär, dieses Saufen und der verfluchte Kater danach, hätten wir das Haus natürlich besser im Griff», sagt einer. «Aber dazu brauchst du wieder Knete», fährt er fort, «Knete für Farbe, für Leitungsrohre, Glühbirnen und den ganzen Scheiß, und wo kriegst du Knete her? Na? Genau, entweder gar nicht, oder vom Staat. Aber dafür mußt du denen in den Arsch kriechen und machen, was die wollen.»

Daß Geld vom Geldgeber abhängig macht, ist auch eine Sorge des Reformerflügels. Nur: Mit dieser Sorge kann man dort offenbar unbeschwert leben. Die älteren Hausbesetzer trauen sich nicht nur zu, «Umfunktionierung» und «Eingrenzung des Freiraums» durch die staatlichen Einflußnehmer abzuwehren. Sie haben dafür auch alle Voraussetzungen: Während der militante Kern meist aus den völlig zerstörten Familien der Unterschicht stammt, Schule und Lehre oft nicht vollendet hat, der Bürokratie nur Haß entgegenbringen kann, sind viele der älteren Hausbesetzer dem öffentlichen Dienst durchaus ebenbürtig. Die meisten entstammen ohnehin Angestelltenfamilien und streben nach A 13, besser noch B 6. Arbeiterkinder und der Nachwuchs aus Oberschicht- und Akademikerfamilien sind deutlich unterrepräsentiert.

Wer als Beruf oder Berufswunsch Lehrer, Sozialarbeiter, Drogenberater, Stadtplaner, Architekt, Altenbetreuer, Psychologe, Politologe, Soziologe, Theologe – kurz: Betreuer – nennt, der kann sich eben sehr schwer vorstellen, daß der (Arbeitgeber) Staat wegbröseln sollte, wie sich das die militanteren Hausbesetzer wünschen. Den projektbezogenen Gruppen schwebt statt dessen vor, daß sie ihre Wirkung mit staatlicher Hilfe, mit «Staatsknete» entfalten wollen. «Das Wort ‹Staatsknete›», sagt dazu der radikale Micha, «ist eigentlich ein Etikettenschwindel. In Wirklichkeit müßte man Steuergelder sagen, und die kommen bekanntlich vor allem durch die Lohnsteuern der Arbeiter zusammen. Also ist ‹Staatsknete› Geld der Arbeiter, das denen gleich abgezogen wird. Das wissen die auch, die von ‹Staatsknete› reden, und deshalb schämen sie sich, aber nur ein bißchen.»

Die «Staatsknete»-Diskussion färbt naturgemäß auf Inhalt und Stil der Entscheidungen im jeweiligen Häuserrat ab. Hausbesetzer zu sein, das heißt bei den Projektgruppen nicht wie bei den militanten Anarchos «leben, lieben, kämpfen», sondern eher den Unterschied zwischen Treuhand- und Gesellschaftsvertrag bedenken. Sicherheitshalber haben die älteren Hausbesetzer deshalb ihre ursprünglichen Wohnungen vorerst behalten. Es ist ja nicht so, daß sie wie Charly, Micha oder der kleine Libanese obdachlos auf der Straße gestanden hätten.

«Ein Haus zu besetzen», erklärt mir ein Betreuer, der mit einer BAT-II-a-Stelle öffentlich-rechtlich gut versorgt ist, «das heißt doch für uns in erster Linie Politik zu machen. Uns gegen Spekulanten und Betonfabrikanten zu wehren, dem linken SPD-Flügel Mut zu machen, ein Signal zu setzen. Es heißt doch nicht, daß wir unter akuter Wohnungsnot gelitten hätten.» Für viele berufstätige Hausbesetzer ist deshalb die spektakuläre Aktion keine Ganztagsbeschäftigung, die ohne Rücksicht auf Verluste praktiziert wird. Sie üben die Hausbesetzung statt dessen in der Regel nach Büroschluß aus, dann aber schweißtreibend.

«Was die kleinen Mädchen hier geschleppt haben», sagt in der Kottbusser Straße ein Nachbar, «das war unglaublich. Riesenkübel, Säcke, Möbel – nie hätten die das freiwillig für einen Unternehmer gemacht, wenn der sie dafür noch so gut bezahlen würde.» Dem Reformerflügel der Hausbesetzer geht es außer um Politik immer auch um richtiges Instandbesetzen, um Renovieren und Funktionieren. Es sollen «Fakten geschaffen werden», so Kutte, «damit die nicht in den Sommerferien, wenn alle auf Kreta sind, einfach räumen können und mit der Pendelbirne alles zusammenschlagen.» Denn danach käme Beton, noch mehr Beton nach Kreuzberg. Über diesen Baustoff sind sich alle einig: «Schade, daß Beton nicht brennt.»

Zu Public-Relation-Aktionen, die das Verhältnis zu den Miete zahlenden Nachbarn bessern sollen, haben sich vor allem die Reformer aufgerafft. Nur Blauäugige können vermuten, daß Straßenfeste, Kaffeeklatsch und das Braten eines Hammels im Hinterhof, um durch den Duft die Türken anzulocken, für einen Hausbesetzer unabwendbare Bedürfnisse seien. In Wahrheit geben Klugheit und Maos Wort von den Fischen im Wasser mancher neuen Hausgemeinschaft ein, sich den wortarmen, mißtrauischen, alten, ausländischen und vom Leben gezausten Kreuzberger Nachbarn zuzuwenden.

Weil die meisten Reform-Instandbesetzer aus Westdeutschland stammen, Kreuzberg also voraussichtlich nicht Endstation Sehnsucht ihres Lebens sein wird, begegnen ihnen die verbliebenen Ureinwohner oft mit Mißtrauen. In sterbenden Städten gedeiht der Fremdenhaß am besten. «Sobald jüngere Akademiker zu Geld gekommen sind», mutmaßt auch Herr Direktor Kreuter von der GSW, «haben sie das Bestreben, in westliche Vororte zu ziehen» – so wie er, der im Nordberliner Arbeiterviertel Wedding zur Welt kam und nun im feinen westlichen Zehlendorf lebt.

Drei Biere dauert es, bevor mir ein ganz alter Kreuzberger, der schon am 9. November 1918 Umsicht bewies und deshalb die Ausrufung der Republik sowohl durch den Sozialdemokraten Scheidemann am Reichstag als auch durch den Kommunisten Liebknecht vor dem kaiserlichen Schloß miterlebte, seine Ansicht über den Reformerflügel der Kreuzberger Hausbesetzer anvertraut: «Die wollen beides. Hier billig wohnen und gleichzeitig im öffentlichen Dienst Karriere machen.»

«Früher», sagte der Alte, «haben in den schönen großen Wohnungen, die jetzt vom Senat zertöppert werden, richtige Arbeiter gewohnt. Ganz normale Arbeiter. Jetzt wohnen Studenten drin oder Akademiker, und nun solln die Häuser auf einmal doch nicht mehr abgerissen werden. Und wo sind die Arbeiter geblieben?»

Da braucht man in Berlin nicht lange zu suchen. Zwar gibt es nur noch 170000, die von der Berliner Industrie beschäftigt werden – im öffentlichen Dienst bekommen mehr als 240000 Berliner ihr subventioniertes Butterbrot –, doch fährt die Tourismusindustrie mit ihren Rundfahrtbussen auf der Gruseltour nicht nur durch Kreuzbergs zerschlagene Straßen, sondern auch zu den neuen Betonkäfigen für die verbliebenen Proletarier. Sie sind nun in den Hochhäusern der Gropiusstadt und des Märkischen Viertels angesiedelt:

in acht oder zwölf Stock übereinander, 90 Quadratmeter für 700 Mark im Monat.

«Wissen Sie», sagt der alte Mann, «wir richtigen Kreuzberger sind das ganze Leben lang immer wieder verraten worden. 1914 und 1918 von der SPD, weil die uns erst in den Krieg geschickt und dann auch noch die Revolution verraten hat. In der Weimarer Republik waren wir ja alle Kommunisten oder Anarchisten. Der Herbert Wehner hat hier gewohnt, bei ‹Köhler› in der Zietenstraße waren Donnerstag immer die Anarchistischen Abende, da hat er geredet. Wo ist er jetzt? Weit weg, in einem eigenen Haus, Dienstmercedes hat er und 20000 Mark im Monat.»

«Hör doch auf mit den Geschichten von früher», ermahnt den alten Mann ein Nachbar, «wen interessiert denn das?» Der läßt sich aber nicht bremsen, das Kreuzberger Jahrhundert passiert Revue: «Dann kam das Dritte Reich. Wer war der Dumme? Wir. Nach dem Zweiten Weltkrieg hat mancher gedacht: nun wird es besser. Ist es besser geworden? Die Kommunisten, ick meine die Ostkommunisten, haben die Mauer gebaut. Dann kam '68 die Apo hier durch und hat Umzüge gemacht, und nu sind die Hausbesetzer hier und schreiben ‹Es ist Krieg› an die Wand. Glauben Sie, daß es nun besser wird?»

Mit einem richtigen Hausbesetzer hat der alte Mann noch nie gesprochen. «Mir fracht keener», sagt er, «und Muttern ist sowieso dagegen, daß ich mitmische. ‹Es bringt nischt›, sagt sie.»

Am Heinrichplatz, zwischen den Losungen «Fuck the army» und «Life goes on!», die weder Türken noch Kreuzberger verstehen, hat ein junger Demonstrant mitten auf der Straße dem alten Mann aus dem Herzen geschrieben: «Deutschland, alles ist vorbei.» Kreuzberg ist Harlem geworden.

Draußen vor der Kneipe fahren langsam die Polizeiwannen vorüber. Der alte Mann ist jetzt beim fünften Bier. Mutter wird ihm Zoff machen. Es dunkelt.

7

Walter Tauber

Der vergoldete Kuhfuß

Über die Kraaker-Bewegung in Amsterdam

Wir waren auf zehn Uhr früh verabredet – im «Avondrood» (Abendrot), einem fünfstöckigen Gebäude, einst ein Krankenhaus für Betagte mit Leichenhaus im Hinterhof, heute ein Wohnhaus der «Kraaker». Hundert Meter vom Avondrood entfernt steht ein Lieferwagen bereit, gegenüber, am Rand der «Nieuwe Herengracht», ein weiterer Kleinlaster. Das Material, von den Kraakern aus der ganzen Stadt herbeigetragen, ist schon aufgeladen: Schweißgeräte, eiserne Bettgestelle, Bettzeug, ein Tisch und Stühle. Über hundert Personen warten bereits auf das Kommando zum Aufbruch: Jugendliche zumeist zwischen 18 und 20, vielleicht 22. Ein paar Zwölfjährige in Punk-Dress sind die jüngsten. Fast alle tragen schwarze Lederjacken oder Parkas. Von Spannung keine Spur, eher von Routine. Ein Zwölfjähriger meint blasiert: «Es ist ja nicht das erste Mal.»

Kurz vor elf kommen zwei Kraaker vom Quartierkomitee – sie führen hier Regie – die Treppe heruntergerannt. Evert, ein Lenin-Medaillon an seiner schwarzen Cordjacke («nur ein Souvenir, ich scheiß auf Lenin»), steigt auf eine Kiste. Das Stimmengewirr erstummt. «Das Objekt liegt wenige hundert Meter von hier, auf der anderen Seite des Kanals, an der Henri-Polak-Laan. Es ist ein Riesending. Wir haben es ausgekundschaftet, es geht ganz durch bis zur anderen Seite des Häuserblocks. Wir müssen schnell machen, um das Ganze dichtzukriegen. Sobald wir drin sind und alles unter Kontrolle haben, gehen ein paar Gruppen in die umliegenden Straßen, um die Bewohner des Viertels aufmerksam zu machen, daß wieder ein leeres Haus besetzt ist.»

Mit anderthalb Stunden Verspätung setzt sich der Treck in

Bewegung: Materialwagen, Musik, etwa 100 Personen zu Fuß. An der ersten Kreuzung, zufällig, ein Streifenwagen. Die beiden Polizisten folgen dem Zug. Auch als die Prozession vor dem Ziel hält, bleiben sie im Auto sitzen, obwohl nun der einzige Augenblick kommt, an dem sie ohne richterliche Verfügung einschreiten dürften: das Aufbrechen einer Tür ist Sachbeschädigung, somit strafbar. Wenn dann aber das Haus von den Besetzern bewohnt und das Schloß ersetzt worden ist, würde die Polizei Hausfriedensbruch begehen, sobald sie es betritt: 1971 entschied das Oberste Gericht, daß auch Hausbesetzer den Schutz des Hausfriedens haben.

Nun geht alles blitzschnell, die Spezialisten im Team kennen jeden Handgriff: In wenigen Sekunden ist die halbrunde Glasscheibe über der Tür zersplittert, der Schlosser wird hochgehievt, springt in den Hausflur, öffnet die Tür. Die Schweißer rennen nach hinten, um die Rolläden zu sichern: Sie werden kurzerhand an ihre Rahmen angeschweißt. Die Bettgestelle werden an Tür- und Fensterrahmen angeschraubt. Zu oft schon haben Schlägertrupps der Hauseigentümer Besetzer mitsamt Mobiliar gewaltsam aus frisch erstürmten Gebäuden gefeuert. Hermetisches Abriegeln des Erdgeschosses ist darum erstes Gebot der Kraaker.

Unterdessen setzen andere Spezialisten die Wasserleitung und die elektrischen Anschlüsse wieder in Betrieb. Mitgebrachte Glühlampen sorgen für Licht, die 25 Jugendlichen, die beschlossen haben, hier zu wohnen, fangen an, sich einzurichten; eine Rockband sorgt für Unterhaltung, alle übrigen helfen beim Saubermachen. In einem verstaubten Büroraum findet jemand ein Telefon. Auch dafür steht ein Fachmann bereit: einige Manipulationen mit dem Schraubenzieher am Hauptanschluß genügen, der Summton erklingt. Die Umstehenden spenden Applaus. Der erste Anruf gilt dem Postamt: «Bitte, sagen Sie uns die Nummer dieses Anschlusses, er wird heute wieder in Betrieb genommen. Danke!» Die Auskunft wird bereitwillig gegeben. Ein Gericht hatte entschieden, daß das Postamt Hausbesetzern den Anschluß nicht verweigern darf.

«Kraak» – das bedeutet Geräusch einer Tür, die mit dem «Kuhfuß» genannten Brecheisen aufgebrochen wird. In Holland wurde es zum Namen einer Massenbewegung: Zehntausende wohnen in illegal belegten Wohnungen. Tausende Jugendliche sind auch gewillt, ihr Recht auf eine Wohnung gegen Polizei oder Schlägertrupps der Hauseigentümer mit allen Mitteln zu verteidigen.

Den Häuserkampf gibt es in den Niederlanden schon seit fünfzehn Jahren. Vor allem in Amsterdam, wo inzwischen über 10000 Wohnungen besetzt sind, gehört eine organisierte Kraak-Aktion zum Alltag. Die frühere Drogenhauptstadt Europas hat ein neues Image: «Kraakstad Amsterdam» steht, neben Abbildungen von Popstars oder Marihuana-Blättern auf den Parkas der Jugendlichen. Die Kraaker-Bewegung hat sich über das ganze Land ausgebreitet. Auch in Nijmwegen, Den Haag oder Groningen wird «gekraakt», auch hier kämpfen die Kraaker für eigene Wohnungen. Doch einfach um Wohnraum geht es dabei längst nicht mehr, die Zeiten des verzweifelten Griffs nach dem Brecheisen, um sich ein Dach über dem Kopf zu verschaffen, sind vorbei.

«Kraaken» ist heute vor allem ein Akt des Widerstands gegen Obrigkeit und Gesellschaft. An der Front des Häuserkampfes treffen sich die Jugendlichen, die sich nicht mehr mit den ihnen gebotenen Perspektiven zufriedengeben. Die Mißstände im Wohnungsbau wirken vornehmlich als Kristallisationspunkt des neuen Jugendprotestes. Daß sich aber dieser Protest zum Gegenmilieu verdichten konnte, liegt am Kraaken: Sich fremden Wohnraum unter den Augen der Polizei aneignen, gemeinsam mit Hunderten anderer Jugendlicher, das verschafft ein Gefühl der Befreiung und Solidarität.

Eine soziologische Beschreibung dieser militanten Jugend ist schwierig. Die politische Rechte macht es sich meist einfach: «Gewalttäter», «Ratten», «arbeitsscheues Pack». Presse-Kommentatoren suchen nach sozialen Ursachen und behaupten etwa, daß viele der Kraaker aus geschiedenen

Ehen stammen und nun im Gruppengefühl der Bewegung Geborgenheit suchen.

Solche Überlegungen sind im Ansatz falsch, weil sie die Sicht auf das Eigentümliche der Bewegung versperren: Sie ist weit weniger Ausdruck irgendwelcher Mißstände als vielmehr Lebens- und Kommunikationsform derjenigen, die dem Anpassungsdruck nicht mehr nachgeben, die sich verweigern. Die Kraaker wollen sich nicht wissenschaftlich analysieren lassen. «Die Wissenschaft will uns in eine Rationalität zwingen, die uns schlußendlich zerstören würde. Auch die ‹sympathisierenden› Beobachter – und gerade die halten wir für besonders gefährlich – tragen zu unserer Zerstörung bei.»

Beobachten läßt sich indessen, daß in Amsterdam etwa tausend Kraaker permanent im Einsatz stehen, hauptberuflich sozusagen. Auch daß es ein Sympathisantenreservoir von etwa 10000 gibt, das jederzeit die gekraakten Freiräume steinewerfend verteidigt. Doch auch dieses Reservoir füllt sich immer neu. So ist denn die Bewegung ein im Grunde lockerer Verband, dessen einzelne Gruppen sich mal mehr, mal weniger engagieren.

Zu Amsterdams Kraakern gehören so rund 30000 Leute, von denen viele in gutbürgerlichem Stil die besetzten Wohnungen eingerichtet haben. Daneben gibt es die eigenwillig ausstaffierten Punks, aber auch die 78jährige Dame, die gegen ein Kernkraftwerk protestiert. Die Bewegung ähnelt einer Hydra, die unerwartet und mit immer neuen Kräften auftaucht. Sie ernährt sich zwar vom Frust und der Arbeitslosigkeit, doch was sie zusammenhält, das nennen Kraaker «die Magie des fliegenden Pflastersteines». Und die reicht weit zurück.

Viele Niederländer führen die heutige Jugendunruhe auf die Folgen des Zweiten Weltkriegs zurück. Damals kam es zur Zerstörung der traditionellen, stark religiösen, im Grunde noch vorindustriellen Gesellschaftsstruktur, die vor allem vom Handelsbürgertum geprägt war. Innerhalb weniger

Jahrzehnte wurde diese festgefügte, konservative Gesellschaft zu einer der widersprüchlichsten, aber auch freiheitlichsten in Europa.

Wegbereiter dieses Wandels war die Generation, die in der Zeit des Nationalsozialismus groß geworden ist. Der Schock der Kriegs- und Besatzungszeit trieb sie zur Suche nach vollkommener Sicherheit. Das soziale Elend sollte verschwinden, und alle Randgruppen der Gesellschaft sollten respektiert und materiell unterstützt werden. Aus moralischer Überzeugung strebte diese Generation die egalitäre Umverteilung der materiellen Güter an. Die Ungleichheit der Chancen, durch die Klassenstruktur der Gesellschaft vorgegeben, sollte möglichst abgebaut werden. So knüpften die Nachkriegspolitiker in den fünfziger und sechziger Jahren das neben Dänemark wohl dichteste soziale Netz der westlichen Welt.

Behinderte, Kranke, Arbeitslose, Mütter, Kinder, Studenten, Auszubildende, Ausländer: Jeder, der irgendwie benachteiligt war, sollte unterstützt werden. Das aber war teuer. 1950 beliefen sich die Kosten für die soziale Sicherheit noch auf eine Milliarde Gulden, 5,5 Prozent des Bruttosozialproduktes. Zehn Jahre später waren es mit vier Milliarden Gulden schon 10,5 Prozent. 1970 hatte sich der Anteil auf 20,1 Prozent erneut verdoppelt. Für das Jahr 1981 sind 93 Milliarden Gulden vorgesehen (30,5 Prozent).

Mit den Ausgaben stieg auch der Verwaltungsapparat, nun selbst Mitverursacher der Ausgabenexplosion. Vor allem zu Beginn der siebziger Jahre, unter dem Sozialdemokraten Joop den Uyl, stieg der Beamtenapparat unaufhaltsam. Heute sind 25 Prozent der Arbeitnehmer, etwa 1,2 Millionen Menschen, Staatsangestellte. Noch mal so viele beziehen Sozialrente oder Arbeitslosenunterstützung.

«Wir haben ein soziales Netz wie ein Rolls-Royce», sagt Just Montijn, Generaldirektor des Ölmultis Shell-Niederlande, «aber kein Geld mehr, um ihn zu unterhalten.»

Tatsächlich wird das soziale System durch die Wirtschaftskrise stark strapaziert. 1975 meldeten sich 206000 Arbeitnehmer arbeitslos, 1981 waren es bereits über 350000, rund sieben Prozent der arbeitsfähigen Bevölkerung. Die niederländischen Multis – Philips, Unilever, Shell –, die heute die Belastungen durch das soziale Netz kritisieren, haben seit 1972 jedes Jahr zwei bis drei Prozent ihrer Arbeitsplätze wegrationalisiert. Der Elektronik-Multi Philips etwa baute seit 1974 rund 13000 Arbeitsplätze ab. Arbeitsintensive Produktionen verschieben die Multis in Länder der Dritten Welt. Während die Profite der Industrie erhalten bleiben, wird das soziale Netz immer mehr belastet. Frustrierte sozialdemokratische Politiker, nach vier Jahren linker Politik seit 1977 in die Opposition verdrängt, geben zu: «Wir müssen den Leuten klarmachen, daß an der Regierung sein noch lange nicht bedeutet, die Macht zu haben.»

Der verbürokratisierte Sozialstaat erscheint unfähig, die zunehmend schwere Belastung des sozialen Netzes aufzufangen. Jährlich kommen Zehntausende Jugendliche neu auf den schon übersättigten Arbeitsmarkt. Sie sind groß geworden mit der Versicherung, daß Arbeit ein unveräußerliches Recht, soziale Sicherheit ein Anspruch jedes Bürgers sei. Nun bekommen sie nicht, was man ihnen versprochen hat.

Auch das Dach über dem Kopf ist ein in den Niederlanden geschützter Rechtsanspruch, mithin auch eine Garantie für jugendliche Wohnungssucher, die aber bei steigender Wohnungsnot nicht mehr eingelöst werden konnte. Auch hier ging der Staat mit den besten Absichten an die Lösung des Wohnungsmangels. Eine gerechte Hand sollte verteilen, was knapp war, und den Wohnraum privater Spekulation entziehen. Das genaue Gegenteil traf ein.

Zunächst wurde ein Gesetz erlassen, nach dem billige Wohnungen (Monatsmiete unter 570 Gulden) nicht direkt, sondern nur über die Gemeinde vermietet werden dürfen. Das Resultat war ein bürokratisches Chaos. Schon in den fünfziger Jahren mußte das Amsterdamer Wohnungsamt Dringlichkeitslisten für soziale Härtefälle anlegen. Bis 1960 hatten sich schon 25000 Personen eingetragen, heute sind es über 60000. Wartezeit: bis zu sieben Jahre. Die Spekulanten aber kamen nicht zu Schaden, sie verschoben den Markt: Im Stadtkern Amsterdams wurden die Altbauten an den malerischen Grachten zu teuren Luxusappartements umsaniert und der staatlichen Kontrolle entzogen. Und da ihre Liegenschaften unter Denkmalschutz standen, wurden die Renovierungen auch noch subventioniert. Bald machten auch ausländische, vornehmlich britische Großspekulanten mit. Und wenn sich nicht sogleich Mieter für die Luxusappartements fanden – die Spekulanten hatten Zeit und Kapital genug, um zu warten, denn bei steigenden Bodenpreisen war es nur eine Frage der Zeit. So standen trotz akuter Wohnungsnot Wohnungen in den teuren Gegenden leer. Mitte 1981 waren es im ganzen Land rund 100000.

Zur Spekulation kam noch die Sanierungswut der Städte. So wurden im Amsterdamer Stadtkern Wohnhäuser abgerissen oder für Bürozwecke umgebaut. Was in Rotterdam die Bomben der deutschen Luftwaffe 1940 in wenigen Stunden schafften, wurde in Amsterdam von der Stadtregierung planmäßig während einiger Jahre durchgeführt: die Zerstörung des Stadtkerns. Im Bijlmermeer, 15 Kilometer südöstlich von Amsterdam, entstand dafür eine gigantische Satellitenstadt aus Betonklötzen für mehr als 100000 Einwohner. Zu spät merkten die Behörden, daß «die Leute eigentlich gar nicht so wohnen wollen» (so ein Mitglied des Amsterdamer Gemeinderates).

Wichtigste Ursache für die steigende Wohnungsnot aber waren die sich überall in Westeuropa ändernden Wohngewohnheiten der städtischen Bevölkerung. So stieg der Wohnungsbestand in Amsterdam von 1947 bis 1979 relativ rascher als die Einwohnerzahl (Zuwachs: über 80000 Einheiten), doch wegen schrumpfender Haushaltsgrößen wuchs die Nachfrage noch schneller: 1947 lebten durchschnittlich 3,63 Personen in einer Wohnung, 1980 nur noch 2,43. Während der letzten zehn Jahre nahm die durchschnittliche Haushaltsgröße um 0,5 Personen ab, was einer Nachfragesteigerung um 50000 Wohnungen entspricht.

Der Konflikt war unvermeidlich, Kraaken wurde zum Ventil, zumal das Besetzen leerer Wohnungen als legitimer Akt der Selbsthilfe galt. «Meine Eltern haben 1946 eine Wohnung besetzt», erzählt Kraaker Leo, vormals Lehrer, seit einem Jahr hauptberuflich im Häuserkampf tätig. «Ich wurde praktisch in die Bewegung hineingeboren.» Wohl in jedem Viertel Amsterdams sind Menschen zu finden, die bereits in den vierziger oder fünfziger Jahren durch die Wohnungsmisere zum Besetzen eines leerstehenden Hauses getrieben wurden.

Möglichkeiten gab es genug. Die grandiosen Sanierungsprojekte der Behörden kamen nur langsam voran. Ganze Straßenzüge, zum Abbruch verplant, standen jahrelang leer. Das Kraaken griff um sich.

In der zweiten Hälfte der sechziger Jahre wurde zum erstenmal in organisierter Form vorgegangen, zum Teil wohl auch unter dem Einfluß der britischen «Squatters» – damals auch die geläufige Bezeichnung Hausbesetzer. Viel Sympathie ernteten die damaligen Kraaker nicht: «Kattenburg Gärfaß menschlicher Ratten» verkündete die Tageszeitung *De Telegraaf* am 12. Februar 1966. Ebensowenig Verständnis zeigten die Parteien, von Konservativen bis Kommunisten. Ein «Buro de Kraaker» organisierte zwar 1969 die achtmonatige Besetzung einer Häuserreihe – doch die Abbrucharbeiter rissen die Dächer über den Köpfen der Kraaker weg. Ein Instandsetzungsplan von Bauarbeitern aus dem Viertel wurde durch die Kommunistische Partei vereitelt.

Dies bewirkte bei den Betroffenen eine radikale Politisierung. Der Slogan «Rette ein Haus, besetze ein Haus» des «Buros de Kraaker» war wohl nur als Aufruf zur Selbsthilfe gedacht. Doch bald begannen lebhafte Diskussionen in den aktiven Kraaker-Gruppen: Die einen sahen im Kraaken eine Möglichkeit, auf die sozialen Mißstände und die Unfähigkeit der etablierten Parteien hinzuweisen. Sie wollten zwar radikal, aber mit politischen Mitteln kämpfen. Ihre Forderung nach «Aushöhlung des Systems» schloß den heimlich gehegten Wunsch mit ein, dieses System zu erobern – ein systemimmanenter Wunsch nach Macht, der sich im Grunde nur durch den Radikalismus der Forderungen von der Politik der Parteien im Parlament unterschied. Andere Kraaker lehnten diese Apo-Rolle ab. Sie sahen in der Kraaker-Bewegung den Kern einer Basisorganisation, die eine dezentrale, an den Lebensbedingungen der Stadtteile orientierte Struktur hervorbringen sollte. Sie sind die Vorläufer der heutigen Kraaker-Bewegung – und diese weiß das auch: «Direkte Aktion ist die einzige Alternative zum Protest der sechziger Jahre» heißt es etwa in der *Kraakzeitung* Nr. 10, 1977.

Erst 1975 formierten sich dann die Kraaker zu einer eigenständigen, gegengesellschaftlich ausgerichteten Bewegung im Kampf um das Nieuwmarkt-Viertel. Um ihre Fehlplanung der Vergangenheit wenigstens teilweise wiedergutzumachen, wollte die Stadtverwaltung das Trabanten-Getto Bijlmermeer mit einer U-Bahn erschließen. Doch wegen des weichen Sandbodens konnte nur bei offenem Schacht gebaut werden, weshalb eine breite Schneise durch das Nieuwmarkt-Viertel gerissen werden mußte. Frauen und Kinder, Großmütter und Tausende Jugendliche besetzten Häuser, zogen auf die Straßen, blockierten Baumaschinen und lieferten der Polizei gewaltige Straßenschlachten. «Es war wie im Krieg», erinnern sich Beteiligte.

Im Kampf gegen die «Metro» fanden die Kraaker in der Bevölkerung Amsterdams Sympathie, oft sogar massive Unterstützung in den Kämpfen gegen die Polizei. Damals bildeten sich aus den täglichen Aktionen wie zwangsläufig die organisatorischen Grundstrukturen und Verhaltensmuster der heutigen Kraaker-Bewegung heraus: die Quartiervereinigungen, das Alarmsystem und die Kommunikationsmittel – alles wurde damals schon eingeübt. Die im Grunde systemtreu agierenden Leute der 68er-Generation hingegen verschwanden nach und nach.

«Unsere Generation, die 68er-Protest-Generation, wurde

vom System aufgekauft», meint Stan van Houcke, polemischer Rundfunkjournalist von «Radio Stad Amsterdam». «Die Apo-Leute wurden zu wissenschaftlichen Assistenten, bekamen Studienaufträge, Verwaltungsjobs noch und noch. Ja, du und ich auch: Wir schreiben jetzt über die Jugendlichen, die heute kämpfen, und verdienen dabei. Je mehr wir schreiben, um so mehr verdienen wir.»

Nach der vergeblichen Schlacht zur Rettung des Nieuwmarkt-Viertels folgten eine Reihe von Aktionen um einzelne Gebäude. «Manchmal», so berichtet das «Klagenbüro gegen Polizeieinsätze» in einem zusammenfassenden Buch über die Kraakerbewegung, «gewannen die Besetzer, manchmal die Hauseigentümer». Während im Parlament eine Anti-Kraaker-Gesetzgebung jahrelang steckenblieb, ging die Polizei, dort, wo sie zum Einsatz kommen durfte, immer härter vor. «Ich wurde vom Fenster ins Treppenhaus geschlagen», meldet ein Betroffener 1977 dem «Klagenbüro». «Ich habe mich nicht gewehrt. Auf der Treppe bekam ich einen Schlag in den Nacken. Ich sackte zusammen, es wurde schwarz vor meinen Augen, ich wurde den Rest der Treppe runtergeschmissen. Das ist ein Versuch zum Totschlag, und ich wünsche eine Anklage gegen den verantwortlichen Beamten.» Anklagen halfen selten, die Wut stieg an.

Unterdessen war der Protest gegen die Wohnungsnot so stark geworden, daß an ein Anti-Kraak-Gesetz nicht mehr zu denken war. Im Gegenteil: die Gemeindeverwaltung legte in einer Verordnung das «Recht auf Wohnung» ab 18 Jahre fest. Nun konnten Jugendliche sich in die Dringlichkeitslisten eintragen lassen und konnten ein eigenes Zuhause fordern. Meist nahmen sie es sich einfach, denn das Recht, ohne Hoffnung auf Erfüllung, nutzte ihnen nichts.

Inzwischen griffen aber auch die Hauseigentümer vermehrt zur Selbsthilfe: Detektive sollten die vollen Namen der Kraaker erkunden, damit sie auf dem Zivilrechtsweg angeklagt und zur Räumung gezwungen würden. Oft aber räumten Schlägertrupps im Auftrag der Eigner die besetzten Häuser, ohne sich um langwierige Rechtsverfahren zu kümmern. Die Behörden «schwankten immer nur hin und her», so Henk Hofland, Kolumnist der Wochenzeitung *Haagse Post*, «zwischen einer pragmatischen Haltung und moralisch-entrüsteter Unterdrückung». Im November 1978 wurden einige Häuser unter hartem Polizeieinsatz geräumt. Die Kraaker, inzwischen organisiert und zu gezielter Aktion bereit, besetzten daraufhin sechs herrschaftliche Häuser an der Keizersgracht, die seit einem Jahr leer gestanden hatten: der «Grote Keizer» war geboren. Fast ein Jahr lang wurde verhandelt, prozessiert. Und als ein Richter im Oktober 1979 die Räumung der Häuser anordnete, wurde der Grote Keizer zur Festung umgerüstet: Mit Stahlplatten verschlossen die Kraaker Türen und Fenster im Erdgeschoß, ein einziger Kellereingang blieb passierbar. Vorräte wurden angelegt, es zirkulierten Gerüchte über ein Lager von Molotowcocktails. Sympathisanten aus dem ganzen Land reisten, kampfbereit, heran. Und vom Dachstock verbreitete «Radio de Vrije Keizer» täglich Rundfunksendungen.

Die am «Grote Keizer» demonstrierte Kampfbereitschaft ging von einer neuen, militanten Kraaker-Gruppe aus: den rebellierenden Jugendlichen. Ganz plötzlich und unerwartet waren sie da. Ihre Aktionen schlugen ein wie eine Bombe in das gutbürgerliche, von der Hippie- und Haschkultur romantisch verbrämte Amsterdam.

Ende Februar 1980, im Kampf um ein mehrmals besetztes und wieder geräumtes Haus an der Vondelstraat, kämpfte die neue Kraaker-Generation mit unerbittlichem Willen zum Widerstand hinter den Barrikaden. Hier wurde deutlich, daß es um mehr ging als nur um die Beschaffung von Lebensraum. Das Neue: die «Freie Republik Vondelstraat».

«Das war natürlich nicht mehr eine Sache der Kraaker alleine», erklärt das Kollektiv «Verlag Zündschnur» in einem Buch über die Krawalle von 1980. «Da gab es drei Tage lang einen Freistaat. Der gehörte uns – und allen, die wie wir dachten. Dabei war es gar nicht geplant gewesen.»

Geplant hatte man nur die Wiederbesetzung eines von der Polizei nach geltendem Recht unbefugt geräumten Hauses an der Vondelstraat. Aber dann ging die Sache erst richtig los: «Wir hatten gewonnen, und das gab nicht nur den Kraakern, sondern allerlei anderen Gruppen, die nicht in der Kraaker-Bewegung waren, einen prima ‹Kick› ... Die Magie des im richtigen Augenblick geworfenen Steins blieb hängen über Amsterdam.» Die Autoren des «Zündschnur»-Buches schreiben über dieses neue Lebensgefühl der Rebellion:

«Es ist natürlich unsinnig und unmöglich, eine Definition zu geben von dieser ‹anderen Art zu leben› oder von ‹unserer Ordnung›. Aber es macht Spaß, es zu versuchen ... zusammen Barrikaden bauen, frei Wände bemalen, Versammlungen, in denen man wirklich etwas beschließen kann, zusammen über den toten Punkt hinwegkommen, eine Bank aus dem Vondelpark und ein Feuerchen zwischen den Straßenbahnschienen, zusammen Angst haben und zusammen stark sein ... Allgemeiner gesehen, kommt es auf folgendes an: gemeinsam dein Leben einrichten ... ein Leben ohne Automatismen, Platz machen für Phantasie und Kreativität ...

(Oft bleibt dies nur ein Spruch, in der Praxis mühsames Wursteln. Aber in der Vondelstraat war es Wirklichkeit.) Um dies alles nicht isoliert von den Widersprüchen der Gesellschaft, irgendwo auf einem Bauernhof in Nordholland, sondern genau mitten drin: auf der Bahn von Tramlinie 3, hinter Barrikaden ... es war ein steinharter Angriff auf die Lebensweise, wie sie der Staat von seinen Untertanen wünscht: Tun, was der Vorgesetzte sagt, und was man nicht darf, das darf man nicht. In der Vondelstraat wurde Phantasie umgesetzt in Wirklichkeit. Wer möchte das nicht?

In der Vondelstraat wurde Hunderten von Jugendlichen, die zu Hilfe geeilt waren, mit einemmal bewußt, daß sie genau dies auch wollten. Verschiedenste Gruppen wurden zu Bundesgenossen. «Ich erinnere mich noch genau, als wir an der Barrikade Wache schoben», erzählt ein Kraaker: «Plötzlich kam einer in Panik herangerannt: ‹Es gehen hier ein paar junge Faschisten herum. Was tun wir mit ihnen?› Großer Schreck, und wir gleich hin. Nun, es stellte sich heraus, daß es ein paar Punker waren, Lederjacken, Ketten und so weiter, die diese Sache in der Vondelstraat prima fanden ...»

Seither gehören die Punks genauso zur Kraaker-Bewegung wie andere Widerstandsgruppen der Jugend, wie die Antimilitaristen oder Kernkraftgegner. Das Kraaken wurde zur Speerspitze, zum Sammelbecken all jener, die sich der etablierten Gesellschaft widersetzen. «Wenn es die Kraaker-Bewegung nicht gäbe», so Stan van Houcke, «dann müßte man sie erfinden.» Und je stärker der Anpassungsdruck der Gesellschaft wird, um so bedeutungsvoller wird die eigene Welt der Kraaker-Bewegung erlebt. Es gibt darüber hinaus keine verbindende Ideologie, die unmittelbar übersetzbar wäre in politisch relevante Begriffe: Die Bewegung ist der Bruch mit der Politik, mit dem «System» insgesamt.

So haben die Kraaker oft Mühe, ihren Ausstieg aus der bürgerlichen Laufbahn zu erklären. Für Eric und Bram etwa ist die Frage, wie sie Kraaker wurden, eher komisch: Wie wird man zu dem, das man so selbstverständlich ist? Sicher, da gibt es die Geschichte vom Jungen aus zerrütteter Familie, der mit 13 von zu Hause wegrennt, in einem Schwulenpuff landet, sich erst nach einigen Jahren lösen kann aus dem Milieu und jetzt, ganz bewußt, mit drei anderen Schwulen und vier Lesben als Kommune ein Haus gekraakt hat. Doch als typisch empfindet das niemand.

Die meisten finden, sie seien einfach hineingeschlittert. Politische Motive will niemand bei sich entdeckt haben. Vielmehr war es das Gefühl tiefer Unzufriedenheit mit dem eigenen Leben, mit der Zukunft vor allem, die da geboten wurde. Der Arbeitersohn, der miterlebt hat, wie sein Vater bei «Ford» zwanzig Jahre lang Vorderräder angeschraubt hat, will so nicht arbeiten. Der Student entdeckte immer mehr Widersprüche zwischen dem, was er in seinen Büchern büffelte, und der erlebten Realität. Sicher, das haben seine Vorgänger auch erlebt. Doch für ihn hat jetzt die Gesellschaft kein Geld mehr, er wird nicht mit verlockenden Angeboten «weggekauft». In der Aktion entdeckt er nun dieses neue Leben mit gleichaltrigen, die genauso empfinden wie er.

«Wir richten uns hier gerade neu ein», erklärt Eric, und

weist auf die Unordnung. Das Erdgeschoß des «Grote Keizer», Anfang dieses Jahres endlich von der Gemeinde aufgekauft, wurde erst vor drei Wochen wieder bewohnbar gemacht. Dicke Stahlplatten lehnen noch an der Wand. Das gut 50 Quadratmeter große Zimmer mit einer vier Meter hohen Decke und wunderschöner Aussicht auf die Keizersgracht ist studentengemäß spärlich möbliert, aber gemütlich. Vieles stammt wohl vom Sperrmüll, doch ein Hi-Fi-Tonbandgerät sorgt für Ambiente. «Kopje Koffie?» Eröffnungsfrage in jedem holländischen Wohnzimmer.

«Ich kam als Student nach Amsterdam», erzählt Eric, «meine Eltern wohnen außerhalb. Nach ein paar Monaten auf einer winzigen und teuren Studentenbude hörte ich von Freunden, daß sie ein Abbruchhaus besetzt hatten. Mit einem anderen Freund habe ich das dann auch gemacht. Wir mußten die Fenster ersetzen, Decken und Fußboden erneuern – wir haben viel gearbeitet.» Eric hat Soziologie studiert, bezieht noch 1300 Gulden für sein letztes Studienjahr. Wenn das Geld aufgebraucht ist, hoffen Eric und seine Freundin Bram auf Sozialhilfe. Auch Bram war früher Studentin und hatte dann plötzlich die Möglichkeit, ein leeres Haus mit Freunden zu kraaken. Sie mußten nicht einmal eine Tür aufbrechen: «Eine alte Frau wurde aus einer renovierungsbedürftigen Gemeindewohnung umgesiedelt – wir wußten, daß sie lange leer stehen würde, ehe die Bauarbeiten anfingen. Die Alte gab uns den Schlüssel, nachdem sie ausgezogen war.»

Solch alltägliche Begebenheiten sind wohl typischer für den Werdegang der Kraaker als farbig-romantisches Abenteurertum. Und doch verändert sich die Einstellung zum eigenen Leben. Auch Bram sagt: «Kraaken ist leben», wenngleich sie nicht genau zu definieren vermag, warum das so ist. «Arbeit» bedeutet für Eric und Bram, in der Bewegung aktiv zu sein. Zur Zeit arbeiten sie als Aufklärer: «Wir erklären Schulklassen, was Kraaken ist.»

«Organisation» ist bei den Kraakern ein Schimpfwort – zumindest wenn damit starre Strukturen gemeint sind. Bei ihnen sollen sich Organisationsformen immer nur spontan von der Basis aus entfalten. Es sind im Grunde alte anarchistische Prinzipien, die hier praktiziert werden. Einigen Kraakern ist das wohl bewußt, doch theoretisiert wird darüber nicht: Sie wollen sich nicht mit Ideologien identifizieren. Selbst Bezeichnungen wie Anarchist, Sponti, Autonome sind Begriffe, die zu theoretischen Kategorien gehören und deshalb abgelehnt werden. «Da gibt es einen im Haus», erzählte etwa Bram im Grote Keizer, «der hat alle diese Bücher gelesen, und meint, mit seinen Theorien nun auch alles zu wissen. Aber er lebt nicht so, wie er spricht.» Das aber ist das höchste Gebot: frei, also spontan leben.

Doch beim «Leben» fängt es schon an mit dem Organisieren. Diese Erfahrung machten die Kraaker mit dem Gebäude der Tageszeitung *NRC-Handelsblad* im Stadtzentrum von Amsterdam. Nachdem nämlich der weitläufige Gebäudekomplex besetzt worden war, brach das Chaos aus. Die Klagen einiger Besetzer in der *Kraakzeitung:* «Mietzimmer an Urlauber für 5 Gulden die Nacht, ein Zimmer voller Diebesgut mit einem unter Strom stehenden Schrank davor, eingetretene Türen, gestohlene Kupferleitungen, Schlägereien, Messerstechereien, Polizeidurchsuchungen, eine Stromrechnung von 20000 Gulden, kurz, ein Gespensterhaus mit wenig Zukunftsaussichten.»

«Mir ist nicht bekannt», hieß es in einem *Kraakzeitung*-Beitrag, «wie ein Kraaker anthropologisch auszusehen hat. Aber es fehlen zwei Eigenschaften: Organisation/Koordination und Arbeit.» Doch die Organisierfreudigen gaben nicht auf. Im Juni 1979 wurde der Gebäudekomplex «geräumt» und neu besetzt. Die Kraaker, die dort fest wohnten, machten alle Fenster und Türen dicht, suchten neue Gruppen, die bereit waren, als Dauerbewohner einzuziehen. Systematisch wurden die Räume verteilt und Umbauten durchgeführt. Mit dem Elektrizitätswerk schloß man ein Abkommen, um die Schulden in Raten abzuzahlen. Heute ist das NRC ein funktionierendes Kraakhaus mit Teestube, einem Gemüseladen und einer Künstlergruppe «Amok».

Solche auf einzelne Häuser bezogene Organisation kann die Bewegung natürlich nicht zusammenhalten. Deren organisatorisches Rückgrat wird denn auch erst auf der Ebene der Stadtteile sichtbar.

«Kraaker-Sprechstunde» heißt das Quartierkomitee, das in Amsterdam den Kern jeder Organisation ausmacht. «Aber auch hier rotieren wir, mal einer, dann ein anderer», betont Kraaker Leo im Informationszentrum des Grote Keizer, wohl aus Furcht, man könne die Existenz von Funktionären vermuten. In die Sprechstunden – zur Zeit gibt es etwa 20 Quartierkomitees in der Hauptstadt – kommen künftige Kraaker, um Unterstützung und Ratschläge einzuholen. Leo: «Die Leute müssen in der Gruppe kommen, die zusammenleben will und ein leerstehendes Haus ausgekundschaftet haben.» Die Kraaker-Profis schauen dann nach im Grundbuch der Gemeinde, ob das Gebäude wohl «kraakbar» ist, geben juristischen Rat, technische Hilfe. «Wenn nötig, brechen wir ihnen die Tür dann auch auf», meint Leo, «doch ist es uns am liebsten, wenn sie alles selber tun.»

Auf der Ebene des Stadtteils wurde auch Gerhard vom Avondrood aktiv, als er vor fünf Jahren, mit 20, nach Amsterdam kam. Über Freunde landete er in einer Kraaker-Wohnung an der Van Beuningenstraat, im Sanierungsgebiet Staatsliedenbuurt. «Die Straße zählt 150 Wohneinheiten. In drei Jahren wurden fast alle gekraakt.» Gerhard, der vorher als Student vornehmlich an Pop-Festivals gedacht hatte, nahm jetzt aktiv an den Versammlungen teil, in denen erfahrene Hausbesetzer Neulingen mit Rat und Tat zur Seite standen. «Irgendwann merkt man aber, daß es doch mehr zu tun gibt im Leben, als nur Türen aufbrechen. Eine Zeitlang habe ich ja jeden Freitagabend mindestens vier Häuser aufgebrochen. Ich war Spezialist für Schlösser. Nun, da stand man da, mit den Neulingen, die in dem Haus wohnen sollten, die schwitzten vor Aufregung und Angst. Ich mußte dann gleich weiter, zum nächsten Termin – das wurde einfach langweilig.» Seit er im Avondrood wohnt, hat sich Gerhard zurückgezogen. Er möchte sein Studium – kulturelle Anthropologie – zu Ende führen. Trotzdem fühlt er sich in der Bewegung zu Hause – wenn eine Aktion läuft, ist er dabei.

Außer den Sprechstunden sind die wichtigsten Sammelpunkte der Kraaker die Kraak-Kneipen mit suggestiven Namen wie «Der vergoldete Kuhfuß», «Aufstand» oder «Molli chaot». Leo: «Von hier aus werden die Aktionen geplant und ausgeführt.» Die Kneipen fungieren auch als eine Art Transmissionsriemen zu den Sympathisanten: Man trifft sich beinahe täglich, bespricht die Ereignisse, Pläne oder Träume. Für Notfälle gibt es die Alarmliste, dank der nach dem Schneeballsystem innerhalb kurzer Zeit mehrere tausend Kraaker telefonisch mobilisiert werden können.

Das wohl einzige umfassende Bindeglied der Bewegung ist von einem Kollektiv Anfang 1977 gegründete *«De Kraakrant» (Kraakzeitung)*: der feste Punkt sozusagen, bei dem alles zusammenfließt, was sich in der Szene abspielt.

Das Kollektiv trifft sich einmal wöchentlich in offener Sitzung. Das Heft, Umfang 36 bis 46 Seiten und im Magazinstil aufgemacht, erscheint einmal im Monat. Etwa wöchentlich wird je nach Bedarf ein aktuelles Blatt über laufende Aktionen herausgebracht: *Die letzte Warnung*.

Praktische Informationen sind wichtigster Bestandteil: der Stundenplan der Kraak-Sprechstunden wird hier aufgeführt, wie auch jener der Anwälte. Hier findet man die Telefonnummern, über die man Berichte für den Piratensender durchgeben kann.

Hauptthema der *Kraakzeitung* ist das Kraaken. Bauprojekte werden beschrieben, die Wohnungspolitik analysiert, Spekulanten enthüllt. In der Nummer 49 vom April 1981 etwa findet sich die Rubrik «Spekulatie Nieuws»: hier werden die Bankverbindungen einiger Häusermakler offengelegt, oder die Übernahme von 50,49 Prozent der «Spekulantenbank» (Slavensburgs Bank) durch den staatseigenen französischen «Crédit Lyonnais» gemeldet. Den Banken, die Spekulanten unterstützen, wird gedroht: Bei *ontruiming* (Räumung) laufen die Banken das Risiko der *ontruiting* (Entfensterung).

Die *Kraakrant* hält ihre etwa 2000 Leser auch auf dem laufenden über Vorgänge in den Quartieren oder gar in einzelnen Häusern. Die im Juli 1980 besetzte Fabrik an der Ostadestraat zum Beispiel, die «zum Wohnen gänzlich ungeeignet» war, dient nun, laut *Kraakrant*, dem Zeitungskollektiv. Außerdem wurden Wohnungen eingerichtet und der Aufbau eines Theaters in Angriff genommen. Unter «Verschiedenes» findet man schließlich praktische Lebenshilfe für Kraaker: Minuziös wird erläutert, wie man mit einem Haken aus Draht die Straßenbahnen lahmlegen kann.

Doch das Organ der Bewegung beschränkt sich nicht nur auf den Häuserkampf. «An der Zeitung kann man sehen», so Kraaker Leo, «was uns alles interessiert.» So wurde etwa seitenweise berichtet über «Brokdorf-Konditionstraining für den Widerstand». Auch Plogoff oder das niederländische Kernkraftwerk Doodewaard werden eingehend besprochen. Daß Kraaker bei Anti-AKW-Demos mit den Kernkraftgegnern mitmarschieren, ist selbstverständlich.

Nicht nur die Grünen, jeder, der irgendwie Widerstand gegen die Obrigkeit leistet, kommt in der *Kraakzeitung* zu Wort: Die Kommuniqués der RAF-Häftlinge und IRA-Hungerstreiker werden gedruckt, sie geben aber auch Anlaß zu heftigen Diskussionen, etwa, ob der RAF-Weg überhaupt einen Sinn habe. Daß man sie in jedem Fall als Opfer der Justiz ansieht und unterstützt, ist für die Kraaker selbstverständlich.

Bei den Punk-Kraakern wird die emotionale Basis der Bewegung besonders deutlich. Während die *Kraakzeitung* trotz lockerer Aufmachung, Sprache und Layout die Sachverhalte weitgehend logisch diskutiert und erörtert, ist die *Autonome Kuh-Zeitung* der Punk-Kraaker geballte Emotion. Comics, Gedichte, Prosa-Kommentare und Collagen scheinen direkt aus dem Bauch zu kommen. Die Wirklichkeit ist für die *Kuh-Zeitung* Unheil, Chaos. Das Feindbild ist klar: «Bürgermeister Polak ist ein Arschloch, scheißt in seinen Briefkasten.» Niemand interessiert die Frage nach dem Sinn solcher Aktion, denn «World war three is coming», verkündet das Blatt, «Apokalypse now!» Noch eine Frage: «Bist du bereit fürs Jüngste Gericht?»

«In den achtziger Jahren stehen wir ganz dicht am Abgrund», so beschreibt die *Kuh-Zeitung* dieses Leben. «Doch je dichter du am Abgrund stehst, um so intensiver kannst, mußt du leben. Du existierst doch, lebe jetzt oder nie. Der Schmerz des Abgrundes hält dich wach.» Dies ist aber nicht apokalyptisch gemeint. «Anstatt gegen das System zu kämpfen», schreibt nämlich das so untergangsfreudige Blatt, «ist es sinnvoller, *für* etwas zu kämpfen ... wenn man gegen etwas kämpft, verliert man schließlich. Aber wenn man für etwas kämpft, kann man gewinnen ... Je tiefer wir sinken, um so stärker kehren wir zurück.»

Das dritte Kommunikationsmedium der Kraaker ist der Piratensender «Vrije Keizer», der vor allem Informationen ausstrahlt. Bei Konflikten ist er auch Koordinationszentrale für den Kampf, hält Demonstranten etwa über Bewegungen der Polizei auf dem laufenden. Aufklärung ist das Ziel der Video-Gruppe: «Durch ein Bild kann ich den Leuten vermitteln, was läuft, kann zeigen, wie brutal die Polizei ist», erklärt Jan. Berichte der Gruppe über Straßenkämpfe werden in Schulen und bei Veranstaltungen im Ausland, so in Berlin, Zürich oder Nürnberg gezeigt.

Doch auch diese Arbeitskollektive mit genauer Zielsetzung erneuern sich ständig. «Länger als zwei Jahre kann man ja nicht voll aktiv sein in der Bewegung», meint Leo. «Ich habe als Zimmermann beim Aufbau eines Kraaker-Cafés gearbeitet. Vorher habe ich selber viel gekraakt. Jetzt mache ich lieber Öffentlichkeitsarbeit. In einem halben Jahr mache ich vielleicht wieder etwas anderes. Man wird selber autoritär, wenn man zu lange nur organisiert.»

So sucht die neue Kraaker-Generation immer neue Formen des Widerstandes. Im Kampf gegen Ausbeuter und Profiteure etwa entfaltet sie einen neuen Radikalismus, der sich zwar aktionistisch entlädt, aber durchaus politisch ist. «Wir gehen ganz gezielt gegen die großen Spekulanten vor», erklärt Leo. «Wenn bekannt wird, daß irgendein Spekulant wirtschaftliche Schwierigkeiten hat, suchen wir im Grundbuch nach weiteren Häusern, die ihm gehören. Die werden dann gekraakt, um ihn gezielt bankrott zu machen.»

Der Immobilienhändler Bakker zum Beispiel soll kurz vor dem Ende gestanden haben. 28 seiner 30 Gesellschaften waren zahlungsunfähig. Um eine Darlehenssumme von dreieinhalb Millionen Gulden zu retten, stützte ihn eine Bank mit einem weiteren Kredit von anderthalb Millionen. «Dieser Bank haben wir die Scheiben eingeschlagen», erzählt Leo: «Es gehen nicht irgendwelche Scheiben zu Bruch, wir machen das ganz gezielt.» Eine Aktionsgruppe, die wirtschaftliche Verflechtungen und die Rolle der Banken aufzudecken sucht, nennt sich: «Brich die Banken, und zwar subito». Solche Aktionen sind offenbar auch wirksam: Erstmals haben sich niederländische Banken in diesem Frühjahr zusammengefunden, um eine Art Ehrenkodex auszuarbeiten, nach dem Immomilienspekulanten erschwert Kredite bekommen. «Und die Hausbesitzer», meint Henk Hofland, «sind im Grunde eine Minderheit, deren Schaden oder Untergang die Gesellschaft verkraften kann. Daher die langjährige Toleranz der Behörden den Hausbesetzern gegenüber.»

Kraaker Joost vom Avondrood meint, die Gemeinde müßte ihnen sogar dankbar sein: «Avondrood war als Spekulationsobjekt auf dem Markt fast zwei Millionen Gulden wert. Nachdem wir es besetzt hatten, konnte es die Gemeinde für sieben Tonnen (700000 Gulden) kaufen – billig! Nun wohnen hier 20 Menschen, das sind also 35000 Gulden pro Person. Die obere Grenze für den Ankauf von Wohnungen durch die Gemeinde liegt aber bei 50000 Gulden pro Person. Da sollen die also jetzt nicht kommen und uns wegen Miete anpinkeln.»

Im Frühjahr 1980 wurde ein neues «Leerstandsgesetz» verabschiedet. Es soll in den Niederlanden sowohl das Problem der leerstehenden Spekulationshäuser wie das der Kraaker lösen. So muß jetzt jede Wohnung, die leer steht, nach kurzer Frist gemeldet werden, unter Angabe des Grundes, warum sie nicht bewohnt wird. «Es gibt ja gute Gründe», meint der für Wohnungsbau zuständige Gemeinderat von Amsterdam Jan Schaefer, «wenn man sie renovieren will zum Beispiel, oder verkaufen.» Gibt es keinen anerkannten Grund, dann mieten die Behörden die Wohnung und geben sie weiter an Wohnungssuchende. «Es muß doch gerecht verteilt werden. Die Kraaker kämpfen zwar gegen die Spekulanten, aber nur für sich selber. Gerechte Verteilung kann immer nur von der Obrigkeit ausgehen.»

Doch Jan Schaefer fürchtet sich selber schon vor seiner eigenen Bürokratie: «Es kommt mir hier manchmal so vor, als müsse ich mit einem Löffel in einem schweren Sirup rühren.» Das Gesetz ist auf einen personalintensiven, teuren Vollzug angewiesen. In dieser geldknappen Zeit ist darum fraglich, ob es wirksam ausgeführt werden wird. In den Augen der Kraaker ist es ein Gesetz, das zwar den Wohnungsmangel nicht beheben, die polizeiliche Räumung besetzter Häuser jedoch erleichtern kann. «Mehr Loch als Käse» nennen sie das Gesetz und fordern: «Kraaken geht weiter.»

Ein Kraaker-Anwalt, noch spät in der Nacht im Kraak-Café «Der vergoldete Kuhfuß», ist pessimistisch: «Der sozialdemokratische Bürgermeister Wim Polak ist nicht so dumm wie viele Politiker. Der sieht genau, was geschieht, er wird uns zu kriminalisieren versuchen, bevor es zu spät ist.» Polak hingegen: «Wer Steine wirft wird nicht kriminalisiert, der ist kriminell.» Der Konfrontationskurs ist festgelegt. Die *Kuh-Zeitung* frohgemut: «Ungehorsam ist der Schlüssel zum Glück.»

8

Michael Haller

Das Dorf in der Stadt

Über «Christiania» in Kopenhagen

Es ist ein lauer Sommerabend. Vom Meer her bläst ein frischer Wind, die Baumwipfel ringsum rauschen. Wir, fünf Erwachsene, hocken im Halbkreis vor dem Haus und lassen uns von der Abendsonne wärmen. In der Nähe kläffen zwei Hunde. Eine junge Frau in buntem Baumwollkleid, ein Stirnband im blonden Haar, radelt vorbei, hebt die Hand, sagt lachend «hej». Vor uns, im Sandhaufen neben dem Weg, buddeln zwei kleine Buben mit Schippe, Holzbrettern und Wasser. Sie sind nackt, der Spielsand lagert in dicken Krusten auf ihrer Haut – eine Idylle des Friedens.

«Wenn dann mal die Kinder unserer Kinder so alt sein werden wie wir jetzt», sagt der blonde Jörn und lehnt sich auf seinem Sessel, einer ausrangierten Autositzbank, langsam zurück, «dann werden die von Christiania ungefähr in den gleichen Tönen schwärmen wie wir von der Pariser Kommune.» Und nach einer kurzen Pause: «Für kurze Zeit wird manchmal der Traum vom Paradies doch Wirklichkeit.»

Die anderen lachen. Klaus, ein Deutscher aus Darmstadt, schüttelt den Kopf: «Du spinnst: diese kaputte Szene hier ein Paradies? Mich laust wohl der Affe!» Ein anderer mit rotblondem Vollbart und dicker Hornbrille winkt ab: «Die Kommune war ein Arbeiteraufstand, denen ging's doch darum, daß alle genug zu fressen haben.» Dann Klaus wieder: «Die Kommune stand im Krieg. Und am Schluß wurden die Kommunarden von den Soldaten fertiggemacht. 20000 Tote!» Ein blondes Mädchen, es hockt am Boden, weiß: «Die Kommune existierte nur ein paar Monate. Unser Christiania hier gibt es schon zehn Jahre. Vielleicht werden unsere Enkel noch hier leben, warum nicht?» Und, nach längerem Schweigen, direkt zu Jörn: «Glaubst du nicht an unsere Zukunft?» Die Gesprächsrunde schweigt. Man greift zum Teebecher, blickt in die Abendsonne. Die Frage, die sich jeder stellt: Hat das Modell Christiania eine Zukunft?

Der selbsternannte «Freistaat Christiania» mitten in Kopenhagen mit seinen rund 800 ständigen Bewohnern, Männern, Frauen und Kindern, zu denen derzeit auch noch acht Pferde, etwa 50 Hühner, einige Kaninchen und Ziegen, zwei Affen, ungezählte Katzen und mindestens 600 Hunde gehören: Ist er eine Arche Noah der Zukunftsgesellschaft, wie sie sich im Wunsch nach alternativem Lebenssinn allenthalben ankündigt – oder ist er nicht eher ein von Staat und Gesellschaft gerade noch tolerierter Aussteiger-Slum, ein Schuttabladeplatz für das soziale Elend, das sich in den großstädtischen Leistungsgesellschaften rundum ansammelt?

Christiania ist auf alle Fälle das bislang mit Abstand umfangreichste, dauerhafteste, aber auch umstrittenste Modell einer Gegengesellschaft in Europa – nicht, weil es von vielen Aussteigern zum Paradies anarchistischer Lebenslust mystifiziert worden ist, wie damals die sagenumwobenen drei Monate der Pariser Kommune im Frühjahr 1871, vielmehr, weil es ein durchaus realistisches Experiment zur Erprobung unangepaßter Lebensformen inmitten städtischer Lebensverhältnisse geworden ist.

Wenn Christiania eines Tages und endgültig gescheitert sein sollte, dann vor allem deshalb, weil vornehmlich gescheiterte, jedenfalls zum Scheitern verurteilte Jugendliche den Christiania-Freiraum wie eine Medizin zur Milderung der Lebensängste benötigt und ihn zur Belebung des leeren Drogenalltags mit ihrer grenzenlosen Langeweile verbraucht haben. Rund ein Drittel der Freistaat-Bewohner füllt wohl den Werktag mit produktiver Beschäftigung. Ein weiteres Drittel, vornehmlich Jugendliche unter 25, lebt von der Weitergabe weicher Drogen. Und das letzte Drittel – dies der Stand im Sommer 1981 – dämmert im Dauerdusel von Hasch und Carlsberg-Bier, den ihnen der dänische Sozialstaat willfährig finanziert. Ein Modell?

Und doch: Vielleicht wird Christiania eines Tages als das praktisch erfolgreichste Modell gelten, und sei es nur deshalb, weil die Bewohner derart lange allen inneren Schwierigkeiten getrotzt, äußeren Anfeindungen widerstanden und ihren autonomen Freiraum ideenreich verteidigt haben: mit Happenings und Kundgebungen, mit Rechtsanwälten, Aufklärungskampagnen, Parlamentsdebatten und Sit-ins – und manchmal eben auch mit den Fäusten.

«Die Christiania-Wirklichkeit ist keine Hippie-Idealwelt», warnt der aus Deutschland stammende Alt-Christianitter Heiner Gringmuth, «sondern ein täglicher Kampf ums Überleben, materiell wie politisch. Die Rechtfertigung Christianias ist nicht, daß es ein Paradies sei, sondern daß die Opfer der Industriegesellschaft, die hier ans Tageslicht kommen, in vielen Fällen eine Möglichkeit zu einem menschenwürdigen Dasein finden, wobei sie Menschenwürde selber neu definieren.»

«Christiania», das war früher ausgerechnet eine militärische Befestigungsanlage im Stadtteil Christianshavn, im Kerngebiet von Kopenhagen zwischen Schloß Christiansborg, dem Sitz von Königin Margarethe II., und dem Seehafen auf der Insel Amager. Die Buslinie Nr. 8 führt direkt hin, zu Fuß sind es fünfzehn Minuten vom Stadtzentrum: «Christiania» ist eine Stadt mitten in der Stadt, die von der Infrastruktur und Urbanität ihrer Umgebung profitiert.

Das Areal hat eine Gesamtfläche von knapp 20 Hektar, etwa so groß wie das Hausbesetzerviertel zwischen Moritzplatz, Kottbusser Tor und Mariannenstraße in Berlin-Kreuzberg – allerdings, es ist kein engverschachteltes Mietskasernen-Quartier für 10000 Seelen mit Großstadtmief und Straßenlärm, sondern ein mit insgesamt 170 Gebäuden locker überbautes, mit Bäumen und Gebüsch reich bewachsenes, dörflich wirkendes Wohngebiet. Eigentümer ist der Staat Dänemark. Eigentumsverwalter das Verteidigungsministerium.

Das Christiania-Terrain war erst im 17. Jahrhundert unter König Christian IV. nach holländischem Vorbild mit einem Kanalsystem trockengelegt worden, um darauf Schutzwälle und Befestigungen gegen die Schweden zu errichten. Im 19. Jahrhundert kamen große Kasernenanlagen, Lagerschuppen und Munitionsdepots, zwei große Reithallen, mehrere Werkstätten, Stallungen und später zahlreiche Mannschaftsbaracken hinzu. Doch dann verloren die Anlagen am militärischer Bedeutung; zudem wucherte die Stadt über Christianshaven hinaus gen Südosten.

Mitte der sechziger Jahre kam das Bürgermeisteramt von Kopenhagen auf die Idee, die Militärbauten abreißen und das Gelände neu bebauen zu lassen. Nach Verhandlungen willigte das Verteidigungsministerium in die Räumung und spätere Übergabe an die Stadt ein.

Eine wichtige Voraussetzung für die Besetzung Christianias war, daß die Stadt mit der Neuplanung gerade erst begonnen hatte, als das dänische Verteidigungsministerium Ende 1969 mit der Räumung des Geländes anfing: zuerst zehn Hektar, dann 14, dann weitere fünf. Im folgenden Herbst standen 80, im Winter 1970/71 gegen 120 Häuser leer, im Frühsommer 1971 standen sämtliche 170 Gebäude leer – die vermutlich größte zusammenhängende Überbauung, die jemals in Europa in einem Zug geräumt wurde.

Schon nach wenigen Wochen fielen Kopenhagens Altwaren- und Trödelhändler in das nur dürftig mit einem Lattenzaun gesicherte Gelände ein und schleppten weg, was wegzutragen war: Wasserrohre, Klosetts, elektrische Leitungen, Türen, Fenster. Die Gebäude begannen zu verrotten.

Im Verlauf des September 1971 machte sich eine größere Gruppe junger Leute aus verschiedenen Stadtgebieten daran, den Bretterzaun niederzureißen und das Gelände, Haus um Haus, zu besetzen. Zum Weihnachtsfest 1971 versammelten sich über 400 Instandbesetzer in einem der zentral gelegenen Häuser, das zum «Tinghus», zum Versammlungs- und Gemeinschaftsgebäude erklärt worden war. Die Versammelten nannten sich nun «Christianitter», ihr Gebiet den «Freistaat Christiania». Die drei «i» im Namen wurden zum Symbol ihrer neuen Autonomie erkoren; sie schmükken seither die Christiania-Flagge in der Form dreier leuchtend gelber Punkte.

Eine Räumung des Geländes mit Polizeigewalt wäre nur auf Begehren des Eigentümers, des Verteidigungsministeriums, möglich gewesen. Doch die Beamten im Ministerium hielten eine vorübergehende Besetzung der Anlagen bis zum Tage ihrer Übergabe an die Stadt für tragbar. Höchstens zwei Jahre, hieß es damals, wolle man die Illegalen dulden. Dann sei Schluß.

Nun war allerdings die Christiania-Bewegung keine Spontan-Aktion junger Flippies. Sie hatte sich bereits Ende der sechziger Jahre im Protestklima der Studentenbewegung «Slumstormer» formiert: Jugendliche vornehmlich zwischen 18 und 25, die sich ab 1969 auf die Besetzung leerstehender Häuser zwecks Beschaffung von Wohnraum (wie die Kraaker in Holland) und zur Errichtung neuer Wohn- und Lebensgemeinschaften spezialisiert hatten (vgl. 1. Kapitel über die «Kindermacht»).

Den zunächst betont gewaltfrei-friedfertigen «Slumstormern» hatte die Stadt Kopenhagen 1965 zwei Abbruchgebäude, genannt «Sofienhof», in unmittelbarer Nähe von Christiania zur Behausung überlassen. Dann plötzlich, im Februar 1969, sollten die Liegenschaften doch schon abgerissen werden. Die 600 Bewohner verschanzten sich in ihren Häusern, worauf 300 Polizisten, unterstützt von 20 Handwerkern, die Häuser stürmten und die Bewohner einzeln wegschleppten – Szenen, wie sie erst zehn Jahre später, etwa beim Freiburger «Dreisameck», durch die deutsche Presse gingen.

Am 13. Oktober 1969 berichtete *Hovedbladet*, die Untergrundzeitung der Slumstormer, über die bevorstehende Räumung des Militärareals in Christianshaven. Das Blatt kommentierte: «Hier finden wir den Rahmen für die alternative Stadt, die als Ergebnis unserer zahlreichen Experimente mit neuen Formen des Zusammenlebens entstehen soll. Und dies wird kaum mehr kosten als die Ausgaben des Militärs für einen einzigen Tag.» Wenig später zogen die aus dem Sofienhof vertriebenen Jugendlichen als erste in Christiania ein.

Doch tonangebend unter den Christianittern war schon ab Herbst 1971 eine größere Gruppe von Künstlern, Architekten, Pädagogen und Sozialarbeitern, die bereits konkrete Vorstellungen über das gegengesellschaftliche Leben entwickelt hatten und Christiania als sozialpolitisches Experiment vom Staat unterstützt haben wollten. Sie bemühten sich darum von Anfang an, die im Freistaat chaotisch wuchernde Hausbesetzer-Szene zu strukturieren. Bald wurden sie von den Anarchos «Aktivisten» genannt.

Im November 1971 brachten sie eine Vollversammlung mit über 200 Besetzern zustande, die sich auf folgenden weitgespannten Grundsatz einigte:

> «Christianias Ziel ist eine selbstverwaltete Gesellschaft, in der sich jedes Individuum frei entfalten kann bei gleichzeitiger Verantwortung gegenüber der Gemeinschaft... Die neue Gesellschaft soll ökonomisch aus eigenen Quellen leben, und das gemeinsame Bestreben soll darauf ausgerichtet werden zu zeigen, daß die physische und psychische Verschmutzung verhindert werden kann. Christiania und das Gemeinwesen draußen, nicht Gegenpole einer Einheit, sondern unvereinbare Gegensätze.»

Um eine minimale Organisation kamen auch die auf Basisideologie und Kollektivismus eingeschworenen Anarcho-Gruppen nicht herum. So einigte man sich,

- ▹ alle alltäglichen Fragen des Zusammenlebens in Wohngebietsversammlungen zu lösen;
- ▹ je eine Arbeitsgruppe für Soziales und Ökonomie (wie: Kinderbetreuung, Aufbau von Dienstleistungen und Produktionsstätten) einzusetzen;
- ▹ ein zentrales Informationsbüro für die Wohnraumzuteilung zu installieren;
- ▹ alle Fragen, die Christiania als Ganzes betrafen, auf den

wöchentlich tagenden Vollversammlungen zu beraten und zu entscheiden.

Das waren schöne Absichtserklärungen, denen aber ein gemeinsamer Wille zur Durchsetzung oft fehlte. Einigkeit herrschte indessen darin, den Freistaat für Motorfahrzeuge zu sperren (ausgenommen Gütertransport) und das Dealen mit harten Drogen zu unterbinden; weiche Drogen, insbesondere Haschisch und Marihuana, wurden toleriert. Die neu installierten Kaufläden und Betriebe sollten fünf Prozent ihrer Einnahmen an die zentrale Kasse als eine Art Christiania-Steuer abliefern, um kollektive Investitionen und einige unverzichtbare zentrale Einrichtungen (etwa: zentrale Postverteilstelle, Unterhalt des Ting-Hauses und des Informationsbüros, später auch des Kindergartens) finanzieren zu können.

Im Vordergrund standen damals noch ganz handgreifliche Probleme: Die Stadt hatte kurzerhand Strom und Wasser abgestellt und weigerte sich, das Gebiet wieder ans Netz anzuschließen. Auch waren die meisten Gebäude nicht zum Wohnen eingerichtet: Es fehlten sanitäre Einrichtungen, Heizung, Isolation. Wer ein Haus beziehen wollte, der mußte erst mal mehrere Monate als Maurer, Sanitär- und Heizungsinstallateur fungieren, ehe überhaupt mit dem Innenausbau der Stockwerke und ihrer Unterteilung in Wohnungen begonnen werden konnte.

Im Frühjahr 1972 erzwangen die Christianitter die Freigabe von Strom und Wasser. Jeder Bewohner sollte von nun an pauschal 50 Kronen pro Monat an die zentrale Kasse abliefern, um die Strom- und Wasserkosten, die Kopenhagen dem Verteidigungsminister laufend in Rechnung stellte, bezahlen zu können.

Der Krach mit den Stadtbehörden verschärfte die internen Organisationsprobleme: Die Debatten während der Vollversammlungen verliefen unberechenbar, spontihaft und mündeten oft genug in unsinnigen Beschlüssen. Der Architekt Per Iversen, zusammen mit seiner Frau Vibeke Mitbegründer Christianias und während der ersten Jahre einer der Wortführer nach außen (weshalb er den Beinamen «Løvetand», Löwen-Zahn trug), klagte bald:

> «Die Vollversammlung ist ein Hexenkessel von ausgeflippten Personen, laut diskutierenden Alkoholikern, rasenden Hunden und schimpfenden Hundebesitzern. Mitten auf dem Fußboden hocken zwei in erhabener Ruhe und spielen Schach, während der Gesprächsleiter in einem heroischen Kampf für Ordnung sorgen und den Leuten beibringen will, daß sie nacheinander reden sollen. Die Anstrengungen sind vergebens, die Propheten und die mit dem angeblich einzig richtigen Prinzip schreien so laut, daß man sein eigenes Wort nicht mehr versteht. Der Rauch verdichtet sich, und es ist verdammt kalt... Schließlich beruhigen sich die Gemüter, und man kann endlich mit der (das letzte Mal) vorgeschlagenen Tagesordnung weitermachen ...»

Zwei Jahre später schrieb «Løvetand» Iversen:

> «Ursprünglich traf die Vollversammlung als Basisorgan die Entscheidungen nach dem Prinzip der Übereinstimmung. Doch die Versammlungen verloren an Bedeutung, nachdem Christiania (durch die Regierung) als Sozialexperiment anerkannt wurde. Der Brennpunkt verschob sich zu den Problemen des Aufbaus ... Man kam überein, Entscheidungen zu dezentralisieren, und nur Fälle, die von allgemeiner Bedeutung waren (und dies sind überraschend wenige), kommen zur Beratung ...»

So wurde Christiania zuerst in zwölf, später in elf, schließlich in neun Wohngebiete eingeteilt. Jedes Gebiet, das zwischen 20 und 100 Bewohner umfaßt, erhielt eine eigene, jedermann zugängliche Gebietsversammlung («Omraademøde»). Diese wählte einen Kassierer, der die bei der Zentralkasse abzuliefernden Monatsbeiträge für Strom, Wasser, die Müllabfuhr und andere Dienste eintreiben mußte. Außerdem sollte die Versammlung Ansiedlungsgesuche neuer Christiania-Kandidaten und die anfallenden Gemeinschaftsarbeiten organisieren (etwa: Bau von Spiel- und Sitzplätzen, aber auch: periodische Reinigung der Wege vom sich häufenden Unrat).

Bald wurden aber auch Probleme, die das gesamte Christiania betrafen (wie: Drogen, Verhandlungen mit den Behörden, Geldverwaltung, Kriminalität), in den Gebietsversammlungen verhandelt. Vor jeder wichtigen Neuerung stimmten erst einmal alle Gebiete ab, die Vollversammlung fungierte nur noch zur Koordination, als Klagemauer für interne Reibereien und, vor allem, als Ritual, um das integrierende Wir-Christianitter-Gefühl wachzuhalten.

Der Machtverlust der zentralen Vollversammlung stärkte die «Aktivisten»-Gruppe der älteren und engagierten Freistaatgründer: Die faktisch Machthabenden waren nun Leute wie Iversen. Klammheimlich genossen sie ihre Autorität und das Gefühl, für den Fortbestand des Freistaates die tragende Stütze zu sein.

Der freilich blieb auch permanent bedroht. Denn im Unterschied zur Staatsregierung fand Kopenhagens Bürgermeister Egon Weidekamp – er ist Sozialdemokrat, doch in der Jugendpolitik betont autoritär-konservativ eingestellt – den Freistaat Christiania in jeder Hinsicht als Ärgernis. Er nannte die Christianitter «Schmarotzer», die bedenkenlos sämtliche sozialen Einrichtungen ohne Gegenleistung für sich ausnutzen würden. Die Stadt werde das Gelände erst dann vom Staat übernehmen, wenn dieser die Gebäude abgerissen habe.

Die Stadtbehörden machten nach Kräften den Christianittern das Leben sauer. Ohne Wissen des Justizministeriums tauchten immer wieder Polizeitrupps auf dem Gelände auf, machten Personenkontrollen. Der Freistaat sei «die größte Ansammlung von Kriminellen», ein «Mekka der Diebe und Hehler», gar das «größte Hehlerzentrum Skandinaviens», behauptete Kopenhagens Polizeichef Poul Eefsen 1975. Von Januar bis Oktober 1975 seien 1000 Jugendliche verhaftet oder festgenommen worden. Jugendliche würden zu Kriminalität, sogar zur Prostitution angestiftet, hieß es. Das konservative Blatt *Berlingske Tidende* empörte sich, daß die Christianitter laufend gegen Gesetze verstoßen, das Recht mit Füßen treten dürften; es sei ein den Rechtsstaat bedrohender Freiraum entstanden, der sich der staatlichen Kontrolle entziehe und wie ein Krebsgeschwür zu wuchern beginne.

Wenn dann aber mal umgekehrt die Christianitter die Polizei zu Hilfe riefen, etwa wenn es zu gefährlichen Schlägereien kam oder die Dealer gleich rudelweise mit harten Drogen, vor allem mit Kokain und Heroin, einfuhren, dann hielt sich die Polizei diskret zurück: Man wolle sich bei den Chaoten nicht einmischen, hieß es, schließlich beanspruche Christiania den Status der Autonomie.

Die Christiania-Gegner in den Behörden hofften wohl, der Freistaat werde an seinen eigenen Problemen ersticken. Tatsächlich tauchten damals jeden Tag aufs neue die kaputten Typen aus den Vorstädten auf, Alkoholiker, Fixer, Pennbrüder – und die seelisch Verwirrten, die Unangepaßten, Querulanten und Stadtneurotiker: Das soziale Strandgut der Großstadt wurde an der Peripherie, dort, wo zwischen den Menschen fester Grund zu spüren ist, an Land geschwemmt – und von den Christianittern auch gutmütig ins Trockene geschafft.

Vor allem die Aktivisten-Gruppe, der es um den modellhaften Aufbau einer selbstbestimmten Gegengesellschaft ging, verstrickte sich immer mehr in die nervenzehrende Sozialarbeit. «Wir wurden zum Reparaturbetrieb für die von der Großstadt und den Ausbeutungsverhältnissen ringsum kaputtgemachten Typen», erinnert sich ein Lehrer, der damals, wie viele seiner Freunde, voll Idealismus in die Helferrolle geschlüpft war. «Manchmal machten wir abwechselnd rund um die Uhr Sozialhilfe, vor allem für ausgestiegene Fixer.» Nach zwei Jahren, Mitte 1976, wanderte er wieder aus – verbraucht, ausgelaugt, resigniert.

Die vermutlich wirksamste Schutzmacht gegen die Stadtbehörden formierte sich außerhalb des Freistaats – nämlich der 1972 von den älteren Christianittern ins Leben gerufene Förderverein «Støt Christiania», ein Club einflußreicher Leute, wie etwa der bekannte Stadtplaner Steen Eiler Rasmussen, der frühere Universitätsrektor Thor A. Bak und der Leiter der Technischen Hochschule, Niels Meyer; aber auch Lise Østergaard, die unter Regierungschef Jørgensen zeitweise als Entwicklungshilfeministerin amtierte, und der Leiter der Kunstakademie, Palle Schmidt, sowie zahlreiche Leute aus der linken Schickeria.

Unter dem massiven Druck dieser Prominentenriege war es zu Verhandlungen zwischen Staatsvertretern und den von der Vollversammlung nominierten Freistaat-Unterhändlern gekommen. Ende Mai 1972 war sogar ein Abkommen geschlossen worden (ein Alt-Christianitter: «unser Staatsvertrag»). Darin verpflichteten sich die Freistaatler, eine eigene Feuerwehr und die Müllabfuhr zu organisieren, eine eigene Registrierung der Bewohner vorzunehmen, bei der Betreuung schwerer Sozialfälle mit dem Fürsorgeamt zusammenzuarbeiten und einige Gebäude, die aus feuerpolizeilichen Gründen unbewohnbar waren, zum Abriß freizugeben. Im Gegenzug sollten die polizeilichen Personenkontrollen eingestellt, die Reparatur einiger Gebäude, sogar die Mitfinanzierung von sozialen Versuchseinrichtungen (wie: Schulunterricht) veranlaßt werden.

Erleichterung, «ein Gefühl der Sicherheit» (Heiner Gringmuth) machte sich breit, als die Regierung Jørgensen im März 1973 Christiania offiziell als «Sozialexperiment» anerkannte. Bis 1976 sei für die endgültige Nutzung des Geländes ein Ideenwettbewerb durchzuführen und ein konkretes Projekt auszuarbeiten, hieß es weiter; dann erst sei das Gelände zu räumen.

Ihre Begeisterung, daß Christiania nun wenigstens bis 1976 gesichert schien, setzten die Freistaatler in ein Freuden-Sommerfest für alle Kopenhagener um: Jeder sollte sich den angeblichen «Saustall des menschlichen Abschaums», «Europas übelste Lasterhöhle», diese «Sozial-Kloake», die «Freistatt der Trinker und Penner» (Zuschriften an Kopenhagens Tageszeitungen) mit eigenen Augen ansehen. Rund 30000 Leute taten es. In der Folge verbesserte sich die negative Einstellung der Öffentlichkeit zusehends. Das liberale Blatt *Politiken* berichtete laufend über alternative Veranstaltungen in Christiania, dessen Rock- und Jazzkonzerte bald weit über Kopenhagen hinaus zum Geheimtip wurden, ebenso Christianias Theatergruppe «Solvogn» (Sonnenwagen).

Im Stadtdorf wurde überall projektiert, gewerkelt, installiert. In einem vollständig umgebauten Haus entstand ein Kindergarten. Im Zentrum des Areals wurde ein schönes Badehaus mit Duschräumen und großer Sauna eingerichtet (Eintritt zuerst drei, inzwischen fünf Kronen), daneben ein «Gesundheitshaus» mit Behandlungszimmer. Eine der großen Reithallen diente als Materiallager. Die andere wurde zur Theater- und Musikhalle umgebaut, in der schon mal 2000 Leute Platz fanden. Ein mehrgeschossiges, riesiges Gebäude wurde «Friedensarche» genannt und für kleinere Konzerte und Darbietungen hergerichtet. Im langgestreckten Bau an der Gebietsgrenze im Westen entstand der «Loppen», ein Rockmusikladen zum Klönen und Schwofen, daneben eine große Galerie für die Selbstdarstellung in Wort und Bild. Ein anderes Haus wurde als Kommunikationszentrum eingerichtet: Ein Radiosender wurde installiert, ein Tüftler begann, die Gebäude via Kabelleitungen an das Zentrum anzuschließen und ein Kabel-Radio «Freies Christiania» zu installieren (es wurde nach zwei Jahren wieder aufgegeben). Zwei Häuser weiter wurden Ateliers, ein Café und das Kino eingerichtet: Die Hausbesetzer-Siedlung wandelte sich zur dörflichen Gemeinschaft mit eigener Infrastruktur und selbstbezogener Kommunikation. Auch eine eigene Zeitung gab es: der *Wortklauber*, ein Informations- und Kommentarblatt, das erst 14tägig, dann wöchentlich erschien.

In jenen Jahren waren zahlreiche junge Aussteiger aus ganz Nordeuropa nach Christiania gekommen – nicht so sehr wegen des kostenlosen Wohnraums, sondern weil sie in dieser Gesellschaft ein ganzheitliches Lebensgefühl entfalten, also auch, wenn schon, möglichst selbstbestimmt arbeiten wollten.

So entstanden als erstes die Handwerker- und Dienstleistungsbetriebe. Neben den Cafés und Kneipen mit Küchenbetrieb richteten mehrere Frauen eine Nähstube ein. Zwei junge Burschen und eine Frau eröffneten eine Bäckerei, eine andere Gruppe den Lebensmittelladen, der die ganze

Woche, täglich während zwölf Stunden, geöffnet ist. Bald entstand ein zweiter Laden speziell für Gemüse.

Doch die großen Entdeckungen galten dem Handwerk: Frauen begannen als Kerzengießer, Tischler und Weberinnen. Ein Pärchen eröffnete eine Silberschmiede. Eine Vierergruppe richtete eine Druckerei ein, bei der auch der *Wortklauber* hergestellt wurde. Eine große Schreinerei wurde installiert, daneben eine Schmiede.

Die meisten der Alternativunternehmer zogen freilich ihren Betrieb nach alter Väter Sitte in eigener Regie und auf eigene Rechnung auf. Nur wenige Christianitter versuchten, ein kommunitäres Kollektivsystem nach den Grundsätzen «Die Produktionsmittel gehören den Produzenten» und «gleicher Lohn für gleiche Arbeit» aufzubauen.

Nach diesem Prinzip arbeitete von Anfang an die Schmiede – und ist bis heute der zweifellos erfolgreichste Betrieb des Freistaats. Die vier Kollektivisten stellen vor allem schmiedeeiserne Öfen und einen Fahrradanhänger eigener Bauart her, der als Produkt der «Christiania Smedien» in Dänemark bekannt geworden ist. Den etwa 1100 Kronen teuren Anhänger sägen, schweißen und montieren die Schmiede inzwischen seriell, also auch arbeitsteilig, zusammen, weil anders der Verkaufspreis – und in der Folge der Absatz – nicht gehalten werden könne (bis zum Sommer 1981 wurden 2500 Karren verkauft). So sei denn die Arbeitsteilung «ein Kompromiß, den wir eingehen müssen, wenn wir den Laden anständig durchbringen wollen», gestand ein Werker im Sommer 1981. «Wir leben halt mitten in der Industriegesellschaft und müssen konkurrenzfähig sein.» Die vier Handwerker haben sich eine auf vier Arbeitstage verteilte 35-Stunden-Woche verpaßt; jeder hat fünf Wochen Urlaub. Den Monatslohn zahlen sie sich entsprechend dem Umsatz aus, im Durchschnitt knapp 1200 Kronen im Monat (derzeit rund 400 Mark). «Hier in Christiania hast du es ja nicht nötig, die teuren Freizeitschuppen zu besuchen wie die Jungens in der Stadt. Du brauchst nur wenig Geld für Strom und Wasser, fast nichts für die Kleider und nur wenig fürs

Essen.» Einer der Handwerker, ein Junggeselle, erklärt: «Du glaubst es nicht, aber ich spare pro Monat an die 400 Kronen für meine Urlaubsreise.»

Der Schmiedebetrieb ist freilich nicht typisch, eher eine Ausnahme. Vor allem: Er ist fest in der Hand der älteren Christianitter, Teenager arbeiten dort nur mal aushilfsweise, Lehrplätze gibt es keine. Nun hatten aber gerade die älteren Christianitter damals beim Aufbau der Betriebe möglichst viele Arbeitsplätze schaffen wollen. Erklärtes Ziel war ja, den Freistaat auch ökonomisch autonom zu machen. So fand zum Beispiel die Krämerladengruppe heraus, daß ihr Umsatz groß genug sei, um zehn bis 15 Leuten das Existenzminimum zu sichern. Die tägliche Arbeit wurde in zwei Sechs-Stunden-Schichten für je zwei bis drei Leute eingeteilt. Trotzdem arbeiteten 1975 von den damals über 700 Einwohnern erst rund 200 in Christiania (1981 waren es etwa 250). Weitere 150 Leute waren Pendler mit einem Arbeitsplatz in der Stadt (Lehrer, Sozialarbeiter, Lehrlinge), einige wenige gingen zur Uni oder Kunsthochschule. Etwa 50 Jugendliche unter 20 Jahren waren ohne regelmäßige Tätigkeit, weitere 50 hatten sich als Haschischhändler etabliert. Der Rest lebte als Sozialrentner von der Arbeitslosen- und Fürsorgekasse.

Mitte der siebziger Jahre stand die Existenz des Freistaats wieder auf der Kippe. In der Folge eines vom Kopenhagener Bürgermeister gestellten Ultimatums, Christiania wegen Baufälligkeit der Häuser nun endlich zwangsräumen zu lassen, beschloß das Parlament, den Freistaat bis zum 1. April 1976 aufzulösen. Plötzlich häuften sich wieder die Polizeieinsätze. Allein zwischen Mitte September und Mitte November 1975 führte die sogenannte «Unruhe-Polizei» zehn Razzien durch; mal preschten die Polizisten im Konvoi auf ihren schweren Motorrädern mit überhöhter Geschwindigkeit durch das verkehrsfreie Gebiet und gefährdeten spielende Kinder, mal wurden die Brücken zum Christiania-Gebiet abgesperrt und sämtliche Passanten bis hin zur Leibesvisitation kontrolliert. Hausdurchsuchungen waren an der Tagesordnung. In der Presse war bereits von «Polizeiübungen» für den Tag der Räumung die Rede.

Die Spannung stieg. Im November 1975 kam es bei einer Polizeirazzia im Christiania-Teehaus zur Straßenschlacht: 60 mit Helmen und Schlagstöcken bewehrte Polizisten prügelten sich mit 200 Christianittern, die zu Steinen griffen und Polizeifahrzeuge demolierten. Im Dezember 1975 bewilligte der Finanzausschuß des Parlaments knapp drei Millionen Kronen für den Abriß sämtlicher Liegenschaften.

Ein Bürgerkrieg zwischen den inzwischen über tausend Christianittern und den mindestens 10000 Sympathisanten im ganzen Land auf der einen und einigen tausend Bereitschaftspolizisten auf der anderen Seite schien unvermeidlich. Bereits kündigten die Freistaatler an, im Fall der Zwangsräumung würden sich staffelweise tausend Leute auf das Rollfeld des Kopenhagener Flughafens legen und den gesamten Flugbetrieb blockieren; wenn man sie wegschleifen und festnehmen würde, kämen die nächsten tausend, dann weitere tausend und so weiter. Niemand zweifelte daran, daß die Christianitter dies auch tun würden. Denn jedesmal, wenn die Aussteigersiedlung unter Druck stand, schmolz die sonst heterogene, unter sich uneinige Einwohnerschaft zur schlagkräftigen Gemeinschaft zusammen.

Es kam nicht ganz so weit. Denn inzwischen hatte der Förderverein «Støt Christiania» Ole Krarup, Rechtsprofessor in Kopenhagen, mobilisiert. Dieser reichte gegen den Räumungsbeschluß Klage ein. Begründung: Der Planungswettbewerb sei nie durchgeführt, die Zweckbestimmung des Gebiets nicht festgelegt worden. Der Einspruch hatte zwar keinen Erfolg, doch er bescherte den Freistaatlern einen Aufschub. Und während dieser Zeit fand bei den Staatsministern ein sachter Meinungswandel statt. Eine Arbeitsgruppe am Planungsinstitut der Dänischen Technischen Hochschule unter der Leitung des Sozialökonomen Erik Kaufmann hatte zuvor eine Cost/Benefit-Analyse Christianias unter der Fragestellung «Fortbestehen oder Abriß» veröffentlicht. Die Studie kam zum Ergebnis, daß die Stadt Kopenhagen nach einer Räumung des Geländes knapp 30 Millionen Kronen, der Staat weitere 19 Millionen mehr ausgeben müßte als für die Instandhaltung der Gebäude. Grund: An die 200 Bewohner Christianias müßten in Anstalten, Resozialisierungszentren, Jugendheimen und Kliniken untergebracht oder ambulant von Sozialhelfern betreut werden – eine Arbeit, die von den übrigen rund 650 Freistaat-Bewohnern gleichsam beiläufig und unentgeltlich geleistet werde.

So setzte sich in den Ministerien die Überzeugung durch, daß der Fortbestand Christianias weniger Ärger und weit weniger Kosten bringe als die Zwangsräumung. Schließlich spendierte die Regierung Jørgensen zwischen 1977 und 1980 mehr als sieben Millionen Kronen für die feuerpolizeilich notwendigen Umbauten (brandsichere Träger, Notausgänge, Fluchtfenster). Ende 1980 wurde schließlich das renommierte Architektur- und Planungsbüro Møller und Grønborg in Frederiksdal mit der Ausarbeitung eines neuen Quartierplans betraut – mit der Auflage, die Wünsche der Christianitter zu berücksichtigen.

Im ersten Halbjahr 1981 fanden auch Besprechungen zwischen den Planern und Vertretern der Freistaatler statt, mit dem Ergebnis, daß die selbstversorgerische Struktur der Gegengesellschaft erhalten, wenn nicht gestärkt werden solle. So hatte denn auch keiner der von mir befragten Christianitter im Sommer 1981 akute Ängste vor einer Zwangsräumung. Wenn schon, dann bestehen Ängste und Sorgen aus ganz anderen, inzwischen bedrohlicheren Gründen: Der Freistaat läuft Gefahr, sich selbst zu ruinieren, weil er mit den weiter anwachsenden sozialen Problemen nicht fertig wird.

Schon im Verlauf des Jahres 1976, als der Druck von außen nachgelassen hatte, brachen die inneren Gegensätze erst richtig auf. Junge Neuzuzügler begannen über die Machthabe der rund hundert älteren Aktivisten zu meckern. Diese hatten sich zuvor in blindem Idealismus Tag um Tag «für

Christiania geopfert», wie sie sagten. Nun, da sie von den Teens statt Dank eher Kritik ernteten, zogen sie sich beleidigt zurück. Sie waren ohnehin über die gelangweilt herumhängenden, zu Selbstmitleid neigenden Jungen enttäuscht. Einige von ihnen wanderten schließlich aus, so auch Per «Løvetand» Iversen mit Frau und Kind, der auf dem Land eine neue Kommune gründete. Gegen Ende der siebziger Jahre versanken die Zurückgebliebenen zusehends in Apathie. Das Wochenblatt *Wortklauber* ging ein, die Vollversammlungen wurden seltener, die Zahlungsmoral der Bewohner, ohnehin schon mies genug, sank weiter ab. Zentrale Dienstleistungen wie die Kleinkinderbetreuung mußten wieder abgebaut werden, unbezahlte Rechnungen für Strom und Wasser türmten sich zu Hunderttausenden Kronen.

Und dann machte sich auch in Christiania die schleichende Wirtschaftskrise bemerkbar, in die Dänemark abgerutscht war. Die Jugendarbeitslosigkeit, zur Zeit der Gründung des Freistaats noch unter fünf Prozent, kletterte bis 1979 auf mehr als elf Prozent. Im gleichen Zeitraum stieg in Kopenhagen die Drogenabhängigkeit und in der Folge auch die Jugendkriminalität sprunghaft an. Verzweifelte Teens, die bereits auf die schiefe Bahn geraten waren, setzten sich ab in Richtung Christiania: «Der Freistaat ist eine Art Hohlspiegel, der die sozialen Probleme der Stadt ringsum bündelt», sagt der Kriminologe Flemming Balvig vom Kriminologischen Institut der Universität, «und heute sind die Probleme weit brennender denn je.»

Die Erklärung mag zutreffen – helfen tut sie nicht. Denn die Neuzugänge der vergangenen Jahre kamen nicht, um alternative Lebensformen, um Autonomie und Sinnlichkeit (statt immer nur in Worten) nun endlich auch praktisch auszuleben; die meisten kamen, weil sie dort eine Tunix-Nische suchten. Der ernsthafte Aufbau zukunftsorientierter Alternativen erschien ihnen zu strapaziös, die «Aktivisten» waren ihnen zu altklug, der gegengesellschaftliche Anspruch zu verpflichtend, das soziale Klima zu moralisch.

So drehen sich Christianias Schwierigkeiten vornehmlich um das Verhältnis zwischen den zwei Aussteigergenerationen: Die Gegengesellschaft hat ihr eigenes Jugendproblem, weil sich die jugendlichen Verweigerer der achtziger Jahre auch gegenüber dem alternativen Sozialgefüge des Freistaats verweigern. Ihnen genügt die Gruppensolidarität der Gleichaltrigen. So besitzt Christianias Gegenkultur inzwischen eine eigene, negative Subkultur – sozusagen die Negation des alternativen Lebens.

Das hängt sicherlich damit zusammen, daß die seit 1977 eingewanderten Teens eine in den bürgerlichen Bahnen schon gescheiterte Karriere hinter sich und so gut wie nichts mehr vor sich zu haben meinen: keine Lehrstelle, kein Schul- oder Hochschulabschluß, meist Krach mit den Eltern, Schwierigkeiten mit der Polizei. Sie haben nicht die Kraft, ihre den Frust kompensierende Konsumhaltung aufzugeben und sich für die neue Gemeinschaft zu engagieren.

Diesen Jugendlichen fehlt freilich nicht nur «power», wie sie es nennen, ihnen geht auch jene befreiende Phantasie ab, die sonst Merkmal für Europas Jugendbewegungen ist: sie finden nicht den «drive», nicht die «echten feelings», auf denen dann ganzheitliche Gegenwelten, und seien sie noch so realitätsfern, entstehen. Ihr Ausweg: Alkohol und Haschisch, von morgens um zehn bis nachts um zwölf.

Gegenüber dieser wachsenden Schar der Ausgeflippten empfinden die alteingesessenen Christianitter wohl halbherziges Mitleid, häufiger jedoch Verdruß. Vor allem die verbliebenen rund 80 prinzipientreuen alternativen Müsli-Esser betrachten «ihr» Christiania als eine Art Stadtoase für das echte Leben – doch im übrigen sind die selber bürgerlich, mithin besitzorientiert. Sie bestrafen gleichsam die gammelnden Teens mit demonstrativer Nichtbeachtung, hin und wieder mit moralischen Ermahnungen – fast ganz ohne Erfolg. «An den Haus- und Wohnungstüren dieser Leute hängen die größten Sicherheitsschlösser», sagt ein verhaschter Teenager in Rockermontur, «und ihre Fahrräder haben die dicksten Eisenketten.»

Die übrigen, am «Sozialexperiment Christiania» interessierten alteingesessenen Aktivisten – noch rund 50 Leute über 30 – haben sich zurückgezogen und leben im Nordosten des Freistaats. Sie kümmern sich zwar noch um die wichtigsten öffentlichen Aufgaben, rufen Gebietsversammlungen ein und stellen auch fast ausnahmslos die als Geldeintreiber tätigen Kassierer. Doch über den Aufbau der neuen Gegengesellschaft mit kommunitärer Sozialstruktur reden sie nicht mehr.

Die Alternativ-Freaks, die im Urlaub Europas Aussteigerszene per Autostopp abklappern und ihren Skandinavientrip in Kopenhagen unterbrechen, um für ein paar Wochen in Christiania zu logieren, sind denn auch erschüttert vom äußeren Alltagsbild des Freistaats: Da hocken sie, kaum einer ist älter als Mitte 20, randvoll und verladen am Wegrand. Gleich hinter dem Eingangstor stehen gegen zehn junge Grönländer herum, ein leeres Grinsen im Gesicht, und strecken dem Ankömmling mieses marokkanisches Haschisch entgegen, rufen in gebrochenem Englisch: «You wants?» Pro Gramm nehmen sie umgerechnet rund zwölf Mark – ein Luxuspreis für schlechte Ware, der sogar über dem der Hamburger Szene liegt, wo das preistreibende Risiko, geschnappt zu werden, erheblich höher ist.

Mehr als 200 Jugendliche leben inzwischen vom Rauschmittelverkauf. Ihre Kunden sind neben den Christianittern meist Gleichaltrige, vor allem junge Kopenhagener aus gehobenen Kreisen, die mal schnell per Taxi runter zum Freistaat kommen, um für ihre Partygäste ein paar Gramm zu besorgen: «Wir versorgen ganz Kopenhagen», sagt mir ein kleiner Grönländer in der Proletenkneipe «Fenix» (Phönix), «pro Tag verkaufen wir rund zehn Kilo Stoff.»

Während neben mir ein knapp zwölfjähriger Junge mit Wuschelkopf bedächtig an einer Haschpfeife zieht, rechne ich den Umsatz aus: Über 300000 Kronen, also 100000 Mark pro Tag; bei 200 Händlern sind das gegen 500 Mark pro Kopf. Die Gewinnspanne? Der kleine Grönländer kneift die Augen zu. Mehr als 30 Prozent? «Je nachdem», sagt er und meint die Qualität der Ware sowie das Herkunftsland. Jedenfalls bleiben etwa 300 Kronen (100 Mark) hängen, genug, um zwei Freunde, vielleicht auch die Freundin, durchzufüttern, den Eigenbedarf mitgerechnet. Und der ist nicht knapp. Von den 30 Leuten, die da am späten Nachmittag im «Fenix» an den Tischen hocken, sind gegen 20 angeturnt, einige von ihnen auch noch besoffen.

«Wir müssen den Haschhandel in den Griff kriegen», sagt der blonde Jörn in die schweigende Runde Erwachsener, die vor seinem Holzhaus in der Abendsonne sitzt, «vor zwei Jahren haben wir hier ja auch den Krieg gegen die harten Drogen gewonnen.» Tatsächlich war es engagierten Aktivisten unter den Christianittern im Winter 1979/80 gelungen, die Neuchristianitter für eine Kampagne gegen Heroin zu mobilisieren. Denn damals waren auch noch die Heroinhändler im Freistaat aufgetaucht, und in der Folge stieg die Zahl der Fixer sprunghaft an. Nach mehreren Monaten und mühevoller Arbeit – Jörn: «Wir hockten bei den Fixern Tag und Nacht auf der Treppe, um sie zu bewachen» – war es geschafft: Die Gegend war wieder clean. «Wir haben eine Reihe Heroinhändler aus Christiania ausgewiesen», berichtet das blonde Mädchen neben Jörn. Sie meint damit: als alles nichts mehr half, mußten die Dealer mit Gewalt rausgeschmissen werden.

«Aber ihr seid doch für die Freigabe von Haschisch», entgegnet Klaus aus Darmstadt. «Schon», meint das blonde Mädchen, «aber nicht so, daß Christiania ganz Dänemark versorgen muß.» Ihr Vorschlag: den Haschhandel auf den für den Eigenbedarf Christianias notwendigen Umfang schrumpfen zu lassen, also auf etwa ein Viertel des heutigen Volumens. Dies aber würde die Existenz von mindestens 150 Christianittern mitsamt Anhang gefährden. «Ihr bringt doch einen solchen Beschluß niemals bei den Gebietsversammlungen durch», meint Klaus. Der Vollbärtige mit Hornbrille, wie Jörn einer der alten «Aktivisten» im Freistaat, runzelt die Stirn. «Wenn es ums Überleben ging, wurden eigentlich immer vernünftige Beschlüsse gefaßt und auch durchgeführt. In Notzeiten ist der Konsens auch zwischen den Generationen da.» Einige nicken zustimmend. «Sind es heute keine Notzeiten?» will Klaus wissen. Jörn und zwei andere schütteln den Kopf: «Noch nicht»; die anderen zucken mit den Achseln.

Eine halbe Stunde später: Das Gespräch kreist um die Frage, ob sich die engagierten Christianitter für den Fortbestand der Gemeinschaft nicht doch selber ausbeuten. «Das schlimmste für mich ist», sagt nun der Rotblonde, «daß hier nichts Neues mehr kommt. Seit Jahren kauen wir an den gleichen Problemen, aber keine echte Lösung ist in Sicht.» Vor allem, daß keine Kontrolle über die Zuzügler und die Wohnungsweitergabe mehr bestehe, hält er für das Grundübel. «Du willst im Grunde eine Aussteigerelite», winkt Jörn ab. Doch nach einigen Minuten, es ist inzwischen dunkel geworden, und einige Talglichter flackern vor uns im Nachtwind, gesteht auch der 37jährige Jörn ein: «Weißt du, so nach acht oder neun Jahren, glaub ich, hat jeder mal genug von diesem Stress hier. Nächsten Sommer will ich weg und woanders was Neues beginnen.» Was, das möchte er heute noch nicht wissen.

9

Jörg R. Mettke

Selbstbespiegelungen

Über die Gegenöffentlichkeit der alternativen Presse

Bläuliches Pflaster bis an den Horizont gedehnt, ganz vorn ein kantiger Stein herausgerissen, der einlädt zum Stolpern wie zum Schmeißen, daneben ein verwehtes Blatt Papier, leer, ohne politische Parole – Titelblatt von *Traumstadt* Nummer fünf, einer Zeitschrift im DIN-A4-Format aus West-Berlin. Das Cover ist, mindestens für Eingeweihte, Signal und Programm zugleich: «Unterm Pflaster liegt der Strand» – mit dieser halb träumerhaften, halb trotzigen Formel beschreibt die buntgemischte Jugendbewegung mitten unter den Westdeutschen ihre Visionen von besserer, grüner Zukunft.

Damit zugleich erzeuge sie, so zürnte einst West-Berlins kaputter Bürgermeister Dietrich Stobbe, «eine Freude am Kaputten». Doch diese Kritik beschreibt nur die halbe Wahrheit – die eines Geschäftsführers der maroden Unternehmung Großstadt. Denn die Lust auf Destruktion ist allenfalls die publizistische Bedeckung ihres Gegenteils: einer breiten Jugendsehnsucht nach Heilem, Unversehrtem. Und die ist längst keine West-Berliner Spezialität: *Pflasterstrand* heißt, ebensowenig zufällig, in der Zwillingshauptstadt der Bewegung die «Stadtzeitung für Frankfurt», für die schon im fünften Jahr der Apo-Veteran Daniel Cohn-Bendit, 36, verantwortlich zeichnet.

2500 Exemplare von jeder Nummer läßt das neunköpfige *Traumstadt*-Kollektiv drucken. Da ihm Aktualität fernliegt, nicht mal im Traum beabsichtigt ist, gilbt in linken Buchläden und Szene-Kneipen häufig die neue neben unterschiedlich alten Ausgaben. Von Zeit zu Zeit findet auch leicht Angestaubtes durchaus noch Käufer. Denn wer die zwei Mark für *Traumstadt* ausgibt, läßt sich nicht nur auf Lektüre ein, sondern zugleich auf das Lebens- und Zeitgefühl dieser in den Nischen der erodierenden Leistungs- und Wegwerfgesellschaft nistenden Minderheit, die «alternativ» genannt wird oder «subkulturell», meistens so tut und es manchmal ist. Eine Ahnung davon vermittelt der regelmäßige Zusatz zum *Traumstadt*-Impressum:

«Wann's die nächste Traumstadt gibt?
Legt Euch erst einmal zurück!!
Schließet Eure Augen zu
und fallt erquickt in tiefe Ruh.
Laßt eine Woche erst vergehn,
dann 2, dann 3, dann 6, dann 10.
Erscheint Euch dann in Eurem Traum
ein neues Heft, so war's nur Schaum.
So bleibt ein wenig länger liegen,
laßt Monate vorbei noch fliegen,
und macht ihr dann die Augen auf,
gibt's Traumstadt 8 zum Verkauf.»

Der Selbstdarstellungsdrang der Bewegung und ihrer Schrift-Führer ist immens und, anders als in der Vorgänger-Generation, die mit asketischer Strenge Paper auf Paper erarbeitete, fast immer lustbetont. Die spielerische Lockerheit der frühen Apo-Jahre, die Nonsens-Kultur der ersten Berliner Studenten-Kommunen, die aktionistische Clownerie als politische Brechstange und die dafür beispielhafte Biographie Fritz Teufels zwischen Knast und «Spaßgerillja» – das sind den Bewegten von heute, auch und gerade den Szene-Publizisten, direkte Anknüpfungspunkte. Die Jahre dazwischen dagegen, die von politischer Fraktionierung, revolutionaristischen Parteigründungen und Abschottung in hermetischen Zirkeln gekennzeichneten siebziger, sind bereits zum vagen Schreckbild verblaßt, allein dazu da, jeden zentristischen Organisationsansatz selbst da, wo er in seiner Zielorientierung sinnvoll ist, für einen schändlichen Rückfall zu halten. Das eigentümliche Jugend-Gefühl, daß es für die eigene Geschichte nichts Vergleichbares in der Vergangenheit gebe, führt zu immer neuen mit dem Gestus unbedingter Originalität vorgetragenen Wiederholungen. Karl Marx' Einleitungswort zum «18ten Brumaire des Louis Napoleon» könnte sich womöglich später leicht auch gegenwärtigem Aufbegehren voranstellen lassen: «Hegel bemerkt irgendwo, daß alle großen weltgeschichtlichen Tatsachen und Personen sich sozusagen zweimal ereignen. Er hat vergessen hinzuzufügen: das eine Mal als Tragödie, das andere Mal als Farce.» Marx wiederum wäre hinzuzufügen, daß dies auch für kleinere Tatsachen und Personen Geltung hat, unbeschadet der Tendenz, für sich allemal das Original der Tragödie und niemals die komische Kopie zu reklamieren.

Entstehung wie auch das Vergehen vieler alternativer Blätter, mindestens soweit sie von der vielberufenen Basis kommen, erinnern in ihren vielfältigen Perioden an die Gesetzmäßigkeiten der Botanik. Daß – historisch – unsere gedruckten Medien aus der Flugblattpresse des 17. und 18. Jahrhunderts entstanden sind, ist bekannt und verbürgt; daß sie es noch immerzu tun und daß dieser Entwicklungsprozeß durch die billigen und leicht verfügbaren Vervielfältigungstechniken einerseits eine ungeheure Beschleunigung, andererseits aber auch eine gewisse Umkehrung erfahren hat, ist dagegen weithin unreflektiert geblieben: Das Flugblatt, noch vor fünfzig Jahren allenfalls Organisationen, Verbänden und Parteien erschwinglich, ist zu jedermanns Stimme geworden. Druck- und Kopienläden bieten sich in beinahe jedem Viertel der größeren Städte als Verstärker der Papierflut an. Und der Umschlag in die neue Qualität und Kontinuität der Zeitung ist dann meist nur noch eine Frage von Zeit und Finanzierbarkeit – seltener auch des Bedarfs, denn nicht wenige Produkte der Gegen- oder Alternativ-Presse (die in Frankreich bezeichnenderweise «presse parallèle» heißt) werden, wie noch zu zeigen sein wird, vorrangig des offensichtlichen Lustgewinns wegen erzeugt.

Das Editorial einer solchen Publikation tat unter der

Überschrift «Warum die (Berlin-Kreuzberger) *Instandbesetzer-Post*?» Unmut kund:

> «Kommste in eine Kneipe rein, schwappt dir die Flut von Flugblättern entgegen. Die Wände mit Plakaten und Wandzeitungen bepflastert. Kleine Blättchen, meist lieblos unübersichtlich gemacht, schwirren durch die Gegend. Was für 'ne Energie geht bei diesem Treiben drauf! Rennen die Leute ständig alle selbst los, ihre Infos loszuwerden. Und erreichen kaum wen, weil's alles zuviel ist. Wenn du von so 'ner Sause nach Hause kommst und alle die Blätter sammeln würdest, hättste glatt 'ne Zeitung zusammen, mindestens 20 Blatt die Woche!»

Für das Jahr 1980 nennt das «riesengroße Verzeichnis aller Alternativ-Zeitungen», gemeinsam herausgegeben von einer Bonner «Studiengruppe Partizipationsforschung» und dem Frankfurter «Informationsdienst zur Verbreitung unterbliebener Nachrichten» (ID) allein 87 Titel von Zeitschriften, die ähnlich unregelmäßig auftauchen wie *Traumstadt*. Zusammen bringt es diese sonst kaum berechenbare Hin-und-Wieder-Presse auf eine Auflage von knapp 180000 Exemplaren. Doch bereits jedes zweite Alternativ-Blatt legt Wert auf halbwegs regelmäßiges Erscheinen – vierzehntäglich wie der Frankfurter *Pflasterstrand* (Auflage: 8500), monatlich wie Hannovers *Schädelspalter* (23000) oder Nürnbergs *Plärrer* (10000) oder gar täglich wie *taz*, die seit fast zwei Jahren bundesweit vertriebene *Tageszeitung* (30000) aus Berlin. Monatlich addiert sich die Gesamtauflage alternativer Periodika zu mehr als 1,6 Millionen Exemplaren, die über Buchhandlungen, Kioske, Abonnements und im sogenannten «Handverkauf» an die Leser gebracht werden und in die sich rund 170 grundverschiedene Blätter teilen – von den auflagenstarken Frauenzeitschriften *Emma* (130000) und *Courage* (70000) bis herunter zum Gießener *Elefantenklo* (1100, vierzehntäglich), dem Mönchengladbacher *Lott Jonn* (1400) und dem Weilheimer *Regenbogen* (600).

Was die Szene-Selbstkontrolle im lokalen Bereich als «alternativ» gelten läßt, bringt es monatlich immerhin noch auf eine Gesamt-Druckauflage von rund 550000 Exemplaren, wovon ungefähr 400000 verkauft werden. Bei nur zwei Lesern pro Blatt macht das eine Gemeinde von immerhin 800000 Menschen aus, vornehmlich Jugendliche und junge Erwachsene unter 30.

Von den 391 im ID-Verzeichnis notierten Alternativ-Blättern, so gestehen die Enzyklopädisten, «wissen wir bei ungefähr der Hälfte, daß es sie noch gibt». Bei denen steht ein hoffnungsvolles «erscheint» vermerkt; die anderen knapp 200 sind als «unsicher» markiert. Und manch anderes Produkt publizistischer Selbstverwirklichung wiederum, das gern dem Hauptkriterium für einen Listenplatz («geeignet für die Verbreitung von Informationen, die sich in den bürgerlichen Medien nicht finden») genügen möchte, ist noch gar nicht aufgeführt.

Zum Beispiel *Akut und Praktisch*, eine vulgär-anarchistische Flugschrift aus West-Berlin und auch nur dort, je nach Laune ihrer zumeist jugendlichen Hersteller, manchmal für 50 Pfennig zu haben. Das Blatt verlängert in der halben Stadt eine konspirative Traditionslinie bis in die Gegenwart, die von der zu SDS-Zeiten hastig und genial zusammengeleimten *883* bis zum *BUG-Info* reicht, Mitte der siebziger Jahre Leibblatt der mit dem Terror mehr oder minder klammheimlich liebäugelnden Undogmatischen. Grundsätzlich gelangt *Akut und Praktisch* ohne Orts- und Zeitangabe zu seinen Sympathisanten. Den gesetzlichen Publikationsauflagen genügt es nur dem Anschein nach, ironisch-vage: «Impressum: gibts nich – Verantwortlich sind wir alle – Druck: na ja ... – Fortsetzung hoffentlich bald». Mit aufmerksamen Lesern bei politischer Polizei und Staatsanwaltschaft dürfen seine Herausgeber so allemal rechnen – ob sie nun, wie neulich, ihren Kreuzberger Volkskorrespondenten sein «geiles feeling» am Kottbusser Tor beschreiben lassen, als die Scheiben von «Supermärkten, Banken und anderen Schweineläden» zu Bruch und die «pigs» in Deckung gingen. Oder ob sie, immer mal wieder, den «Karriere-Linken» von Anno '68 verbalen Dampf machen, weil die sich vor direkten Aktionen verdünnt und statt dessen aufs Nachlesen im linken Blättchen verlegt haben.

Die Kreuzberger *Instandbesetzer-Post* (Auflage: 3000) versteht sich ebenfalls als ein im Kampf befindliches Kommunikationsorgan, und solange geprügelt, wenn auch noch nicht geschossen wird, gelten die konspirativen Regeln der Kriegspublizistik: «Kein Impressum, bevor nicht die Leute aus dem Knast sind», eine ständige Rubrik «Post von der Front» und ein klares Feindbild von den «Bullen», gegen deren «Blitzaktionen» in den Berliner Außenbezirken «die Leute aus dem hohen Norden ... unsere Power brauchen». Den Kampf im eigenen Land, vom «absahnierten» Kiez bis zum «aufgeherrschten» Kernkraftwerk, verdichten auch viele der westdeutschen Alternativ-Zeitungen in einem stereotyp aus Militanz und Erlösungsromantik gemischten Ton. Brokdorf, so dozierte etwa der Essener *Kaktus* («ökologisch, sozial, basisdemokratisch, gewaltfrei») unlängst auf seiner Titelseite, «ist für uns ein Stück Entscheidungsschlacht zwischen der Regierungsmacht und (ihren) gesellschafts- und staatsmüden Gegnern». Was «gesellschaftsmüde» meint und welche verbalen Muntermacher alternative Publizistik dagegen verabreichen kann, steht ein paar Zeilen weiter:

> «Wenn unsere Lebensbedingungen zerstört werden sollen, wenn Menschlichkeit durch Beton, Staatsgewalt und Computer erstickt wird, dann wehren wir uns. Wir wollen nicht zu programmierbaren Menschen gemacht werden, um als Freß-, Arbeits- und Schlafmaschinen dahinzuvegetieren. Wenn unsere Wut auf die alltägliche Scheiße durch Polizeigewalt unterdrückt werden soll, dann meinen wir, es wird Widerstand geben, immer mehr ...!»

Als Autor dieser Kampfansage firmiert die «Essener Initiative gegen Atomanlagen», und die *Kaktus*-Redakteure bekennen in einem Nachsatz, mit «dem Artikel ... unsere Probleme» gehabt zu haben, weil er sich «durch einen besonders harten Ton hervorhebt». Aber Artikel von Initiativen können und wollen die Redakteure «nicht selbst abändern». Was die Bewegung ihnen andient, wird gedruckt: Freilich nicht nur das platte Militanz-Theorem vom groben Keil der Gegengewalt, der auf den herrschenden Block gesetzt gehöre, sondern durchaus auch die Annotation differenzierter Widerstandsstrategien, die jedoch vom mitlesenden Kontrahenten Polizei meist nicht verstanden werden. Wegen eines in der Berliner *Tageszeitung* abgedruckten Wehr-Konzepts beispielsweise ließ die Staatsmacht im März 1981 Hunderte von Polizisten ausrücken, um in Kiosken und Buchläden vor Ort Zensur zu üben. Dabei plädierte der inkriminierte, zwischen Kraftwort und Kalauer alternierende Aufruf eher für spielerische denn gewalttätige Aktionen:

> «Heute soll die Stadt explodieren! ... Macht euch auf den Weg, denn wir haben außer Scheiben noch andere klirrende Stimmen, und die müssen endlich mal Ausgang kriegen. Und davon sollte sich jeder angesprochen fühlen ... Die regierenden Kackvögel, Kaputtsanierer, Geiselnehmer und Knastbaumeister stehen nicht unter Denkmalschutz. Eine Abrißgenehmigung vom Amt für revolutionäre Umtriebe liegt vor. Strengt euren Grips an und entfaltet Phantasie!»

Aktionsbereite Abonnenten, von der Post pünktlich und unzensiert beliefert, mobilisierten ihre «Phantasie» denn auch in eine ganz andere, stillere Richtung als amtlich geargwöhnt: Einige klebten Pflastersteine an die Scheiben mehrerer Banken und ließen das kostbare Glas unbeschädigt – anarchistische Ironie in einer verdrehten Welt, in der große Teile der Jugend vor lauter Polizei und Bürokraten den Staat, ja, die Gesellschaft nicht mehr sehen, und wo, umgekehrt, die Wahrer des gemeinen Wohls in jeder alternativen Schrift gleich die wurfbereite Klamotte wittern.

Dabei ist in dieser neuen Jugendbewegung die allgemeine Sensibilität für die Verhältnismäßigkeit von Gewaltmitteln noch relativ groß und auch weiter verbreitet als etwa auf dem Apo-Gipfel 1968. Wie selbstkritisch diese Zusammenhänge mitunter seziert werden, demonstrierte im Frühsommer 1981 ein *Pflasterstrand*-Autor, als er die Attentatskette Lennon – Reagan – Karry – Johannes Paul und die ihm zugänglichen Reaktionen aus der Subkultur betroffen so kommentierte:

> «Es ist leicht, zum Schluß festzustellen, daß es sich um ein massenpsychologisches Problem handelt, daß eine Industriegesellschaft mit ihren Helden und Mythen förmlich dazu auffordert, spektakuläre Taten zu begehen, um ins Fernsehen zu kommen, daß die alltägliche Verdrängung im Konsum, in der Öde der Familie, des Büros, der Fabrik den Amoklauf zwangsläufig macht. Daß die Gesellschaft in den kleinen Leuchten, die die großen Tiere umlegen, Dampf abläßt. Daß dies logisch ist, braucht mir niemand zu erzählen, aber an einer Logik des Wahnsinns will ich nicht mitbasteln. Wir haben viel damit kokettiert, und zum Schluß packt uns die Ahnung, daß dies auf uns zurückfallen könnte.»

Solch unterschiedliche Positionen zur Gewalt und ihren jeweiligen Begründungszusammenhängen stehen oft so scharf und unvermittelt neben- und gegeneinander, daß auch an diesem Punkt deutlich wird: Nach der Hochkonjunktur für Zentralorgane Mitte der siebziger Jahre kippt das Selbstverständnis eines Teils der Gegen-Presse jetzt ins nicht unsympathische Gegenteil: Die Zeitung als eine Art unzensiertes und mobiles «Schwarzes Brett» von wenigen für alle. Das durchgängige Empfinden der Alternativen, in einem besetzten Land zu leben und innerer Kolonialisierung ausgesetzt zu sein, vermitteln längst auch die Zeitschriften solcher Bürgerinitiativen, die für oder gegen etwas von allenfalls regionaler Bedeutung streiten. So erfährt etwa der Einwohner von Freising oder Erding, wo trotz Anwohner-Protest der neue Münchner Großflughafen entstehen soll, durch den *Moosboten* der vereinigten Bürgerinitiativen postwendend, daß «die Polizei alle Fahrzeuge von Kirchgängern notiert, die sonntags einen Umweltschutzgottesdienst besuchen und für die Erhaltung ihrer Heimat beten».

Worin immer sich die Alternativ-Blätter in Stil, Inhalt, Tendenz und Besitzverhältnissen unterscheiden mögen – allen gemeinsam ist die Ferne vom Staat. Von dem erwarten sie laut einer West-Berliner Häuserinschrift «alles, und zwar subito» – und daher in Wahrheit nichts. Wann immer Bundes- und Landespolitiker aus bürokratischer Distanz zu staatstragenden Monologen anheben, in denen Menschen allenfalls noch als Redefiguren vorkommen, haben die Kulturflüchtlinge längst abgeschaltet. Mit dem schon geflügelten Satz: «Wir sind die Leute, vor denen uns unsere Eltern immer gewarnt haben», beschreibt *Mosquito*, die «Regionalzeitung für die Region Highdelberg», die neue Etappe im Generationenkonflikt. Das Münchner *Blatt* hält den Bruch zwischen seinem Publikum und der Mehrheitsgesellschaft für ähnlich irreparabel: «Die warten nicht, bis wir sie reizen; die reizen wir, weil es uns gibt.»

Ob Regierung, ob Opposition – für die von saarländischen Kriegsdienstgegnern herausgegebene *Stinkbomb* sind alle miteinander eine «große Verarscherkoalition». Und dem in Stuttgart erscheinenden *s'Blättle* fallen zum Gemeinwesen allenfalls noch Nonsens-Sprüche ein, nach Art des vermutlich in Zürich aufgekommenen Refrains: «Macht aus dem Staat – Gurkensalat». Die Obrigkeit, vom Streifenpolizisten bis zum Kanzler, erkennen sie in den Zeichnungen ihres Kult-Karikaturisten Gerhard Seyfried wieder, dessen Milieuskizzen aus der Welt von «Freakadellen und Bulletten» (Seyfried-Buchtitel) die höchste Nachdruckquote in der Alternativpresse erreichen dürften. «Punkforts» Oberbürgermeister Walter Wallmann taucht im Frankfurter *Pflasterstrand* nur selten mit korrektem Vor- und Vaternamen auf; dort kennt man ihn abwechselnd als «Walli», Walter «Lallmann» oder «Lalli Schwallmann». Und wenn das «*Regionalblatt* für Mainz, Wiesbaden & drummerum» den Bundespräsidenten in der Nähe weiß, würdigt es dieses Ereignis so:

> «Bundes-Karl ist wieder auf der Walz. Diesmal in Hessen ... So schrieb Stadtrat Adolf Lupp dem Karlchen einen Brief, in dem er ihn offiziell dazu einlud, durch Frauenstein zu latschen ... Wenn Karlemann kommt, wird er bestimmt einige Mitwanderer haben, die ihm z. B. die Startbahn West, Biblis, die WAA (Atom-Wiederaufbereitungsanlage) usw. vor die Wanderstiefel legen werden.»

Was die anonymen Pamphletisten von *Akut und Praktisch*

in ihrem wie mit dem Beil gehackten Jargon auf die kategorische Formel «Zeitungskonsum ist ungeil» bringen, verrät deshalb mehr als nur die untergründige Sehnsucht nach mehr Putz. Es ist zugleich eine Art indirekte Kurzbeschreibung des Zustandes außerparlamentarischer Opposition, die zwar Springer nicht enteignet, sich dafür aber in knapp einem Jahrzehnt ein relativ dichtes Netzwerk selbstgemachter Medien geschaffen hat – bis hin zu illegalen Sendern wie «Utopia» in West-Berlin und «Radio Pflasterstein» in Göttingen, und getreu dem Motto deutscher Dichter und Bürokraten: Wer schreibt, der bleibt. Bis in die vorletzte Provinzgemeinde reicht die gedruckte Kommunikationskette inzwischen mit Leichtigkeit, von Bad Nenndorf (*Der illustrierte Landbote*) im Norden bis Bad Schussenried (*Schussenblättle*) im Süden. Schülerzeitungen mutieren allerorten unversehens zu Lokalanzeigern, häufig ohne erkennbare Änderung des Niveaus. Kaum eine Minderheit mit emanzipatorischem Flügel, die nicht auf dem Meinungsmarkt mittäte: Schwule und Lesben sind bei der Selbstdarstellung vorneweg mit mehr als einem Dutzend Titeln, aber auch Strafgefangene (*Knastblatt, Kriminaltango*), Unterstützungsempfänger (*Sozialhilfe-Roulette*), Entmündigte im Landeskrankenhaus Schleswig (*Der Ausblick*) und Stadtstreicher in Stuttgart (*Der Berber*).

Doch wo, wie bei der Randgruppen-Mission, der papierne Transmissionsriemen zwischen alter und neuer Apo intakt scheint, kann er über zweierlei nicht hinwegtäuschen: Die politisch anspruchsvollen, theoretisch gediegenen, sprachlich akribischen und formal langweiligen Zeitschriften der 68er kümmern vor sich hin. Sie kämpfen – wie *Das Argument* – permanent ums Überleben oder sind – wie *Der lange Marsch*, in dem bis zuletzt Dutschke und Rabehl regelmäßig schrieben – inzwischen an Auszehrung gestorben. Was floriert ist mit wenigen Ausnahmen die Spontan-Presse jener Generation, deren Angehörige noch «keine zehn» waren, so beschreibt es *Traumstadt*-Lyriker Frank Witzel, «als die Beatles '65 im Zirkus Krone spielten»; und:

«Als 68 in unserer Schule das Rektorat besetzt wurde, rauchten wir im Fahrradkeller. Nie in der Mitte der Bewegung gestanden. Kein Kind von Marx und Coca-Cola. Die Trümmer waren schon weggeräumt. Kaugummi war keine Neuentdeckung ...»

Das Gedicht ist überschrieben: «Liebe futsch, Revolution niedergeschlagen, Ravioli kalt». Und die Leser erkennen sich in solchen Chiffren der Stadtträumer wieder – die gleiche «Sehnsucht nach Solidarität, Wärme und Zärtlichkeit»; Unterschrift: Martha. Es sind die kleinen Schwestern und Brüder der Rektoratsbesetzer von einst, deren kunterbunte, egozentrische Empfindungen heute die Spalten der Alternativpresse füllen. Ihre Lieblingsvokabeln heißen «sich einbringen» und «sich aufmachen», den anderen «an sich heranlassen» und sich «nicht zumachen» – und das alles «irgendwie».

Sie leisten sich gefühlige Gedichte statt mühseliger Theorie. Auschwitz ist ihnen so fern wie Ho-Ho-Ho-Tschi-Minh und Marxengelslenin. Und wenn sie – dies freilich ununterbrochen – ihren Glücksanspruch an Staat und Gesellschaft stellen, machen sie in Sachen historischer Sozialismus Anleihen allenfalls mal bei den freundlich-chaotischen Utopisten oder den chaotisch-freundlichen Anarchisten. Sie glauben nichts und darum fast alles. Was nach Kopf riecht, ist schon halbwegs verdächtig. In Hannover zum Beispiel hieß ein mageres Blatt ein Weilchen *Synthese, Zeitschrift für einen neuen Weg*. Seit November säuselt es als *Gegenwind*; Untertitel: «Das Projekt Hoffnung». Der frühere Name sei «einfach zu trocken und unemotional» gewesen, gestanden die einem spirituellen Zirkel anhängenden Redakteure – und überhaupt:

«*Gegenwind* ist lockerer und hat auch einen tieferen Sinn: eine Gegenkraft, die Profitgier, Herrschsucht, Unmenschlichkeit, Ignoranz ... wegbläst. Diese Gegenkraft strebt jedoch ein positives Ziel an: Menschlichkeit, darum ist es ‹das Projekt Hoffnung› in dieser hoffnungslosen Zeit.»

Der fabelhafte Gegenwind, der sich dicketut wie der weiße Wirbelwind, hat zwölf Seiten, eine unbekannt niedrige Auflage und dient einem Weisen namens P.R. Sarkar zur Verkündung seiner Einsicht, «der einzige menschliche Fortschritt» sei «der spirituelle» – weswegen «weise Menschen» wie Sarkar «sich allein mit dem spirituellen Gebiet befassen». Daß alle Übel dieser Welt, Kapitalismus und sein real existierender Widerpart inbegriffen, dem in die Innerlichkeit ausgestiegenen Alternativen ein Pustekuchen sind, wird zwar bei solchen Blättern besonders deutlich, die vornehmlich Meditationsregeln, Müsli-Rezepturen und Heilserwartungen irgendwelcher Ashrams umschlagen. Doch die Lust am Irrationalen reicht darüber weit hinaus.

Sie wird spürbar, wenn die «Stattzeitung» der Bundeshauptstadt *De Schnüss* im Nachruf auf ein dahingegangenes Plüsch-Café wider die «Kälte des Profits» räsoniert – so als sei die Erträglichkeit von Ausbeutung eine Frage der Temperatur. Und sie wird deutlich, wenn im Karlsruher Anarchistenblatt *Der Schwarze Gockler*, das vorne keck «Milli Tanz & Anna Schie» und hinten brav einen Christian Fett als verantwortlich nennt, das Jetzt-und-Hier-Glück verlangt wird:

> «wenn euch endlich mal klarwerden würde, daß ihr nur ein leben lebt, und von dem missionarischen trip, für spätere generationen oder für sonstwen eine erträgliche welt schaffen zu wollen, runterkämt, dann würdet ihr endlich kapieren, daß ihr, falls ihr leben wollt, jetzt leben müßt; ist das auch schwer zu kapieren? aus 5 % mehr lohn oder durch den baustopp eines akws entsteht keine zärtlichkeit der menschen!!»

Gleichgültigkeit, zumindest tiefe Skepsis gegenüber politischen Veränderungen, in welche und aus welcher Richtung auch immer, ist die beinahe zwangsläufige Begleiterscheinung solch wolkig-unbestimmter Gefühligkeit. Sie sei, schreibt eine *Traumstadt*-Leserin, immer «traurig» beim Trampen, wenn Leute mit Alternativ-Plaketten am Auto ohne anzuhalten vorbeifahren:

> «Diese ‹Habe-dich-nicht-gesehen›-Blicke töten, töten Gefühle und Hoffnungen. Diese Dinge sind es, die unsere Träume kaputtmachen und nicht ein etwaiger Strauß an der Regierung. Die Frage liegt nahe, warum ich mich nicht aus diesem Gestrüpp in die Natur begeben

soll: auf einem Baum, einer Wiese kann ich meine Gefühle verschwenden und bekomme welche zurück, ohne Angst haben zu müssen, verraten zu werden.»

Die Beschreibung, oft auch Ausstellung persönlicher Ängste, «Enthüllungen zerklüfteter Innerlichkeit» (*De Schnüss*), gehören zum selbstverständlichen Inventar der meisten Alternativ-Zeitungen. «Unser Weg», heißt es im Münchner *Blatt*, «ist da, wo unsere Angst ist.» Das kollektive Gefühl, zu spät gekommen zu sein, zu spät bei der allgemeinen Verteilung von Mitbestimmungschancen, von Wohlstand oder auch nur Arbeit, rührt sensible Minderheiten unter den heute 16- bis 25jährigen stärker auf als ihre Vorgänger-Generationen, für die Vollbeschäftigung, Wachstum, persönliche Leistung und Karriere durchaus noch akzeptable Leitbegriffe waren. Doch die Angst davor, vom einstigen Wirtschaftswunder nur noch die Wunden zu erben, die es Landschaft und Luft, den Gewässern, dem Wohnen, der Nahrung und vor allem der Gefühlswelt geschlagen hat, erklärt nur zum Teil die ambivalente Gemütslage der Jugend der achtziger Jahre, zerrissen zwischen abgrundtiefer Staatsverdrossenheit und euphorischer Sinnsuche. Und wenn dann Jugendliche leerstehende Wohnungen besetzen und mit Sperrmüll ausstaffieren, sind sie nach eigenem wie auch im Bewußtsein der Gesellschaft in eine für sie neue, von außen her unverständliche Welt gezogen, in ein Niemandsland zwischen den Systemen. Noch immer nennen sie sich mehrheitlich «links», doch ihr Tagesablauf gleicht oft dem von politischen Frührentnern: «*taz* am Morgen, Kneipe am Abend und dazwischen die Gehirnmülldeponie Uni.» Dort, so beschreibt die *Kieler Fresse* die allgemeine Resignation, «wird, angeekelt von der in den eigenen Kopf zu stopfenden Scheiße, die große Verweigerung geschoben».

Es nimmt kaum wunder, daß die meisten Alternativblätter als Gestaltungsform die Collage wählen. Wilhelm Busch neben Wilhelm Reich, Marx, Buddha und Jesus, Bakuninscher Anarchismus und barocke Weltentsagung, Fidus' Lichtgestalten neben moderner Gebrauchsgraphik – alles ist prinzipiell gleichrangig, gleich wichtig und geht so zusammen, wie es den Klebemonteuren unter die Schere kommt: Als Ausdruck atomarer Endzeitstimmung, in der kein theatralischer Effekt den anderen mehr ausschließt – denn alles ist schon einmal dagewesen. Wo das gespaltene Atom alles und jeden zu bedrohen scheint, wird vielen Alternativ-Aktivisten links und rechts, oben und unten unwichtig. Heimatlied und Heimatland sind längst rehabilitiert. Punk und Zupfgeigenhansl einen die sich formierende jugendliche Volksgemeinschaft inzwischen so selbstverständlich wie Palästinensertuch und lila Latzhose.

Das rundum und quer durch die Szene Verbindende ist die Begeisterung fürs «Große, Wahre und Schöne» (so die Zeitschrift *Sanfter Weg*): Damit gemeint ist die Natur als solche oder doch wenigstens «Naturbelassenes»: Naturhaftigkeit als Gegenstück der Zivilisation, mithin als Stätte des wahren Glücks.

Die Kleinanzeigen der Alternativ-Presse zwischen Ostsee und Alpen sind ein Spiegel dieser Sehnsucht, die den einzelnen Bewegten erkennbar tief und echt befällt – und die, sobald sie sich mitteilt, fast immer auf dem Strich zwischen Kitsch und Larmoyanz geht. Etwa so:

> «Viel anbauen, viel selbst herstellen, frei – harmonisch mit der Natur und sich selbst werden, vegetarisch essen, gegen Beton und Asphalt kämpfen, Neues und Altes suchen ... Wo sind Leute auf dem Land in einer nicht zu versauten Gegend, die noch Platz für mich haben? (Ich bin 24 J.)»

Oder so:

> «Schäferlein in der Toskana sucht Leute für eine größere, lebensfrohe Bauern-, Schäfer-, Gärtner-, Handwerker- und sonstwas-Familie. Großes Haus, 16 ha Land, 40 sardische Milchschäfchen, viel unverbrauchte südliche Natur und eine Hand- und Herzvoll Optimismus sind vorhanden.»

Oder so:

> «Hallo, liebe Leute! Wir suchen eine alternative Gruppe mit Kindern, die auf dem Land (lebt) und noch Leute braucht. Wir sind drei,

Andreas, 25, Petra, 24, und Sunny, 3 Jahre alt, Klein-Murkel ist unterwegs.»

Die Beispiele entstammen sämtlich der letzten Ausgabe des gegen Ende 1980 eingegangenen *Kleinanzeigers*. Doch in Machart wie Modulation gleichen sie tausend anderen, die Monat für Monat in der alternativen Presse gedruckt und vom Publikum als wichtige Großfamilien-Nachrichten gelesen werden – ebenso wie jene anderen überlebenswichtigen Inserate für «besonders naturreinen Honig» oder «naturbelassene Schafwolle», für «Gärtöpfe» und Zucht-«Regenwürmer», vom Verein «für erweitertes Heilwesen», Wohnraum für eine «frauenbewußte Frau, die Katzen lieben und sich biologisch ernähren muß», für den «Biorhythmus, vom Computer erstellt», Umzüge durch die Münchner Frauen-Spedition «Hexport» oder «das richtige Papier für dich, mit unserem ♀-Zeichen und deinem Namen eingedruckt». Das Dauer-Thema der Alternativ-Zeitungen heißt, in welcher Verkleidung auch immer, *wir selbst* – so der richtungweisende Titel eines freilich rechtsradikalen, in Koblenz erscheinenden Blattes, das sich «Zeitschrift für nationale Identität» nennt und für seine Darbietungen unlängst von der eher links profilierten *Tageszeitung* als «lohnende Lektüre für alle» gepriesen wurde, «die sich mit grüner Politik befassen».

Solche Freundlichkeiten, mitunter auch Anzeichen von Allianzen zwischen den Flügeln sind längst keine Seltenheit mehr. Denken, zumal politisches – darin sind sich viele Aussteiger einig –, kann jedenfalls kaum aus dem Dilemma helfen. «Wir müssen wieder lernen, vorwärts zu träumen», fordert *Basis*, eine von drei mit Antiquitäten handelnden, Schafe züchtenden, Wein verhökernden und Kneipen betreibenden Kollektiven herausgegebene «Zeitschrift für Selbstverwaltung». Und noch schärfer drückt die Berliner Fabrik-Kommune – Wallfahrtsziel vieler westdeutscher Freaks – diese anti-intellektualistische Tendenz mit ihrem Wahlspruch aus: «In einer Stunde der Tat steckt mehr Wirklichkeit als in dem Gerede von Jahren.» Verändern soll sich der einzelne; an der Gesellschaft ist, vorerst, nicht viel gelegen. Neue Innerlichkeit und alter Biologismus werden von einer Reihe Alternativ-Zeitungen mittlerweile so ungeniert zusammengerührt, daß sich dabei nur noch rückwärts träumen läßt. So empfiehlt etwa *Der grüne Zweig* – seinem Herausgeber Werner Pieper («Die grüne Kraft») gehören mit *Humus* und *Kompost* gleich noch zwei einschlägige Erbauungsperiodika – zum Thema «Ernährung und Bewußtsein»:

> «Freiheit, Friede und Glück und eine praktikable Sozialordnung kann nur durch Menschen erarbeitet werden, die diese Zustände in ihrem eigenen Körper erfahren haben ... Um unsere wahre Richtung wiederzufinden, müssen wir auf unsere Mutter Erde hören.»

Als geeignete Begleiter für die Reisen retour bietet die Alternativ-Presse derzeit allenthalben Indianisches und Indianer an, jedoch weniger als Kronzeugen gegen Imperialismus und Kolonisation denn als Verbündete gegen einen als fragwürdig empfundenen industriellen Fortschritt. So begleitete Bio-Humanist Gisbert Bölling die Deutschland-Reise des Mohawk-Indianers Craig, dem während einer Pfeifen-Zeremonie an der trüben Weser Bahnbrechendes zum Gewässerschutz einfiel:

> «In die Berge gehen, wo die ersten Wasser der Weser sich sammeln, und von dort aus mit dem Wasser in die Ebene hinabsteigen und den Fluß säubern, jede Schmutzquelle beseitigen.»

Das, so raunt Bölling der Lesergemeinde des *Grünen Zweigs* prophetisch zu, «wird eine lautlose Revolution sein, eine Umkehr, Einkehr, Rückkehr wider den Kehricht unserer Zeit». Der Anklang ans verächtliche Wort vom «Aufkläricht», das Mitte des vergangenen Jahrhunderts der reaktionär-obskurantische Geschichtsprofessor Heinrich Leo prägte, ist sicher nicht beabsichtigt, aber unüberhörbar. «Themen, die wir im Sinn haben», werden vom Quartalsblatt *Home Made* so annonciert: «Holzbearbeitung, Ernährung, Gebären und geboren werden, Community Report, indianische Lebensweisen, Kalendarium mit Aussaattagen, astrologische Daten». Und wenn «Sun Bear» und «Thunderstorm Woman» vom Bärenstamm aus Kalifornien im Collegium Humanum zu Vlotho an der Weser «50 Menschen an ihrer Denkweise teilhaben» lassen, dann ist das *Home Made* (Auflage 500 Stück) – zur «Sonnenwende '80» und «aus Liebe zur Mutter Erde» – allemal sechs DIN-A5-Seiten wert.

Das Institut mit dem klangvollen Namen Collegium Humanum, obschon eine etwas angejahrte Adresse für Ganzheitliches und Menschheitrettendes, partizipiert offenkundig am Alternativ-Boom. Sein Gründer und Leiter Werner Georg Haverbeck, 71, hat mit so neuen Werten wie Natur, Volk und Heimat allerdings Erfahrung, denn gleich 1933 war er zum Leiter der «Reichsmittelstelle für Volkstumsarbeit» der NSDAP avanciert. Heute zählt Robert Jungk den Öko-Autor Haverbeck – Indiz für die grüne Gemengelage – «zu den geistigen Vätern einer Wende, die herbeizuführen mit jedem Tage dringender wird».

Bei dem allenthalben auflebenden Dialog zwischen Enkeln und Großeltern, aus dem die politisch handelnde Mittelgeneration weitgehend ausgeblendet ist, wundert es nicht, daß neben Indianer-Mythen auch völkisch Näherliegendes in manchen alternativen Blättern bereits liebevoll wieder aufpoliert wird: Etwa im *Grünen Zweig*, wo neben Hopi Brother auch der im Frühjahr 1981 als Fünfundneunzigjähriger verstorbene Professor Hermann Wirth ausführlich zu Wort kam, um die altgermanische Kultstätte an den Externsteinen als Genesungsort für die sinnsuchende Jugend zu empfehlen, deren «Begriffe und Bindungen von Familie, Volkstum und Heimat entwertet bis zerstört» worden seien. Auch Urgeschichtler Wirth kannte sich aus: Er war Leiter der SS-Organisation «Deutsches Ahnenerbe». Wie groß der Multiplikationseffekt mancher Gegen-Presse gerade in diesem Grenzbereich von Nostalgie und Mystizismus ist und wie weit die Faszination des Irrationalen inzwischen reicht, verdeutlicht nicht nur, wenn in der Flensburger *Zeitung für Stadt und Land* alle «sogenannten Freaks» zur Gründung eines Indianerstammes («Zusammen in die Natur und zurück zur Natur») aufgerufen werden. Der Münchner Trikont-Verlag, auf dem Höhepunkt der Apo gegründet und mit Renommee unter Linken jahrelang aufklärerisch auf Dritte-Welt-Probleme spezialisiert, nannte sich Ende 1980 in Dianus-Verlag um. Die tendenzgewendeten Verleger verbreiteten dazu eine in vielen Alternativ-Zeitungen abgedruckte Erklärung, in der es unter anderem heißt:

> «Dem Faschismus entreißen wir die Mythen, die er geschändet hat, Begriffe wie Freundschaft, Heimat, Natur, die er besudelte; dem Adel das ihm abhandengekommene Gefühl von Achtung, Höflichkeit und Minne, der Kirche ihre schönste und trotzdem von ihr am unwürdigsten behandelte Tochter: die Mystik; den Vagabunden ihre Freiheit und vernachlässigte Kreativität ... Wir haben Hunger, in uns brennt die Sehnsucht nach Mythen. Wir wollen die Kerker, wo unsere uralten Träume verstummen, aufbrechen, denn wir haben ihr Seufzen vernommen ... Sind wir unzeitgemäß, anachronistisch, ja vielleicht reaktionär geworden? Wenn die Liebe unzeitgemäß ist, dann sind wir es auch; wenn die Freundschaft, die gegenseitige Achtung es sind, dann sind wir es auch; wenn die Begeisterung an einem schönen Werk, wenn die Muße es ist, wenn das Entzücken an dem Reigen der Natur es ist – dann sind wir es auch ... Unser Reich ist die magische Gegenwart. Auch die magische Gegenwart ist Dianuskopf, konservativ und revolutionär zugleich ...»

Solche Töne offenbaren in der Tat einen Doppelcharakter: Sie enthalten einerseits ein Bekenntnis zur Vielfalt – beim in die Parlamente drängenden Flügel der Alternativ-Bewegung symbolisiert durch den Schillerkragen des Linken Bahro und den Bauernkittel des Rechten Springmann. Andererseits sind sie jedoch auch Indikatoren für ideologische Beliebigkeit und Verführbarkeit. Fragen der politischen Theorie und Praxis scheinen großen Teilen der neuen Jugendbewegung gleichermaßen überholt: «Unsere eigenen zerfallenen politischen Begriffe» nennt es einer vom Münchner *Blatt*; oder in der vom *Schwarzen Gockler* verbreiteten krassen Sprache der West-Berliner Spontis: «Keine Böcke auf Dogmas haben», und: «die Schnauze voll, uns von irgend jemandem vollquatschen zu lassen oder ’ne Linie für unseren fight aufzustellen».

Die Wechselbeziehung von Machern und Lesern, die im merkwürdig montierten Jargon aufscheint, gleicht oft jener von Exhibitionisten und Voyeuren – bei frei flottierendem Rollenwechsel. So wird das redaktionelle Innenleben dem Publikum ausführlich dargeboten – oft mit der Begründung, eben kein «abgehobenes Profi-Blatt» werden zu wollen. Man/frau – einer der beliebtesten Manierismen alternativer Schreibe – nennt sich beim Vornamen, und im dadurch erzeugten Wir-Gefühl spontaner Kameraderie rangiert das Wohlbefinden der Schreiber, Tipper, Setzer häufig weit vor dem des Blattes.

Die Leser des Göttinger Öko-Blattes *Atom Express* erfuhren beispielsweise in der Ausgabe vom vergangenen November, daß diesmal Ortrud, Outi, Renate, Christine, Kirsten, Wolfgang und noch elf weitere («Erich hat Urlaub») mitgewirkt haben. Außerdem, daß eigentlich noch ein Beitrag «in eigener Sache» geplant gewesen war, doch «das hat nicht mehr geklappt, weil alle Sonntagnacht zu müde waren. Wir machen es aber für die nächste Nummer». Die Zeitung als Spaßvergnügen ihrer Hersteller – da ist auch Voyeur, wer in Saarbrücken und Umgebung eine Mark für die *Stadtzeitung* lockermacht: «Stadtkalender gibt's diesmal keinen», wurden beispielsweise Leser des Novemberheftes 1980 gestraft, «weil niemand Lust hatte, sich an die öde Arbeit zu machen.» Das Familien-Gefühl macht es andererseits auch möglich, neben dem Impressum schon mal Redaktionsmitglieder nebst Neugeborenem («Hurra») abzubilden. Der Leser soll, wie etwa in der Jubiläumsnummer von *Atom Express*, am redaktionellen Innenleben teilhaben können:

> «20 Ausgaben – das sind 200 anstrengende Redaktionssitzungen und Diskussionen, 20mal eine Woche für Tippen und Layout (zusammenkleben), 20mal den Stress, es nicht bis zum Drucktermin zu schaffen, 20mal die Frage (meist zu mitternächtlicher Stunde gestellt), welches Titelbild diesmal und – 20mal Freude, Zufriedenheit und Erleichterung, es wieder einmal geschafft zu haben.»

Als die Redakteurinnen vom Münchner *Blatt* unlängst eine Ausgabe allein und fast ohne Männer-Mithilfe – nur die Repros machte «meist der Franzl» – herausbrachten, erstatteten sie anschließend haarklein und öffentlich Bericht. Denn um ein «schönes Blatt», um «die Inhalte» war es den Frauen nicht allein gegangen, sondern mindestens sosehr um «die Art des Zusammenarbeitens» – und die war, im Unterschied zum heterogenen Produzieren, so:

> «Nicht nur, daß wir wesentlich weniger Kaffee und Bier konsumierten, wir räumten auch jeden Morgen auf, um nicht im Chaos zerflossener Butter, uraltem Layout-Material, fliegender Zettel und verlorengegangener Zettel und verlorengegangener Anzeigen arbeiten zu müssen. Wir hoben den Stress des zwei Nächte am Produktionswochenende Durcharbeitens auf und hatten sogar am Montagabend noch Lust und Muße, gemeinsam zu essen und zu feiern, nachdem gerade die Druckvorlagen fertig und der Lichttisch zusammengekracht war. Obwohl so viele Frauen ganz neu da waren, konnten wir ziemlich ohne unsere schreckliche Spezialisierung und Hierarchisierung auskommen.»

Solche Selbstdarstellungen zeigen nicht nur, für wie bedeutsam – und strapaziös – die Aufgabe konventioneller Rollenmuster gehalten wird; sie machen auch deutlich, daß die meisten alternativen Periodika nur auf Grund freiwilliger Selbstausbeutung ihrer Mitarbeiter über die Runden kommen und über deren Lustgewinn hinaus kaum etwas abwerfen. Detaillierte Bilanzen, die verraten, was fürs Zeitungsmachen unter Umständen draufgezahlt werden muß, sind deshalb keine Seltenheit. Beispiel *Banal*: Das Blatt erscheint in West-Berlin und ist großspurig als «schwule Illustrierte für den deutschsprachigen Raum» untertitelt. Bei einer Auflage von 1000 Stück haben acht Mitarbeiter zur Vorfinanzierung einer neuen Nummer zunächst 2250 Mark zusammengebracht. Druck-, Werbe- und Herstellungskosten beliefen sich jedoch schon auf 3500 Mark. Selbst bei dem für Szene-Verhältnisse hohen Heft-Preis von sieben Mark müßte die Auflage erst restlos verkauft sein, bevor das Geld für die nächste Ausgabe beisammen wäre – Buchhandelsrabatte, Arbeitsentgelt, Verluste durch Vertriebs-Schlamperei und Rückzahlung der privaten Vorschüsse noch nicht eingerechnet.

Die meisten Blätter berühmen ihre Not als Tugend. Beinahe programmatisch verzichten sie darauf, «geschniegelt und geleckt» auszusehen – so die im Ruhrgebiet erscheinende *Revier*, die mit einer durchschnittlichen Auflage von 2500 Stück bereits in ihr viertes Jahr geht. Im «Arbeiten ohne Bezahlung oder Lohn», wohl auch darin, daß jede Ausgabe von den Freizeit-Redakteuren nicht nur geschrieben, gesetzt und gestaltet, sondern anschließend auch «gedruckt, (per Hand) gelegt, gefaltet, geheftet, geschnitten und versandt» werden muß, unterscheidet sich *Revier* kaum von Lokalblättern der Szene, wohl aber in Anspruch und Themenauswahl. Denn *Revier* versteht sich ausdrücklich als «unabhängige linke Zeitung für Gewerkschafter». Fünfzehn Mitarbeiter, die Mehrzahl Intellektuelle über 30, haben ihre Vornamen konspirativ aufs Initial verkürzt, weil die Gewerkschaftsbürokratie oppositionelle Rundschläge oft auch persönlich übelnimmt. Und reviernah sind auch die Berichte: Über Leichtlohngruppen, Konflikt bei der IG-Chemie, Bergbau-Probleme, den Arbeitsplatz-Abbau bei Hoesch in Dortmund.

Doch *Revier* ist die Ausnahme. Ringsumher hat der Kollege Arbeiter als Belehrungs- wie auch als Befreiungsobjekt subkultureller Publizistik ausgespielt. In der *Tageszeitung*, dem Flaggschiff der Gegen-Presse, trat er lange Zeit allenfalls dann noch auf, wenn Öko-Bewegung, Hausbesetzer-Bewegung, Gebäre-Sanft-Bewegung, Esse-Gesund-Bewegung, Friedens-Bewegung, Zurück-aufs-Land-Bewegung, Anti-Atom-Bewegung, Lesben-Bewegung, Schwulen-Bewegung oder Päderasten-Bewegung mal eine Lücke im Selbstdarstellungsprogramm gelassen hatten.

Andererseits beweist gerade die *taz*-Entwicklung im Jahr 1981 einen heilsamen Zwang zur Professionalisierung: Die alternative Schlampigkeit ist erträglicher, die Druckfehler sind seltener und die Artikel lesbarer geworden. Die «Säzzer», deren in Klammern eingerückten Zwischenrufe rasch von der Dialektik zur Dämlichkeit verkamen, üben sich in Enthaltsamkeit. Das Nachrichtenangebot wird zunehmend breiter, und wenn der Charakter einer täglichen Dokumentation aus der Szene für die Szene auch noch überwiegt – das Blatt gewinnt Profil.

Zugleich beginnt allmählich eine noch vorsichtige und zögernde Fluktuation von Schreibern der Szene-Presse zu den etablierten Medien: Sich dort, in zwar verkrusteten, jedoch professionell geprägten Strukturen und jedenfalls vor größerem Publikum ausweisen zu können, scheint inzwischen einigen durchaus das Risiko wert zu sein, beim langen Marsch von der Gegen-Öffentlichkeit zur herrschenden Meinungsherstellung möglicherweise auch vernutzt und angepaßt zu werden. Daß dieser Transfer zwischen Minderheits- und Mehrheitsgesellschaft auch übers publizierende Gewerbe hinaus noch leidlich funktioniert, daß die Kehrseite zur rundum berufenen Verweigerung noch immer die kontrollierte Anpassung darstellt, relativiert nicht nur das gängige Schlagwort von einer nie dagewesenen «Vergesellschaftungskrise», derzufolge es nicht mehr gelingen soll, Verhaltenswerte und -normen einer Generation der nachfolgenden zu vermitteln. Die Bereitschaft, den langen Marsch immer wieder anzutreten, belegt zugleich auch die noch nicht paralysierte Integrationskraft des Systems. Ein Beispiel dafür nannte Martin Stankowski vom *Kölner Volksblatt* auf dem Bonner Forum alternativer Zeitungsmacher im September 1980:

> «Es gibt eine bestimmte Irritation auf der Ebene einer Veränderung derer, die wir angetreten sind zu kritisieren. Der *Kölner Stadtanzeiger* hat den Teil der Lokalberichterstattung erheblich erweitert. Der *Express* bringt Bürgerinitiativen und Termine politischer Gruppen im Veranstaltungsteil. Bürgerfeste werden okkupiert von Parteien, Stadtverwaltung und Geschäftsleuten. Wir diskutieren im Moment, wie wir auf diese Veränderung reagieren.»

Während die städtischen Alternativ-Periodika Kontroversen mit der Außenwelt selten abbilden und noch seltener erzeugen, ist die Bewegung auf dem Lande ungleich erfolgreicher und lebendiger. In den Kreis- und Kleinstädten, wo die alteingesessenen Heimatzeitungen entweder nie Biß hatten oder ihn vor lauter Inserenten- und Honoratiorenfurcht längst verloren haben, gelingt der unsteten Flugblatt-Presse die Erregung öffentlicher Ärgernisse noch mit Leichtigkeit. Oft reicht schon der Nachdruck der in den großen Städten entstandenen Protest- und Widerstandsthesen aus, um Provinzgemeinden in helle Aufregung zu versetzen:

In Memmingen, mußte der Schriftsetzer und Ersatzdienstleistende Utz Benkel vors Amtsgericht, weil er im Jugendblatt *Stadtinfo* öffentlich mit Gott und der Kirche gehadert und seine atheistische Tirade mit dem Aufruf geschlossen hatte: «Lassen wir uns nicht länger verarschen! Treten wir aus der Kirche aus und kämpfen gegen diesen gefährlichen Hokuspokus.» Das bischöfliche Dekanat, die örtliche CSU, der katholische Frauenbund «Christi Auferstehung» – alle sahen rot. Der christlich-soziale Landtagsabgeordnete Rudolf Kluger erstattete Strafanzeige.

Sich mit der Presse vornehmlich dort anzulegen, wo sie von alternativen, finanzschwachen und meist rechtsunkundigen Laien gemacht wird, ist indessen keine Spezialität des Freistaates Bayern: Auch die dreizehn Redakteure der Saarbrücker *Stadtzeitung* mußten unlängst in 1200 Exemplaren der Oktober-Nummer per Handarbeit das Porträt eines Staatsschutzbeamten schwärzen, der seinerseits bei einer SPD-Wahlveranstaltung am laufenden Band ungehindert Gegendemonstranten fotografiert hatte. Für den von Enttarnung bedrohten Kollegen hatte die Polizei flugs das Recht am eigenen Bilde geltend gemacht, die Wohnung des presserechtlich Verantwortlichen von vier Zivilbeamten durchsuchen lassen und mit Beschlagnahme der gesamten Auflage gedroht. Um dem wirtschaftlichen Ruin zu entgehen, malten die jungen Publizisten dem nur wenig älteren Polizisten mit Filzstift einen schwarzen Balken quer über die Augen.

Der Rechtsstaat hatte gerade noch einmal gerettet werden können.

10

Adolf Muschg

Die Macht der Phantasie

Über die Ästhetik des Jugendprotests – am Beispiel der Zürcher «Bewegung»

Der Fall ist gewöhnlich, aber immer wieder obszön: während sich die Gesellschaft einen Teil ihrer Jugendlichen mit polizeilichen und oft schon polizeistaatlichen Mitteln vom Leib hält, saugt der Markt die Lebensäußerungen dieser Jugend gierig an, um sie als Nachrichtenware verpackt wieder dem Kreislauf öffentlicher Unwirksamkeit zuzuleiten. Er stellt jene synthetische Hautnähe her, die jeder realen Betroffenheit vorbeugt. Wenn's hoch kommt, gesellt sich zum Voyeurismus die kulturelle Neugier: wer mögen wir sein, daß wir diese Bewegung hervorgebracht, zugelassen, verschuldet haben?

Begreiflich, daß sich die Revoltierenden zu Indianern stilisieren. Weiße Kolonisatoren haben damals «den Wilden» ideologisch veredelt, während sie ihm mit Waffen, Drogen und «Verträgen» real die Lebensgrundlagen entzogen. Während die Zürcher «Bewegig» zum einjährigen «Jubiläum» ihrer Sichtbarkeit der Polizei Straßenschlachten lieferte, die, nach kräftiger Vergasung des Autonomen Jugendzentrums (AJZ), in wütende Zerstörungsaktionen übergingen (die «schlimmsten in diesem Jahr», nannten sie die Medien mit schon abgebrühter Entrüstung), saßen meine beiden Söhne, elf und neun, am Fernseher vor einer Winnetou-Klamotte und danach ebenso gebannt vor dem Großen Preis von Monte Carlo. Werden sie in ein paar Jahren auch auf der Straße sein und «Betrug» ausrufen über ihr Konsumverhalten? Sich um ihre Jugend betrogen erklären? Noch lernen sie, unter den bösen Indianern die große Ausnahme, den guten Roten Bruder auszumachen (diese Spaltung des Andersartigen in ein böses und ein braves Element, mit der man in unserer Gesellschaft weit kommt, aber nie in die Nähe eines Problems). Schon sind sie so weit, in den engen Kurven des Spielbank-Fürstentums auf den großen Knall zu warten, auch wenn sie's nicht zugäben. Einübung in die doppelte Moral des Voyeurs. Bei Krawallen spricht die Polizei unliebenswürdig von «Gaffern», denn die Zuschauer stehen dem rechten Durchgreifen im Wege, das sie empfehlen.

Werden meine Kinder Zuschauer bleiben wollen und so vielleicht ihre Haut, mindestens ihre Karriere retten? Oder werden sie sich, weil sie außerdem Erlebnisse wollen, das Zuschauen eines nahen Tages übelnehmen – so sehr, daß sie Schuldige dafür benötigen – natürlich in meiner Generation? Ich kann beides nicht wünschen. Das Dilemma des Liberalen: ich habe meinen Kindern den Fernseher nicht abgestellt; ich habe sie nur beim Fernsehen gestört. Etwa mit kritischen Hinweisen auf Winnetous Friedens- und Kompromißbereitschaft, die den Großen Weißen Vätern von Ulysses Grant bis Karl May (und mir) immer so gelegen kam. Um den Preis ihrer Entwürdigung und Ausrottung dürfen die Wilden schon einmal höhere Menschen sein, denn natürlich will die weiße Schuld gebüßt werden. Zu Lessings Zeiten redete man, noch ehrlicher, von «gebüßter» Lust. Werden mir meine Söhne die pädagogische Spielverderberei danken und nicht zu randalieren brauchen, weil sie einen Vater mit nachweislich schlechtem Gewissen haben? Werden sie besser durchs Leben kommen, weil er ihnen, soviel er weiß, nicht zu Anpassung geraten hat? Wichtig, sagt er sich, wird eines Tages nur sein, was er wirklich getan hat. Aber was tut er? Er setzt sich, einen Tag nach den neuesten Krawallen, hin, um für ein *SPIEGEL*-Buch einen Aufsatz über die Ästhetik der Jugendbewegung zu schreiben. Wie Karl May über die Indianer (mit denen er auch nie gelebt hat), nur nicht so spannend. Und während ich mir meine Gedanken dazu mache, dürfen mich die Kinder natürlich nicht stören, klar?

Die ästhetische Reflexion der «Jugend»-Bewegung legt, was Wahrnehmung auslösen könnte, in einem Museum exotischer Objekte ab. Ich schenke dem Leser die Freiheit des Besuchers: damit übernehme ich mich und verlange zu wenig von ihm. Daß wir uns zu unserem Interesse gratulieren und etwas Zuschauer-Sympathie mitlaufen lassen, ist ja ganz ehrenhaft – Sympathie nicht für Pflastersteinwerfer (die Rothäute), versteht sich, sondern für ihr Problem (für Winnetou). Nur: der Pflastersteinwerfer versteht sich nicht als Darsteller eines Problems, sondern als Person; es nützt nichts, ihn von seinem Problem zu trennen: danach ist er immer noch konkret (der Stein nicht minder).

Zu meinem Thema sprechen müßte also zuerst heißen: gegen das Thema sprechen lassen, was für die «Bewegung» spricht. Die Äußerungen der Revolte vertragen keine ästhetische Isolation. Der Kampf gegen das Packeis muß nicht in der Kühltruhe ausgestellt werden.

So bleibt ausgemacht: nicht dem Kenner – oder Interpreten – zuliebe wurden diese Sprüche gemalt oder gesprayt. Der skandalisierte und sensationshungrige Gaffer ist da ein vergleichsweise besseres Zielpublikum. Denn er wirkt wenigstens mit an ihrer Brisanz. Er ist, unfreiwillig, Teil der Bewegung. Sein Widerstand verhilft ihr immer wieder zu einer Art Identität.

Das tut natürlich erst recht der Knüppel des Polizisten. Damit dies kein geschmackloses Bonmot bleibe: es gibt in Zürich Äußerungen der «Bewegung», die aus ihrer Faszination durch dieses immerhin körperliche Gegenüber kein Hehl machen. Es wäre auch seltsam, wenn eine Bewegung, die sich von ihrer eigenen «militanten Elite» (diesem Macho-Ideal aller Randgruppen) nicht trennen lassen will, dem wenigstens als Feind anwesenden Polizei-Krieger nicht eine Art Reverenz erwiese. Auf den Zürcher Wänden tauchte eine Zeitlang ein Schablonenmännchen namens «Schmierli» auf («Schmierli meint: nieder mit den Alpen!») Der diminutive Schmierer mit dem Helm der Polizei – die in der Bewegung «Schmier» heißt – illustriert den Konnex von Ordnung und Revolte. Die Bewegung ist wohl oder übel auf jene Gegnerschaft fixiert, bei der sie die deutlichste Wirkung zeitigt und die ihr ihrerseits die klarste Identität einhämmert. Das Kollusionsverhältnis zwischen Wilden und Barbaren ist nicht schön, aber es spielt.

Wer dies mit Fassung hinschreibt muß erklären, warum er das Ärgernis auf der Straße für notwendig hält: warum er meint, daß es kommen mußte, und darum nicht nur wehschreien kann über die, durch die es kommt. Ohne Anspruch auf Originalität: ich meine, daß die Richtungsänderung gesellschaftlicher Prozesse, das heißt die Entkräftung der Wachstumszwänge, die sie steuerlos machen, eine Frage des sinnvollen Lebens und des kollektiven Überlebens ist. Den eingefleischten, durch die Marktmechanismen immer weiter eingeschärften Gewohnheiten der Teilnehmer und Opfer der sogenannten Leistungsgesellschaft ist ohne Schockbehandlung nicht zu helfen. Spätestens seit dem ersten Bericht des Club of Rome stehen die «Blueprints for Survival» auf dem Papier; und für die Praxis der Politiker sind sie sehr weitgehend auf dem Papier stehengeblieben.

Es fehlen in den internationalen und nationalen Systemen ganz offenbar die Instrumente, im Sinn des längst verfügbaren Wissens um die drohende Selbstzerstörung der Industriestaaten und ihrer Rohstoffsatelliten zu handeln. Die Agentur ist nicht in Sicht, die auf die Gemeinplätze des Schreckens, den wir bei blind weiterlaufendem «Wachstum» auf die ganze Menschheit ziehen, rechtzeitig und lebensrettend reagieren könnte. Das Gefühl, daß das System und seine Bediener Gefangene ihrer Marschrichtung seien, ist an Bord der «Titanic» verbreitet. Ohne Meuterei der Passagiere ist nicht vorstellbar, wie die Kollision mit dem Eisberg vermieden werden soll.

Der Jugendaufstand in einigen europäischen Zentren ist

eine solche Meuterei. Sie ist ausgebrochen in Ermangelung einer politischen Trägerschaft für das unerläßliche Umdenken der Werte und das Umschwenken auf einen anderen Kurs. Niemand wird Meutereien per se für aussichtsreich halten; sie sind nur, unter unseren Umständen, vielleicht die einzige Hoffnung.

Die Sprache im engeren Sinn nimmt unter den Darstellungsformen der Bewegung keine zentrale Rolle ein – auch wenn die Behörden inzwischen aufgehört haben, ihre Fassungslosigkeit auf die Jugendlichen zu projizieren und diese «sprachlos» zu nennen. Die Verweigerung akzeptierter Dialog- und Konfliktmuster mag sprachlos machen, aber sie ist nicht sprachlos. Als an einer Veranstaltung des Schweizer Fernsehens die anwesenden Jugendlichen wohlgesetzte Äußerungen eines Law-and-Order-Politikers mit Wolken von Seifenblasen illustrierten, oder die Gestik eines privaten Daten-Sammlers in Commedia dell'arte-Manier überzeichneten, war die Sprache deutlich.

Die «Ästhetik der Bewegung» zeigt sich in der Totalität ihrer Ausdrucksmittel, die sich als Anweisungen auf ein ganzes und intaktes Leben verstehen. Man «besetzt» die Wände, die man bewohnt, mit Bildern eigener Ängste und Wünsche, meist spontan, manchmal in kunstmäßiger Absicht. Auch die Sprüche haben Bildcharakter und zeichnen, als Fortsetzungsgeschichte, den inneren Monolog des Kollektivs nach. Die Zeitungen und Drucksachen der Bewegung sind ebenfalls ins Bild gesetzte Sprache. Sie scheuen die von der Branche sogenannte «Graumasse» und integrieren den Text gewissermaßen als Sprachblase im Layout, das sich als Mischung von Collage und totalem Comic strip präsentiert. Diese Produktion hat einen Reiz, der die meiste «künstlerisch» genannte Druckgraphik beschämen kann: die beiden Untergrundzeitungen der Bewegung *Eisbrecher* (Oktober 1980 bis Januar 1981) und dann *Brächise* (bis Mai 1981) gaben durch den Witz ihrer Form zu erkennen, daß hier ein neuer Kulturinhalt transportiert wird. Die Marschordnung der Spalten ist verlassen, der Text wird, wie auf einem Anschlagbrett, wie zufällig auf die Seite gepinnt, oft verschwindet die Flattersatz-Nachricht im Dschungel der Komposition und muß vexierbildartig zusammengesucht werden. Der Bruch mit dem Prinzip Umbruch ist vollständig, die Sprache, wenig bekümmert um Orthographie, ohne Angst vor Druckfehlern, imitiert anonyme Zuschriften, Pissoir-Graffiti und andere Urformen des «Volksvermögens». Dennoch ist der Eindruck der Geschlossenheit, zu der sich dieser Wildwuchs zusammenfügt, bestechend auch für das «künstlerische» Auge: diese Organe demonstrieren nicht nur für den Traum, daß Anarchie machbar sein kann, sie belegen ihn.

Die Innenwelt der Bewegung gibt sich «grün» und regellos; nach außen zielt der Reiz auf Irritation, wird zum Regelverstoß, zum sozialen Happening. Im vergleichsweise friedlichen Fall sieht es etwa so aus, daß man den Belag des Autocar-Abstellplatzes vor dem Zürcher AJZ aufreißt und inmitten der schwarzen Asphaltschollen – die mit Gepäckwagen aus dem nahen Bahnhof abtransportiert wurden – einen kleinen Baumgarten pflanzt. Oder so, daß in einem Seepark oder auf einer Kiesinsel der Sihl ein «Chaotikon» aus Bretterhütten aufgerichtet wird: eine dramatische Darstellung der Wohnungsnot mit einem Hauch von Südseedorf und Bidonville. Oder so, daß die «Chaoten» den gedruckten Hinweis eines Warenhauses, der sie zum unauffälligen Verlassen des Gebäudes auffordert, vervielfältigen und der Normalkundschaft beim Betreten des Kaufhauses diskret in die Hand drücken.

Hier ist die Phantasie an der Macht, und die bestehende Macht steht ihr zwar gerüstet, aber nur gerüstet und am Ende bloßgestellt gegenüber. Der polizeiliche Abbruch «Chaotikons» wurde mit dem Hinweis auf drohende Gewässerverschmutzung gerechtfertigt – ein Argument, mit dem die Ordnung (der es nicht einfiel, der Hygiene mit dem WC-Wagen eines städtischen Gartenbauamts nachzuhelfen) in die Falle der Pfahlbauer gegangen ist und ihren Verhältnisschwachsinn dargetan hat. Wieder zeigte sich die humorlose Staatsgewalt als idealer Erfüllungsgehilfe der «Chaoten». Deren Auftritt in einer Sendung des Schweizer Fernsehens im Sommer 1980 als «Herr und Frau Müller», zwei hartgesottene Law-and-Order-Karikaturen, hat inzwischen Fernsehgeschichte gemacht: plötzlich verlor die Mattscheibe in Millionen guter Stuben etwas von ihrer Mattigkeit und wurde zum Durchblick in die Mechanismen des «Dialogs» von Macht und Ohnmacht (siehe hierzu Balz Theus, Kapitel 3).

Das sind die Delikatessen in der Selbstdarstellung der Bewegung. Die Aggression wird umgelenkt in das soziale Experiment; wer nicht mitspielen kann, wird zum unfreiwilligen Zeugen für die Berechtigung der «Bewegung». Im Normalfall der Krawall-Form ist ihre Ästhetik weniger charmant, gehen Scheiben nicht nur symbolisch zu Bruch. Dann wird es für die Öffentlichkeit schwieriger, die Not, die nicht erfinderisch, nur wütend macht, immer noch als Not zu begreifen. Wer ihr nicht nur polizeilich abhelfen will, muß außerdem ertragen, daß die Bewegung Hilfsbereitschaft nicht brauchen will: gerade dem «Sympathisanten» gegenüber spielt der Abgrenzungsreflex besonders zuverlässig. Denn bevor der Wohlmeinende die «Chaoten» als Sozialfälle wahrnimmt, soll er in ihren Augen mit dieser Wahrnehmung bei sich selbst anfangen. Das Hilfsangebot ist nicht bloß herablassungsverdächtig, es ist auch in Gefahr, die Leistung zu ignorieren, die die «autonome» Gesellschaft bereits erbracht hat: die nicht nur symbolische Arbeit an ihren Räumen, den Anfang von veränderter Lebensart. Also bekommt gerade der Helfer die gefühlsmäßige Untauglichkeit seiner Hilfe zu spüren, bevor sie sachlich auch nur diskutabel erscheint.

Zur «Ästhetik der Bewegung» – will sagen: zu ihrem Demonstrations-Repertoire – gehört in der Schweiz ein rücksichtsloser, identitäts- und zusammengehörigkeitsbildender Mundartgebrauch. Ein Wort wie «iifahre» zum Beispiel kann auf Freund (eine Rockgruppe) oder Feind (die Polizei) angewendet werden. *Was* da «einfährt», ist weniger wichtig als das Pathos der eigenen Reaktion, die Provokation des *Feelings*. Sprachreduktion dient dem Nachweis der Gruppenzugehörigkeit und der Abgrenzung gegen elaborierte Codes, deren Differenzierungen man als Taktik und Manöver erlebt hat. Auch der Ersatz eines üblichen Wortes durch ein auffallenderes kommt vor: «sagen» wird in der Szene zu «durchgeben» («dure-gëë»). Durchgegeben werden nicht nur Kampfansagen, sondern auch Zärtlichkeitsbeweise. Dahinter steckt irgendwo ein Stück salopp gewordene Kommunikationstheorie aus den sechziger Jahren. Da spukt überhaupt viel mundartlich und unordentlich gewordenes Sprachgut aus der Zeit der «kritischen Theorie» und, aktueller, aus den verschiedenen Therapiemilieus nach. Der Slang der «Bewegung» ist eine gefallene Sprache, die sozusagen die Fallhöhe vom akzeptierten Deutsch – auch der «guten» Mundart – in aggressive Energie umsetzt: Heimatsprache auf ihre Art, nicht mehr für eine Gegend, sondern für eine Generation und ihr Lebensgefühl.

Die Ästhetik der Lebenszeichen überschreitet die Grenzen bürgerlicher Kunstgattungen: das ist ihr Sinn. Denn der bürgerliche Kunstbegriff ist für die «Bewegung» selbst Ausdruck abgespaltenen Lebens und falscher, das heißt lebensfeindlicher Arbeitsteilung. Die Formen des Widerstands reichen von der Brandstiftung bis zur Selbstverbrennung – das sind für die Kunst, auch die radikalste, bisher eher Metaphern gewesen. Zum alternativen Kulturbegriff gehört für die «Bewegung» aber auch eine andere Toleranz nach innen. Sie gebietet eine jeden Außenstehenden nervende Langmut gegenüber wenig sachdienlichen Voten am Mikrofon der «Vollversammlung». Auch gegenüber dem Mißbrauch der AJZ-Autonomie durch den Drogenhandel. Die Darstellungsprobleme der «Autonomen» sollen nicht glorifiziert werden. Ihr Sprachausdruck reicht natürlich ebenso tief ins Unmenschliche – will sagen: menschlich Unbewältigte – hinab wie derjenige der Rahmengesellschaft. Daß deren Sozialprobleme im AJZ von heute auf morgen gelöst würden, wäre eine naive oder zynische Erwartung. Zuerst werden sie sichtbar oder sichtbar gemacht. Brutale Wandsprüche wie «Tötet mehr Bullen» oder «Die Schweine von heute sind die Schinken von morgen» stimmen genau zum gesunden Volksempfinden der Gegenseite. Sie drücken nicht Gegenmacht, sondern Ohnmacht aus, die wütende Fixierung auf das Feindbild, das schon als solches immer stärker ist; Aggression ohne Hoffnung. Es wäre schön, wenn nicht die (frontale) Regelwidrigkeit, sondern die Regelverweigerung der «Bewegung» Raum geschaffen hätte für alternative Lebensformen. Auf den gröbsten Begriff gebracht: «Legal – illegal – scheißegal.» Das ist eher geschnaubt als gesprochen. Immerhin atmet dabei der Bauch mit, in dem die Wut nicht ersticken will. Der Kopf, der dazu gehört, hat es eingebleut bekommen, daß der Rechtsstaat nicht zu erschüttern ist, solange man sich seinen Unterscheidungen ausliefert; denn seine Mittel, sich ins Recht zu setzen, sind die stärkeren.

Zitierbar geworden ist die Bewegung denn auch vor allem durch ihre Kunst, die Position des Gegners ad absurdum zu führen – und damit das Halten von Positionen überhaupt zu treffen. Mit mehr oder weniger sanfter Gewalt wird die Gesellschaft daran erinnert, daß «Positionen» von Herrschaft, also der Verfügung über andere, nie frontal zu treffen sind. Indem sie aber zum Spielzeug des Witzes werden, sehen sie sich mit ihrem eigenen Spielcharakter konfrontiert – einem Spiel freilich, das nicht gelernt hat, sich als solches zu verstehen, und eben darum dunkel und undurchsichtig, ein «Scheißspiel» geworden ist. Die Sprüche an Wänden und Mauern machen Wände und Mauern sichtbar. Sie sind nicht mehr so oft, wie noch in den sechziger Jahren, politische Manifeste, ideologische Kraftmeiereien oder anonyme Denunziationen – dafür öfter Versuche, den Gegenspieler als schlechten Spieler zu entwaffnen, statt als Feind zu konfrontieren.

Zugleich ist der Hauch von Anarchie, der von diesen Sprüchen ausgeht, deutlicher an das schreibende oder sprayende Subjekt gebunden. «Ich lebe, um die Bullen verrecken zu sehen» ist etwas haarscharf anderes als «Tötet mehr Bullen». Denn die unbekannte Person, die hier schreit, gibt mit dem Eingeständnis ihrer Verletzung ein Stück Anonymität auf. Durch das militante Monstrum schimmert ein «Kindchenschema», das, wie die Verhaltensforschung weiß, auf Beißhemmung zielt. Der Mordwunsch eines «Kindes» ist nicht ernst zu nehmen – das heißt, er hat Anspruch darauf, anders ernst genommen zu werden als die ausgewachsene Feindschaft. Entwaffnung durch Preisgabe der eigenen Schwäche: die Wandsprüche schrecken auch vor Wehleidigkeit nicht zurück. «Leben ohne Liebe ist Mord», «Ihr habt uns in Beton geboren, nun wundert euch nicht, daß wir Steine an den Händen haben». Steine an den Händen: in solchem Wortlaut sind das Lasten, nicht Wurfkörper. Liebeswunsch als hilflose Poesie: «Ich wünschte / ich wäre eine Träne / in Deinen Augen / geboren, auf Deinen / Wangen zu leben / auf Deinen Lippen / zu sterben!!» «Kitsch», hat eine härtere Seele dazugeschrieben. Aber der Kitsch, will sagen: das Gefühl im Bewußtsein seiner Inadäquatheit, mit dem Risiko verunglückten Ausdrucks, läßt sich in der «Bewegung» die Träne nicht mehr verbieten.

Ein Satz, dem ich früher in der Werbung der Sozialdemokraten begegnet bin: «Leistungsgesellschaft: Wenn viele Menschen, die sich nicht viel leisten können, viel leisten müssen, damit wenig Menschen, die nicht viel leisten, sich viel leisten können», wird vom nächsten Schreiber kommentiert: «dann bla, bla, bla» – auf diesem Niveau erlebt er also die politische Konsequenz sozialkritischer Weisheit. Und der dritte setzt dazu: DANN BUM. Eine kurzgefaßte Geschichte eines Teils der Neuen Linken, und die Konsequenz, die die Enttäuschten aus ihr gezogen haben. «Ende gut, alles putt» steht im «Drogenkämmerchen» des Zürcher AJZ.

Die «autonomen» Räume werden mit Sprüchen «befestigt» – aber sie dienen nicht, wie im Islam, der geistigen Absicherung, sondern der fortgesetzten Verständigung über eigene Bedürfnisse; originelle Bürgerhaushalte schmücken sich damit (nicht zufällig) im Klo. Bei den Autonomen möchte die bürgerliche Ausnahme zur anarchistischen Regel werden: «kei Freizitorganisation – e Lebensform». So treuherzig spricht sie selten, die autonome Zuversicht. Öfter nimmt sie das, was gegen sie spricht, als Witz oder Klage in ihre Proklamationen auf: «Die Schwajz hat ihren Rajz», «Wir fordern die Abschaffung der Stadt Basel», «I. V. Sex» (intravenös? Invalidenversicherung? In Vertretung?), «Autonomie – au no mie» (auch noch «me» – auch noch mehr?). Von hier ist es nicht mehr weit zu jenen kompakten Parolen, die zum Kennwort und Leitmotiv der Bewegung geworden sind: «Freiheit für Grönland», «Nieder mit dem Packeis» oder das Lewis Carrollsche «Mehr Zebra, weniger Streifen».

Freilich: der Nonsens-Graffito war schon – wenigstens jenseits des Ozeans – zwanzig Jahre früher *in* gewesen. «I think, therefore I am, I think» – «Christ is the Answer – What was the Question?» Diese Sprüche verwiesen auf die Campus-Herkunft des Protests, auf den Ehrgeiz, seinen Witz auch in den Washroom mitzunehmen. Aber im Ernstfall war man nicht mehr akademisch und demonstrierte im Klartext: «Freedom for Vietnam!» – «Freiheit für Grönland» ist eine vergleichsweise phantastische und ziellose Parole, sie richtet sich an ein Nowhere Land. Nichts beleuchtet den Unterschied zu damals schärfer als die Tatsache, daß «Grönland» für die Erfahrung überall, für die Hoffnung fast nirgends mehr ist. Der «Autonomie» genannte Gegenzauber liefert die Verzweiflung an seiner Wirksamkeit gleich mit. Diese Verzweiflung entlastet sich von Fall zu Fall in Aggression; «ziellos» genannter Aggression.

Diese zweite Generation des Jugendprotestes genießt nicht, wie die erste, die Erleichterung eines präzisen gesellschaftlichen und humanistisch legitimierten Ziels – Stop the War, oder Civil Rights, Basisdemokratie oder Dritte Welt. Für diejenigen, die sich schon in der ersten Welt am Ende fühlen (ein Gefühl, das durch begünstigte Herkunft nicht entschärft wird), sind die Ersatz-Alternativen, voran die sozialistischen, aufgebraucht. Was bleibt, ist das Pathos der Geschädigten, die auch das grüne Leben (Körnerfressen genannt) verweigern.

Ihre Position läßt sich nur noch als summarische Provokation ausdrücken: «Macht aus dem Staat / Gurkensalat!» Freilich haben sie erlebt, daß diese Roheit, wie widerwillig immer, verstanden wird. Es bleibt wahr, daß mit «politisch» genanntem Verhalten innerhalb des Systems, daß mit jeder Art von taktischem Kalkül in Zürich nicht einmal ein AJZ zu gewinnen gewesen wäre. Die anscheinend steuerlosen Vollversammlungen, bei denen jeder mitreden kann, haben sich als taugliche Instrumente zur Entkräftung des hergebrachten Systems und seiner Mechanismen erwiesen – vorerst. Fraglich bleibt, wieweit die gesellschaftlichen Prozesse reichen, die auf diesem Weg ausgelöst wurden; ob sich auch nur die Jugendhäuser, diese Symbole der Autonomie halten lassen. Kann sich das Chaos ausbreiten, ohne sich zu verzehren? Noch lebt es von seiner Militanz, will sagen: dem täglichen Widerstand, den ihm die staatliche Ordnung bietet. Wie lange aber reicht und wohin führt dieses Angebot? Auch Selbstorganisation bedeutet natürlich Organisation und verfällt dem Gesetz jenes Handelns, dem man in die «Autonomie» entrinnen wollte. Die Verwaltung des Freiraums ist nicht denkbar ohne Einbußen an Freiheit. Das abgründige Mißtrauen, das auf früheren Vollversammlungen jeder Institution entgegenschlug, der hilfsbereiten so heftig wie der feindlichen, muß sich gegen die eigene Bewegung wenden, wenn sie Institution zu werden beginnt.

Ich meine, ein Gelingen des «Autonomie» genannten Versuchs würde Beweiskraft für die Zukunftsfähigkeit der Zivilisation im großen und ganzen haben. Wer ihren Zusammenbruch nicht wünschen kann, horcht auch die Sprüche der Bewegung nach ihrem Lebenswillen und ihrer Lebensfähigkeit ab. «Wenn schon, denn schön» – eine Untergangsparole – oder eine kleine Sicherheit gegen den Untergang? «Die nächste Steinzeit kommt bestimmt» – ist die Fröhlichkeit dieses Satzes eine Spur stärker als sein böser Fatalismus? «Leben ohne Liebe ist Mord» – und eine andere Hand setzt hinzu: «Pflanzt euch nicht fort.» Verweigert sich der Schreiber mit seinem schlechten Reim der Zukunft, oder unterschlägt er nur trotzig seinen Hinweis auf einen besseren Gebrauch der Gegenwart?

Es bleibt kühn, bei einer Bewegung, die sich selbst nicht trauen kann, eine Hoffnung für die Zukunft zu suchen. Was für die Revolte spricht, verlangt mutige Empfänger. Sie macht die Defizite der Zivilisation unleugbar und unvertuschbar, auch für diejenigen, die sich die Ohren zuhalten. Die öffentlichen Verdrängungsmechanismen greifen diesmal nicht. Das ist eine Chance, die nicht vertan werden darf. Die Bewegung mag um eine genaue Bezeichnung ihrer Ziele verlegen sein. Aber sie bezeichnet aufs schärfste den Ort, wo die Unbewegten stehen, und sie führt vor Augen, daß Bewegungslosigkeit lebensgefährlich geworden ist. Die Revoltierten sind keine Revolutionäre; aber sie reagieren kompromißlos auf die «Revolution in der Sache», die bereits stattgefunden hat: die industrielle Zerstörung von Öko-Sphäre und Lebensart. Die Meldung eines kulturellen Notstandes nicht zu unterschlagen, aber auch nicht in einem folgenlosen Nachrichtenkonsum untergehen zu lassen, ist heute mehr als eine Dienstleistung der Medien (auch dieses Mediums). Unser geschädigtes öffentliches Wahrnehmungsvermögen bedarf des schärfsten Stachels; ein gelähmter Selbsterhaltungsreflex kommt ohne Schockbehandlung nicht wieder in Gang.

«Is there life after birth?» (oder: «before death?») war schon in den sechziger Jahren die Frage an der Wand. Ein Teil der Jugend aus den europäischen Großstädten stellt sie noch einmal, in objektiv gebotener Schärfe, wie sie nur der subjektive Notfall eingeben kann. Eine dritte Warnung, der nachzukommen in unserer Macht stünde, wird vielleicht nicht gegeben. Die Zürcher Jugendrevolte hat sich an einem Kulturkredit entzündet. Sie hat – ironischerweise – die 40-

Millionen-Vorlage für die Erneuerung des Opernhauses «gerettet» – eine Trotzdemonstration der beleidigten Stimmbürger zugunsten ihres Kulturbegriffs. Als die Tragweite der Unruhe deutlicher wurde, hörte man die Version, der Opernhaus-Kredit sei nur ein «Auslöser» gewesen. Gewiß, aber doch kein zufälliger. Es ging – und geht – um eine Kulturfrage; die Frage, ob eine Kultur nur an ihren für «kulturelle Zwecke» reservierten Instituten hängt. Zugespitzt: ob wir eine Kultur haben oder eine sind.

Der als zynisch empfundene – und auch so gemeinte – Krawall-Aufruf der Bewegung zum «Besuch der Galavorstellung im Opernhaus» oder die über ein Juni-Festwochenplakat hingeschleuderte Programmänderung «Theater – machen wir!» decken allerdings ein Kulturdefizit auf, aber nicht nur bei den «Chaoten». Der Wand-Kommentar der Basler «Bewegung» zur «Hammer»-Ausstellung eines Basler Galeristen: «Nichts als eine billige, etablierte Kopie des AJZ». Einige der ausstellenden Künstler würden dieser Einschätzung kaum widersprechen. Ob das AJZ bessere Kunst produziere, ist nicht das Problem; aber die Frage nach der Entgrenzung des Kunst-Reservats, die Frage nach der Öffentlichkeit von Kunst, und damit der Geltungsanspruch von Kultur, war im AJZ in jedem Fall schärfer und genauer gestellt. Mit einem Kunstpreis wäre sie nicht zu beantworten. Kultur kostet diejenigen, die sie gewohnheitsmäßig beanspruchen, diesmal mehr als 40 Opernhaus-Millionen; auch mehr als Schadengeld für ein paar hundert zerbrochene Scheiben.

Sind die Folgekosten für Kultur – die ja wohl zuerst mit Rücksicht auf Menschen zu tun hat – höher als diejenigen für ein blind weiterlaufendes Industrie- und Konsumwachstum? Noch hilft sich die Gesellschaft so, daß sie ihre Lebensäußerungen spaltet, um für ihre Selbstzerstörung solvent zu bleiben; solche Spaltungsprodukte sind die «Kultur» (das Folgenlose) und die «Unkultur» (das Beängstigende). Die «Jugend»-Bewegung tendiert kraftvoll zur Aufhebung dieser Kästchen-Wirtschaft; hierin liegt das eigentliche Ärgernis. Sie nimmt dabei, bewußt oder nicht, die Kunst-Bewegungen der Moderne beim Wort, die sich – eben darin waren sie «modern» – der Sprengung eines «arbeitsteiligen» Kulturverständnisses verschrieben hatten. Jetzt erscheint, mit Nachhilfe der «Bewegung», diese Kunst-Utopie plötzlich im Licht kultureller Notwendigkeit. Die Kultur muß als ein Ganzes handeln, wenn sie eine realistische Überlebensoption behalten will; und sie muß als Kultur handeln, auch wenn es sie eine Reihe ihrer technologischen, wirtschaftlichen, sozialen Glaubensartikel kostet. Kultur aber beginnt – Ludwig Hohl zu zitieren – bei den «hereinbrechenden Rändern». Dort hat die «Bewegung» einen Prozeß eingeleitet, von dessen Ausgang die Lebensperspektiven des ganzen Systems abhängen könnten. Das Reich der Azteken ist in erster Linie an seiner Kommunikationsunfähigkeit zugrunde gegangen: die eigenen Boten, die Informationen über die Spanier brachten, wurden bestraft. Moctezuma zog vor, seine Götter durch Menschenopfer günstig zu stimmen, bis es zu spät war.

Seit die Ethnologie den ganzheitlichen Kulturmaßstab, der sich bei außereuropäischen Völkern aufdrängt, auch an die eigene Zivilisation anzulegen beginnt, ist sie zum kontroversen Schlüsselfach geworden. Es ist wohl kein Zufall, daß die «teilnehmende Beobachtung» eines Filmteams von Zürcher Ethnologen den Opernhaus-Krawall erst richtig zum Skandalon gemacht hat. Wir sind es nicht gewohnt, uns dem ethnologischen Blick auszusetzen. Denn dieser zieht keine Mauer zwischen Tempelbau und Ackerbau, zwischen Heiligem und Profanem, Feiertag und Alltag, Kunst und Handwerk – kurzum: zwischen Kultur und Kultur. Dafür billigen sogenannte Naturvölker den Lebensphasen auch eigene Lebensformen zu – im Unterschied zur «Leistungsgesellschaft». Jugendhäuser sind in der Südsee eine Selbstverständlichkeit, in den europäischen Städten entfesseln sie Bürgerkriege. Das ökonomische System der Industriestaaten straft seine Offenheit Lügen, wenn es den eigenen (autonomen) Raum, den die Jugendlichen für sich beanspruchen, nur als «rechtsfreien» Raum begreifen kann. Wer aber den eigenen Hinterhof als terra incognita, als wüste Fremde behandelt, dem fehlt es an Verständigung über sich selbst.

III.
Rebellierende Jugend

Deutungen – Analysen – Thesen

Die Jugendrebellion in Europa zu Beginn der achtziger Jahre «ist ausgebrochen in Ermangelung einer politischen Trägerschaft für das unerläßliche Umdenken der Werte und das Umschwenken auf einen anderen Kurs», hat Adolf Muschg im vorausgegangenen Kapitel festgestellt. Sie ist damit nicht nur lautstarke Reaktion von Betroffenen auf gesellschaftliche Krisenerlebnisse, sondern auch ein Versuch, wenigstens für sich selbst den Kurswechsel probeweise vorzunehmen. Die Frage dabei ist: Hat die Jugendbewegung letztlich doch nur Symptomcharakter, ist sie gleichsam die Fieberkurve der Gesamtgesellschaft – oder bietet ihre Krisenkritik eine allgemein gültige, lebensverändernde Perspektive?

Kontrovers ist im weiteren aber auch, ob die jugendlichen Protestformen aus sich heraus eine an Humanitätsidealen orientierte Moral hervorbringen können, die Verweigerungsverhalten rechtfertigen, vielleicht sogar beispielhaft für die Erwachsenenwelt wirken kann – oder ob sich die jungen Aussteiger in ihrer Begeisterung für übermächtige Sinnlichkeit im Gefühlsdusel verlieren, vielleicht sogar verführbar werden für destruktive Verweigerungs-Ideologien mit neofaschistischer Tendenz.

Die folgenden vier Beiträge untersuchen das gebrochene Verhältnis zwischen den Generationen und erörtern die wichtige Rolle, die der Jugendrebellion im sozialen Wandel der Gesellschaft zukommt.

11

Walter Hollstein

Autonome Lebensformen

Über die transbürgerliche Perspektive der Jugendbewegung

Unsere Epoche steckt im Zeichen der Krise. Resignation, Hoffnungslosigkeit, Zynismus und Fluchttendenzen greifen im Alltagsbewußtsein der Menschen um sich und werden von der Berichterstattung der Tagespresse, den Horror-Comics, den Katastrophenfilmen und der anwachsenden Gewaltliteratur noch verstärkt. In seinem vieldiskutierten Buch «Das Zeitalter des Narzißmus» notiert Christopher Lasch dazu: «Allerorten scheint die bürgerliche Gesellschaft ihren Vorrat an konstruktiven Ideen aufgebraucht zu haben.»

Verfolgt man die gegenwärtige populäre, soziologische, sozialpsychologische, ökonomische und philosophische Literatur, so setzt sich das Krisensyndrom unserer Gesellschaft aus folgenden Symptomen zusammen:

1. Das technische Zeitalter, einst für den Menschen als hilfreich gepriesen, erscheint heute immer mehr als Bedrohung für alles Leben. Die Völker haben auch nach den Schrecklichkeiten des Zweiten Weltkrieges die Aufgabe nicht gelöst, nach dem Zusammenbruch der alten Welt eine neue, menschlichere zu errichten. Im Gegenteil: Die bislang umfassendste Beherrschung der Natur verwandelte sich in die bislang schlimmste Bedrohung des Menschen durch die Atomkraft. Zum erstenmal in der Geschichte stellen die Menschen die Möglichkeit bereit, sich selber auszurotten.

2. In allen Ländern wachsen die sozialen Probleme. Wenn es auch einigen Ländern besser geht als anderen, der Schweiz beispielsweise oder Norwegen, so sind doch alle

heute mit der Zunahme von Kriminalität, Arbeitslosigkeit – insbesondere innerhalb der Jugend –, Drogenabhängigkeit, Alkoholismus, Suizid, Scheidungen, Gewalt und Vandalismus konfrontiert.

3. Im politischen Bereich nimmt die Partizipation auf gefährliche Weise ab. Die Politiker beklagen die Lethargie der Bürger, und die Bürger kritisieren die Politiker als «hermetische Elite». Meinungsumfragen in den meisten westlichen Ländern beweisen, daß das Interesse an politischen Fragen und die aktive Beteiligung am politischen Leben sukzessive nachlassen und gleichzeitig privatistische Tendenzen stark zunehmen.

4. Diese privatistischen Tendenzen werden durch die Entwicklung von Ökonomie und Arbeitsleben gefördert. Neben den schon strukturell vorgegebenen Unterordnungs- und Abhängigkeitsverhältnissen in der Arbeitswelt wird die Selbständigkeit der Schaffenden durch Spezialisierung und Mechanisierung des Arbeitsprozesses immer weiter eingeschränkt. Der Rhythmus der Arbeit wird von der Maschine bestimmt, die, so wie sie zumeist eingesetzt wird, Subjektivität und Autonomie des Menschen negiert.

Diese Entwicklung gilt heute gleichermaßen für Fabrik, Büro und Supermarkt. Der einzelne kann sich in seiner Arbeit kaum mehr ausdrücken. Seine Leistung erscheint ihm oft sinnlos, weil ihm die parzellierte Arbeit zusammenhängende Erkenntnis und Wertung unmöglich macht. Die Folgen sind bekannt: Die Arbeitszeit wird zunehmend als leere Zeit verstanden, als unerfreuliches Mittel zum Geldverdienen, um sich wenigstens ein schönes Privatleben zu ermöglichen.

5. Die Arbeitswelt entläßt den Menschen jedoch nicht in ein Refugium der Unabhängigkeit. Der einzelne ist prinzipiell zwar frei, was ihm in der demokratischen Verfassung zugesichert wird, doch er muß sich nach dem Ordnungsgefüge der bestehenden Gesellschaft richten. Diese Gesellschaft wird nun, in einem historisch neuen Sinn, immer totalitärer: Sie zielt auf eine Uniformierung der Menschen in der Me-

chanisierung der Arbeitsprozesse, der Abnahme des Meinungspluralismus, der Vereinheitlichung der Konsumangebote, der Werbung und der persönlichen Datenerfassung.

Diese Uniformierung als Vermassung zeigt sich indessen als widersprüchliches Phänomen; in Wirklichkeit vermag sie nicht über eine wachsende Isolierung des Menschen hinwegzutäuschen, weil in der Masse kaum substantielle Gemeinschaftsbeziehungen möglich sind. Größe und Undurchsichtigkeit der städtischen Lebensweise verstärken das Gefühl der Vereinsamung. Die Stadt erscheint als Moloch; sie erschwert die soziale Integration, anstatt sie zu erleichtern. Das Wort von der modernen Bindungslosigkeit geht um. In der Tat war der Mensch vergangener Gesellschaften viel mehr in Großfamilie, Gruppe, Dorf, Kultur, Religion und Tradition eingebunden und damit auch in seinem Verhalten gefestigter.

Heute werden alle verbindlichen Normen und Werte wie Gemeinschaft, Vaterland, Ehrfurcht vor dem Leben, Treue in der Zweierbeziehung, Höflichkeit – um nur einige Beispiele zu nennen – in Frage gestellt. Selbst Macht verwandelt sich in ein anonymes Gefüge. Der Zusammenhang zwischen den Entscheidungen des Individuums und den Geschehnissen in der Gesellschaft wird immer brüchiger. So konstatieren die Sozialwissenschaftler heute eine zunehmende Orientierungslosigkeit des Bürgers.

6. Das Resultat der Malaise in Politik, Arbeitswelt und Gesellschaft ist die schon erwähnte Abwendung von den gesamtgesellschaftlichen Bezügen und der damit verbundene Privatismus. Alle neueren soziologischen Untersuchungen bestätigen diesen Trend zum Rückzug in mikrosoziale Strukturen.

Der Zeitgenosse sucht also in der Privatsphäre zu kompensieren, was ihm in der Öffentlichkeit an Glück, Erfolg und Selbstverwirklichung vorenthalten wird. Die Wertverlagerung ist offensichtlich: der Sinn des Lebens wird nicht mehr in der Arbeit, sondern allein in der Freizeit gesehen.

Indessen sind Freizeit und Freiheit nicht mehr in gleichem

Maße identisch wie in früheren Epochen. Zwar ist der Mensch in seiner Freizeit den Zwängen der Arbeitswelt nicht mehr ausgesetzt; dafür gerät er in die subtileren Mechanismen der Konsumindustrie. Fraglos wirkt der systematisch angeheizte Konsumdrang auch auf das Familienleben zurück. Die vielen Anschaffungen und Freizeitaktivitäten als Statussymbole bedingen den forcierten Gelderwerb beider Partner. Mann und Frau reiben sich im Existenz- und Konsumkampf auf.

7. Die Frustration alltäglichen Lebens versucht der Mensch in unterschiedlichen Zustandsformen gesteigerten Erlebens zu kompensieren: am Steuer, im Alkohol, mit Television oder in den Sportarenen – um nur Beispiele zu bezeichnen.

Das Individuum sucht und erträumt sich Reservate. Dieses Linderungsmittel ist alt; Nietzsche etwa beschreibt in seiner «Geburt der Tragödie», wie die Griechen die Unzulänglichkeiten des Alltags mit der glänzenden Traumgeburt des Olympischen überwanden.

Den Massenmedien sind hier bedeutsame Aufgaben zugefallen. Sie liefern Gegenbilder und Tagträume. Damit werden allerdings die Werte des Besonderen, des Schönen und des Glückhaften aus der sozialen Wirklichkeit, wo sie so recht eigentlich ihren Ort haben müßten, in den Reservatbereich des Imaginären verbannt – über die Medien, staatlich oder privatkapitalistisch organisiert und kontrolliert.

Die hier genannten Krisensymptome unserer Epoche hat Christopher Lasch unter den Begriff des Narzißmus subsumiert. Was bis dahin ein Terminus technicus der Psychoanalyse gewesen ist, wird von Lasch nun dazu verwendet, den Menschentypus unserer Gegenwart wissenschaftlich zu charakterisieren. Danach wird der neue Narziß unserer Tage nicht mehr von Schuldgefühlen, sondern von Ängsten gequält. Vom Aberglauben der Vergangenheit befreit, bezweifle er nun sogar die Realität seiner eigenen Existenz. Im tiefsten sei er unsicher, nur oberflächlich entspannt. Mit ethischen Dogmen wisse er nichts mehr anzufangen: sie könnten ihm keine Richtlinien mehr bieten; gleichzeitig sei der neue Narziß indessen auch der Sicherheit von Gruppenloyalitäten verlustig gegangen und fasse jedermann als Rivalen um jene Vergünstigungen auf, die ein paternalistischer Staat vergebe. Er preise Teamwork und Kooperation, habe aber in Wirklichkeit tiefsitzende antisoziale Impulse. Er predige Achtung vor Ordnungsprinzipien, sei aber gleichzeitig davon überzeugt, daß diese für ihn selber nicht gelten. Im Gegensatz zu früheren Zeiten verlange der neue Narziß nach unverzüglicher Befriedigung seiner Wünsche und lebe ständig in einer Anspannung ewig unbefriedigten Begehrens.

Mißgunst und Ausbeutung beherrschten sogar die intimsten Beziehungen des neuen Narziß. Gleichzeitig nehme er aber persönliche Beziehungen ungeheuer wichtig, da er sie zur Stärkung seines schwachen Ichs benötige. Eitle Selbstgefälligkeit sei ein wesentliches Merkmal des Narziß und erkläre auch die Vorliebe des Zeitalters für Publicity, Medien, Werbung und so fort.

Gegen die Bedingungen und Entwicklungstendenzen der Epoche wenden sich seit den fünfziger Jahren die verschiedenen Protestbewegungen. Sie konstituierten sich erstmals und bezeichnenderweise dort, wo zum einen die Negativkennzeichen der Epoche kumulierten, wo aber zum anderen auch noch genug Raum zur Entfaltung von Alternativen vorhanden war: in den USA mit der sogenannten Beat-Generation Ende der fünfziger Jahre, später dann der Hippie-Bewegung und, seit Ende der sechziger Jahre, dem Underground und deren Nachfolger.

Im Gegensatz zu den progressiven Oppositions- und Protestbewegungen früherer Zeiten bezeichnet die seit der Beat-Generation anhaltende Suche nach alternativen Lebensformen historisch insofern eine Zäsur, als ihr ganz neue Struktur- und Wesensmerkmale zu eigen sind. Die wichtigsten seien knapp resümiert:

1. Ausgangspunkt der Bewegung ist keine festgefügte

Theorie, wie das etwa bei Sozialisten und Kommunisten, aber auch bei Anarchisten und in der Gewaltszene (RAF; Bewegung 2. Juni; Rote Brigaden) der Fall ist. Der Alternativ-Bewegung sind vielmehr ihre konkreten Lebenserfahrungen, Gefühle und Wünsche näher als jedwedes abstrakte Gedankengebäude. Ihr Ausgangspunkt ist deshalb der vitale, existentielle Protest, wie er sich beispielsweise bei den «Beats» in einem dezidierten Ekel über die amerikanische Gesellschaft äußerte, wo, wie Jack Kerouac beschrieb, «Millionen einander auf der Jagd nach Dollars drängen und stoßen: raffend, grabschend, gebend, seufzend, sterbend, in einem verrückten Traum, nur damit sie in jenen furchtbaren Friedhofsstädten hinter Long Island City begraben werden».

2. Entgegen früheren progressiven Sozialbewegungen konzentrieren sich die alternativen Gruppierungen auch nicht auf die exakte Ausarbeitung einer Revolutionstheorie oder gar auf die Beschreibung dessen, was an Gesellschaftsform und menschlicher Beziehung nach der Veränderung des Bestehenden entstehen sollte. Aktuelle Praxis war ihnen wichtiger als schöne Utopie. Jerry Rubin erklärte: «Schon jetzt, wenn wir handeln, müssen wir die Kennzeichen jener Welt verwirklichen, die wir anstreben: Schönheit, Liebe und Offenheit.»

Statt Flugblätter zu verteilen oder – wie die Studentenbewegung – in gescheiten Schriften für ihre Ideen und Ziele zu werben, ziehen es die alternativen Gruppierungen vor, durch konkrete Praxis zu werben. Das anschauliche und lebbare Beispiel gesünderer Nahrung, abgeschaffter Konkurrenzverhältnisse im Arbeitsleben, Solidarität im Zusammensein, gleichen Lohns und gleicher Verteilung, sinnvoller Energieversorgung und anderes dünkt sie überzeugender als jedwede intellektuelle Äußerung in Wort und Schrift. So könne auch der Außenstehende experimentierend erfahren, was alternatives Leben bedeute und angesichts des konkreten Beispiels seine Ängste vor unbekanntem Neuen verlieren.

3. Der Widerstand gegen das bestehende Gesellschaftssystem soll nicht mehr in den traditionellen Parteien und existierenden politischen Organisationen erfolgen, sondern neu strukturiert werden. Jerry Rubin postulierte: «Revolution ist kein Resultat, sondern ein Prozeß. In der Revolution befreit der Mensch sich selber und wird unabhängig, indem er seine Identität erschafft und entdeckt.» Solch programmatischer Aussage entsprechend, haben die alternativen Gruppierungen ein Arsenal von Möglichkeiten und Strategien entwickelt, Politik aus den festgefügten Organisationen auf die Straße zu bringen und Politik zur Sache aller Bürger werden zu lassen.

4. Die alternativen Gruppierungen wenden sich in ihrer Gesellschafts- und Organisationskritik nicht nur gegen den Kapitalismus, sondern ebensosehr gegen den Sozialismus. Der *Eisbrecher*, das Blatt der Zürcher Bewegung, notiert dazu exemplarisch: «Der Kapitalismus und der Sozialismus sind dem Untergang geweiht. Beide verfolgen ein rein materielles Ziel und degradieren das Individuum zum Konsum- und Arbeitsvieh. Beide werden von einem kleinen Kreis einflußreicher Herren be‹herr›scht; sei es durch das Kapital, das sich bei den einen Herren mehr und mehr massiert, sei es durch das Politbüro, das nur aus einem engen Kreis Mächtiger besteht.» Dagegen fordern die alternativen Gruppierungen seit ihren Anfängen, daß sich die Menschen erst selber ihrer Zwänge, Ängste und Einschränkungen bewußt werden müssen, bevor eine freiere Gesellschaft entstehen kann. «No one else can make your change!» sang schon George Harrison von den Beatles als Leitmotiv der Bewegung.

5. Gegen den Attentismus der traditionellen Linken setzten die alternativen Gruppierungen schon frühzeitig ihren augenblicklichen Veränderungswillen. Sie wollen sich nicht auf ferne Revolutionen und die klassenlose Gesellschaft in weiter Zukunft vertrösten lassen, sondern ihr aktuelles und einziges Leben neu gestalten. Dazu schufen sie sich den gegengesellschaftlichen Rahmen von eigenen Werkstätten, Läden und sonstigen Arbeitsmöglichkeiten, von Kommunen,

Wohngemeinschaften, Medien, Theatern, Schulen und anderem. In diesen Gegeninstitutionen versuchen sie ihren Zielen von einem neuen Menschen näherzukommen.

Seit sich die spätkapitalistische Gesellschaft in den fünfziger Jahren zur Hochblüte entfaltet hat, läßt sich auf ihrer anderen Seite – wie geschildert – eine zunehmende Bewegung von sich verweigernden Jugendlichen beobachten. Das Gemeinsame der unterschiedlichen Gruppen ist ihr Versuch einer ethischen Neubestimmung von Leben und Gesellschaft, die Verlagerung des Gewichts von materiellen Werten wie Status und Besitz auf immaterielle wie Glück und Selbstbestimmung.

Die Jugendlichen werfen in ihrer Kritik dem System grosso modo vor, Persönlichkeit, individuelle Erfüllung und mitmenschliche Beziehungen auf bloßen Warencharakter zu reduzieren. Aber nicht einmal die materielle Welt sei in Ordnung; im Gegenteil kennzeichne sie eine zunehmende Arbeitslosigkeit, sich häufende Wirtschaftskrisen, ein abnehmendes materielles Lebensniveau, steigende Folgekosten des industriellen Wachstums wie zum Beispiel die ökologische Problematik. Ferner vergrößere sich die soziale Ungerechtigkeit: in der «ersten» Welt würden immer mehr Gruppierungen – von den Jungen über die Behinderten bis zu den Alten – an den Rand der Gesellschaft geschoben; in der «Dritten» Welt würden täglich mehr Menschen an Hunger, Seuchen und Katastrophen sterben.

Die ideologische Krise zeige sich nicht minder groß: Weder gebe es noch Wertvorstellungen, an die vorbehaltlos geglaubt werden könne, noch vermöge der Staat Normen zu vermitteln, die in sich überzeugend wären. Öffentlich angepriesene Lebensziele wie Besitz, Konsum und Geld könnten nicht mehr zur Leistung motivieren und noch weniger dem einzelnen Lebenssinn stiften.

«Loyalität» sei heute das Zauberwort für ein immer enger werdendes Sesamtor zu Karriere, Erfolg und Vermögen. Viele sähen aber keinen Sinn mehr, sich in ihrer Ausbildung für ein Ziel zu plagen, dessen Erreichen auf Grund des Mangels an Arbeitsplätzen immer unwahrscheinlicher werde oder für das es sich aus moralischen und politischen Gründen nicht mehr lohne, Energien zu mobilisieren.

In empirischen Untersuchungen stellen Soziologen die Auffälligkeit des Sinnverlustes unter den Heranwachsenden fest, das traditionelle Legitimationssystem der bürgerlichen Gesellschaft habe sich bei den Jugendlichen aufgelöst. Die Verweigerungshaltung gegenüber dem System der Erwachsenenwelt breite sich aus.

So wird für viele Jugendliche das Leben zu einem Wechselspiel zwischen Auftauchen und Abtauchen, das heißt von objektiv erzwungener Zeit in der «offiziellen» Gesellschaft (Familie, Schule, Ausbildung, Arbeit) und von subjektiv gewollter Zeit in der Subkultur (peer-group, Discothek, Club, Straße). Noch weiter gehen jene Jugendlichen, die mit den Institutionen der «offiziellen» Gesellschaft gar nichts zu tun haben wollen und autonome Bereiche von Leben und Arbeiten aufzubauen versuchen.

Selbstbestimmung ist das Losungswort jugendlicher Alternativ-Bewegungen seit je. Mit der Verstärkung sozialer Kontrolle in den vergangenen zehn Jahren – etwa durch den Ausbau der Polizei, des Staatsschutzes und der systematischen Datenerfassung – und der parallel laufenden Entwicklung von Bewegungseinschränkungen – vor allem durch Umweltzerstörung, Verbetonisierung der Städte, Verschwinden von Spiel- und Grünflächen – hat sich der jugendlich-alternative Wunsch nach Selbstbestimmung noch um ein Vielfaches potenziert. Gegenüber den zuvor beschriebenen Realitäten und Tendenzen verlangen die Jungen mit Entschlossenheit: Freiraum, Selbstverwirklichung, die Möglichkeit zur Authentizität. «ICH, nicht die Gesellschaft», formuliert die Bewegung auf Häuserwänden programmatisch.

Das ist nun keineswegs Ausdruck einer neuen Asozialität. Der Slogan meint, daß sich die Jugendlichen primär selbstbestimmen und nicht primär fremdbestimmen lassen wollen; sie weigern sich, eine Gesellschaft zu akzeptieren, die als Anspruch an ihre Menschen die völlige Anpassung verlangt und damit die Aufgabe aller Individualität, Selbstbestimmung und persönlichen Wünsche voraussetzt. Weil sie eine solche totalitäre Tendenz von individueller Unterwerfung gegenüber unserer Gesellschaft bereits merken, verlangen sie immer militanter Freiraum, sei es nun in den instandbesetzten Häusern, sei es in Form autonomer Jugendzentren. Auf solch unkontrolliertem Terrain wollen sie sich selbst erproben, mit anderen neue Umgangs- und Lebensformen erfinden, Dasein experimentierend erfahren. Diese Wirklichkeit von Autonomie ist keineswegs egoistisch: Zur Selbstbestimmung gehört untrennbar die Selbstorganisierung, und diese setzt Sozialität nachgerade voraus.

In den instandbesetzten Häusern in Berlin und anderswo gibt es Vollversammlungen und Häuserräte. Die Amsterdamer Kraaker verfügen über eine regelrechte eigene Infrastruktur, die Christianitter in Kopenhagen haben einen ganzen Stadtteil autonom in eine alternative Lebensgemeinschaft transformiert.

Die Autonomie der «Szene» darf also nicht als egoistische Abwendung von der Gesellschaft mißverstanden werden; im Gegenteil kritisiert die «Szene» ausdrücklich den Egoismus, die Isolierung und Kommunikationslosigkeit als Daseinshaltung in der «offiziellen» Gesellschaft: Daß wir kaum noch offen aufeinander zugehen können; daß wir die anderen sogleich etikettieren und zur eigenen Angstabwehr in feste Schubladen einordnen; daß jeder seine Maske trägt, jeder cool sein will; daß wir in öffentlichen Verkehrsmitteln hautnah aneinander sitzen und doch nicht miteinander reden können; daß keiner mehr dem anderen hilft; daß jeder gegenüber jedem mißtrauisch ist, im Nächsten den Feind wittert und nicht den Freund vermutet.

Gegenwelt dazu einzuüben braucht viel, vor allem Zeit. Wenn der an die Normen unserer leistungsintensiven Gesellschaft angepaßte Beobachter dann sieht, wie die jungen

Frauen und Männer der Szene eng beieinander hocken, miteinander reden, sich dabei anfassen und das alles ein zumeist stundenlanges Ritual ist, fällt es ihm schwer, solches nicht mit den gängigen Normen zu messen. Vorurteile drängen sich ihm auf: Müßiggänger, Faulenzer, Schmarotzer, alles auf Kosten des lohnabhängigen Steuerzahlers, «wir arbeiten für die», oder: «unter Hitler hätten die Torf gestochen». Arbeiten, etwas leisten, malochen, Geld verdienen: das hat den meisten Hirn und Herz dermaßen verstellt, daß die Existenz sich darauf reduziert. Hier treffen sich denn auch einig Rechte und Linke: für beide ist menschliche Wesensfindung ausschließlich über die Arbeitsleistung möglich, nicht über den kommunikativen Akt, über gemeinsames Nachdenken, Zärtlichkeit, Musik hören, Malen.

So wird übersehen, was in der zusammenhockenden, schwatzenden, schweigenden, musizierenden, sich anfassenden, nachdenkenden Szene eigentlich Neues passiert. Da versuchen Jugendliche, wieder wie Menschen miteinander umzugehen, indem sie sich offen gegenübertreten, die Maske ablegen, den anderen kennenlernen und ihn akzeptieren. So stellt sich Vertrauen ein und Verlaß auf den anderen; man hat mit ihm kommuniziert, ihn kennengelernt, weiß um seine Schwächen, Probleme, Stärken und Fähigkeiten; ebensolches weiß dieser andere von einem. Über das Reden, das gemeinsame Kochen und Essen, Musik hören, Renovieren, Möbelstücke besorgen, Kleider nähen – über diese konkreten Alltäglichkeiten machen sie sich ein Bild voneinander. Die Wirklichkeit ist Basis und Maß der gegenseitigen Einschätzung, nicht Normen, abstrakte Ansprüche, rigide Vorstellungen.

Aber Autonomie ist nicht leicht. Aus einem autonomen Jugendzentrum kommt die Selbstanklage: «Nicht nur die Behörden und die Polizei gefährden unsere Autonomie, auch solche Typen aus unseren eigenen Reihen. Mich scheißt es an, wenn die Leute tagelang herumhängen und nicht einmal fähig sind, ihre Finger zum Arschloch rauszunehmen und ihren eigenen Dreck, den sie produzieren, aufzuputzen.» Und, was Autonomie sicher nicht ist: «Einige verstehen darunter, ungestört ihren Egotrip durchzuziehen, andere zeigen sich als schamlose Ausbeuter und Unterdrücker, alles begründet mit dem Blankoscheck Autonomie.»

Doch Autonomie ist ein Lernprozeß, und es wäre falsch von jemandem, der sie fordert, auch sogleich zu erwarten, daß er sie schon zu leben vermag. Gewiß: die alten Verhaltensmuster sollen im autonomen Raum der Jungen abgestreift und die neuen Lebensformen eingeübt werden. Das geschieht. Aber dieser Lernprozeß wird auch überlagert von den menschlichen und sozialen Problemen dieser Gesellschaft: der Jugendarbeitslosigkeit, den vor dem Skandal der öffentlichen Erziehung geflüchteten Heimzöglinge, den Trebegängern, den Fixern und jugendlichen Alkoholikern, den unfreiwillig Schwangeren, den psychisch Kranken, den Kaputten, den Apathischen und den Chaoten. Die Szene hat, was die Gesellschaft so alles an Unglück produziert.

Das Unglück ist aber auch in jenen, die aus intakten Elternhäusern der Mittelschicht kommen. Auch deren Slogan lautet: «Wir haben nichts zu verlieren außer unserer Angst.» Das mag pathetisch klingen; doch wenn man in die vielfach grauen Gesichter von 14jährigen, 16jährigen guckt, müssen sich Zweifel vor solcher Realität verstecken. Nachgerade dramatisch schildern diese Jungen die Verkürzung ihrer Lebensperspektive: der Stress der Eltern hat sie um die Kindheit betrogen; die Schule hat die für sie wesentlichen Persönlichkeitsmerkmale von Solidarität, Einfühlung, Phantasie und Kreativität zerstört; der Arbeitsmarkt hat keinen Platz für sie; die Umweltbedingungen verschlechtern sich von Tag zu Tag; der Atomkrieg droht, und vor dem instandbesetzten Haus stehen die Polizei, der Spitzel, der Staatsanwalt. Wenn diese die Träume nicht zerschlagen, kommen bald die Unbilden des Winters, in Häusern, wo Privatbesitzer und Staatsgewalt Strom, Wasser und Heizung gekappt haben. Katastrophenstimmung.

In ihren Elternhäusern waren die Jugendlichen ständig mit den normativen Appellen und Erwartungen von Vater und Mutter konfrontiert. Vielfach sind Leistungsansprüche das einzige, was die Szene konkret mit Elternerfahrung verbindet. Für Probleme waren Vater und Mutter nicht da. Die Kinder vermißten die einfache Anstrengung, sie auch nur zu verstehen. Die Eltern, so klagen sie bitter, stellten den materiellen Rahmen der «Aufzucht» zur Verfügung: Wohnung, Verpflegung, Kleidung, Taschengeld.

Was Emotionalität, Zärtlichkeit und wirkliches Miteinander bedeutet – so behaupten sie –, lernten sie erst jetzt kennen, im instandbesetzten Haus, im autonomen Jugendzentrum, fernab ihrer Eltern. So stehen sie Vater und Mutter mißtrauisch bis ablehnend gegenüber: «Die Erwachsenen wollen nie begreifen, daß wir nicht auf der Welt sind, um dankbar zu sein.» Und: «Wofür dankbar sein, wo wir so verkorkst sind!» Sie werfen ihren Eltern Unverständnis vor, aber sie wollen auch nicht verstehen, aus welchen Zwängen und Bedingungen dieses angebliche Unverständnis der Oldies erwachsen ist.

«Aufstand im goldenen Käfig» wurde genannt, was gegenwärtig in der Szene der meisten westeuropäischen Großstädte sich abspielt. Dies Diktum unterstellt, daß hier Jugendliche revoltieren, die vielleicht nicht alles, aber doch das meiste haben. Das ist heute zweifach falsch: Zum einen ist die Szene – im Gegensatz zu 1968 – sozial gemischt; es ist kein Protest der Bürgerkinder mehr, sondern *auch* ein Protest der Bürgerkinder. Aber diesmal ist die Unterschicht dabei: der Hauptschüler ohne Berufsperspektive, der Treber, der Lehrling, der seine Lehre «geschmissen» hat, der Heimzögling aus dem lumpenproletarisch zerrütteten Elternhaus: der Sozialfall par excellence. Der «goldene Käfig» ist da weit; Käfig wohl, aber «golden» nun gewiß in keiner Weise.

In Berlin-Kreuzberg zum Beispiel, einem der traditionellen Arbeiter- und Unterschichtbezirke, hat die Sanierungskoalition aus Staat und Privatkapital Lebens- und Arbeitsräume systematisch zerstört. Dort wurde der förderliche

Nährboden für ein jugendliches Lumpenproletariat geradezu staatsoffiziell gezüchtet. So antiquiert dieser Begriff als gesellschaftsanalytische Kategorie inzwischen sein mag, in Kreuzberg trifft er triste Realität.

Gerade auch diese Jungen aus den alleruntersten Schichten unserer Gesellschaft schlagen heute frustriert, perspektivlos oft, voller Haß zurück; sie treffen dabei nicht die Verantwortlichen, aber – vielfach ohne große Überlegung, indessen unbewußt richtig – die Symbole des Systems: das Super-Warenhaus, die Konzerntür, die Fensterscheiben von Banken und Luxusläden.

In der Szene von instandbesetzten Häusern oder autonomen Jugendzentren unterscheiden sich die Unterschichtjugendlichen zumeist kaum von den anderen, jedenfalls nicht im Erscheinungsbild von Jeans, Parkas und den Accessoires der Bewegung. Man muß schon genau hinsehen, um Trennungslinien zwischen den Schichten zu entdecken: in der Ausschmückung und Dekoration der Zimmer zum Beispiel – Nüchternheit bei der Mittelschicht, pragmatisch der Gebrauchswert im Vordergrund; etwas überladen, manchmal schon kitschig-prunkig bei der Unterschicht. Oder bei den Eßgewohnheiten – bei der Unterschicht häufig die Currywurst vom Stand an der Ecke, bei der Mittelschicht eher bewußtes Ernähren: Körner, Müsli, frisches Gemüse, biodynamisch.

Probleme – so die Jugendlichen selber – soll es auf Grund der unterschiedlichen Herkunft nicht geben, jedenfalls keine gravierenden. Was etwa die Sozialisationsliteratur aufbauscht als Verständnisproblem zwischen einer Unterschicht mit restringierter Sprache und der Mittelschicht mit einem elaborierten Code, wird lachend beiseite geschoben, es gebe keine Kommunikationsschwierigkeiten solcher Art.

Dafür etabliert sich eine neue Sprache, codeartig: mit anglo-amerikanischen Brocken, zum Beispiel: «Power auf Dauer», Englisches eingedeutscht: «antörnen», «ausflippen», mit Versatzstücken aus der Gasse, dem Fäkalbereich, der Drogen-Szene und nicht zuletzt aus dem Knast – zum Teil schon kaum mehr verständlich für den Outsider.

Auch das Argument von einst, daß Schichtzugehörigkeit spätestens dann wichtig ist, wenn der Ausstieg aus der Szene ansteht, wird als ungültig verworfen. Man wolle gar nicht mehr zurück; das kennt man natürlich von Hippies, gammelnden Bürgersöhnen und den Berufsrevolutionären aus der Studentenbewegung, die sich – Jahre später – im Betrieb des Vaters, im Unijob oder in der Werbebranche wiederfanden. Neu ist in der Szene indessen die Abneigung der Mittelschichtkinder gegen Schule, Studium, Theorie und akademische Zukunft: die Professorentochter will lieber eine Schreinerlehre machen, der Pfarrerssohn möchte Gärtner werden und die Tochter des höheren Verwaltungsbeamten Schneiderin. Wie sich solche Tendenz zum freiwilligen «sozialen Abstieg» tatsächlich umsetzt, wird sich erst noch erweisen müssen.

Die Autonomen verstehen ihre Lebenswelten nicht mehr einzig als Protest gegen eine Gesellschaft der Konkurrenz, des Profits, der Aggression und des Krieges, sondern sichtbar und bewußt als Inszenierung einer Gegenwelt der Kooperation, der Solidarität und des Friedens. Diese soll nicht mehr von wenigen bestimmt und alsdann einer passiven Mehrheit aufgezwungen werden; vielmehr will man gemeinsam einrichten, aufbauen, probieren, verwerfen, belassen, testen und mit Möglichkeiten spielen. Nicht Autoritäten sollen anordnen, sondern Menschen in freier Assoziation entscheiden über ihr eigenes Dasein. Arbeit soll nicht mehr ausgeführt werden, um nur zu verdienen; vielmehr soll sie wieder sinn- und menschenbildend sein.

Das alles läßt sich nicht in einer anonymen und bürokratisierten Gesellschaft verwirklichen, sondern verlangt den enger gesetzten Rahmen überschaubarer Gemeinschaften. In solchen autonomen Einheiten können sich Solidarität, Zusammenarbeit, Verständnis und Selbstverwirklichung entfalten, ohne daß das Kollektiv die individuellen Regungen unterdrückt oder das Individualistische das gemeinsame Werk verhindert.

In solchen Gemeinschaften verändern sich auch die menschlichen Bedürfnisse nachhaltig; nicht mehr die Jagd nach Erfolg, Statussymbolen, Karriere und Konsum steht an, sondern Autonomie, Selbstverwirklichung, Kreativität, Gemeinsamkeit, Erfüllung und Glück.

Blicken wir auf Beats, Provos, Studentenbewegung und Underground zurück: Den Anspruch, gegengesellschaftliche Lebenswelten aufzubauen, darin neue Lebensformen zu entwickeln und sie auch zu stabilisieren, vermochte bis anhin nur eine kleine Minderheit zu verwirklichen. Viele Jugendliche, die die bestehende Gesellschaft verlassen hatten, um das Neue und ganz andere zu finden, sahen sich dagegen bald vor dem Ruin ihrer Hoffnung. Sie versuchten in der Folgezeit zumeist ihre Enttäuschung in den Subkulturen der Pop-Szene, der Drogen, der Aktualisierung christlicher und asiatischer Religionen zu kompensieren. Eskapismus ist das entscheidende und auch verbindende Moment dieser Bewegungen. Die gesellschaftsverändernde Komponente verlor sich weithin in Musik, Drogen und Ritual.

Das zeigt, wie Desintegration in der gesellschaftlichen Praxis zweierlei zu bedeuten vermag: Sie kann Ansatz zu Lösungen kollektiver Probleme sein und andererseits zur Flucht vor den gesellschaftlichen Widersprüchen werden. Die Entscheidung über den Weg zu jenem Ziel oder dieser Sackgasse fällt stets, wenn es gilt, aus dem erklärten Anders-sein-Wollen konkrete Alternativen zur bestehenden Gesellschaftsordnung und deren Lebensformen zu entwickeln. Damit ist nun nichts anderes gemeint, als daß es nicht darum gehen kann, nur Freiräume zu finden, sondern daß es darum gehen muß, in der bestehenden Gesellschaftsordnung gegengesellschaftliche Modelle zu verwirklichen, die sich mit diesem Bestehenden kritisch und alternativ auseinandersetzen.

Das setzt die Umstrukturierung des sozialen Raums voraus, in dem man lebt. Diese Umstrukturierung verlangt durchaus bürgerliche Eigenschaften: Konzentration, Leistung, Kontinuität, Fleiß, Anstrengung, Planung. Instandbesetzte Häuser und autonome Jugendzentren können nur zum heimatlichen Aufenthaltsort werden, wenn eben diese Eigenschaften auch investiert werden. Das spaltet die Szene, und Parasitäres wird sichtbar: Faulenzer, Schmarotzer, die nichts tun, auf Kosten anderer zu leben versuchen. Da werden immer häufiger Geld und Naturalien von den Eltern herangeschleppt, statt jobben zu gehen oder die langgeplante alternative Reparaturwerkstatt endlich einzurichten; da wird geklaut – zwar selten in den eigenen Reihen oder beim Krämer um die Ecke, weit häufiger bei «den Konzernen» –, aber das macht den Akt nicht progressiver.

Immer mehr verleitet unreflektierte Wut auch zu Handstreichen, die mit den Zielen der Bewegung unvereinbar sind: da geht das Schaufenster des kleinen Gemüsehändlers kaputt, der sowieso schon täglich ums Überleben kämpft – und eigentlich wollte man ja mit den Kleinen solidarisch sein. Da werden Häuser, eben renoviert und unter Denkmalschutz stehend, wofür andere jahrelang sich eingesetzt haben, häßlich versprayt – und eigentlich ist man ja angetreten, um gerade solche Bausubstanz zu bewahren.

Auf bloße Zerstörung konzentrierte Aktionen tragen den Jugendlichen den Vorwurf ein, ihre Handlungen seien Ausdruck eines kleinbürgerlichen Anarchismus.

Ein typisches Beispiel für solche Auseinandersetzung mit der Szene ist Wolfgang Harichs wichtiges Buch «Zur Kritik der revolutionären Ungeduld», das vor zehn Jahren in einem Schweizer Alternativ-Verlag erschien. Harich belegt darin die Szene mit der Etikette «anarchistisch» und wirft ihr vor, eine illusionistische Praxis zu machen. Folgt man Harich, so enden Theorie und Realität der autonomen, gegengesellschaftlichen Gruppierungen im Apolitizismus, der «der Bourgeoisie so ungefährlich ist, falls er ihr nicht sogar objektiv nützt». Die Perspektive, die Harich damals nach seiner hier sehr verkürzt wiedergegebenen Kritik zeichnete, liest sich so: In ganz Westeuropa bröckle die Szene ab. «Der erzanarchistische Glaube an die werbende Ausstrahlungskraft insular vorweggelebter Herrschaftslosigkeit begann dahinzuschwinden, das ‹Gegenmilieu› wurde mehr und mehr als Zufluchtsort der im Grunde Apolitischen durchschaut. Übrig blieben von der ganzen ‹Subkultur› nur offensichtlich kommerzialisierte Zerrbilder des ursprünglich Gewollten. Und damit war die ‹Propaganda durch die Tat›, vor wenigen Jahren erst spontan wiederentdeckt, in ihrer bequemsten und annehmbarsten Form, als provokanter Lebensstil, tödlich getroffen.»

Harich löste hier apologetisch statt analytisch die Auseinandersetzung zwischen der traditionellen Linken und der gegengesellschaftlichen Bewegung. Seine Kritik traf – und trifft – sicherlich die Wirklichkeit kommerzialisierter Blumenkinder, Jesus-People und Pop-Enthusiasten; sie ignorierte indessen die Ernsthaftigkeit der meisten gegengesellschaftlichen Modelle und auch deren Bedeutung für die Veränderung dieser Gesellschaft und ihrer Menschen.

Doch selbst Harichs Auseinandersetzung mit den Subkulturen blieb eindimensional. Was gemeint ist, soll beispielhaft ein Zitat von Mike Wadleight, dem Regisseur des «Woodstock»-Films erläutern: «Die Festivals waren niemals als politische Manifestation gedacht. Aber es waren Manifestationen eines ganz neuen Lebensstils!» Das soll heißen, daß diese Festivals vielen Jugendlichen ein Erlebnis von Kommunikation, Freundschaft, Zärtlichkeit und Unabhängigkeit vermittelten, das sie – wenn nicht in Opposition – so doch vielfach in kritische Distanz zu den Werten, Normen und Verhaltensweisen der bestehenden Gesellschaft brachte. Dieses Alternanz-Erleben führte sicherlich nur wenige Jugendliche etwa zu gegengesellschaftlichen Lebens- und Arbeitsmodellen; aber es aktualisierte Wünsche, Bedürfnisse und Hoffnungen, die im Gegensatz zu den Erwartungen und Verhaltensanforderungen der bestehenden Institutionen standen und die insofern – zumindest partiell – auch handlungsanleitend für Veränderungen wurden.

Präzisieren wir diese Aussage am Beispiel des Konflikts zwischen gegengesellschaftlicher Protestbewegung und sozialem System. Deutlich ist, daß die sozialrevolutionären Anstrengungen – zumal, wenn sie kurz und mittelfristig angelegt waren – allesamt scheiterten. Das gilt ebenso für den Versuch der früheren Hippies, durch das ansteckende Beispiel ihrer Gemeinschaft der Liebe und der Friedfertigkeit alle Menschen zu überzeugen, ihnen freiwillig zu folgen, wie auch für die militanteren Bestrebungen der Provos und späterer Gruppierungen. Daraus aber nun – wie Harich zum Beispiel – die Folgenlosigkeit der Autonomen abzuleiten, scheint doch zu kurzschlüssig zu sein.

In einer Perspektive sozialen Wandels nämlich, das heißt sukzessiver Veränderung gesellschaftlicher Tatsachen, zeigen sich sehr wohl soziopolitische Konsequenzen der Bewegung. Das manifestiert sich beispielsweise im Bereich der Normen und Werte: Schon die Beats betonten Ende der fünfziger Jahre Kreativität, Glück und Kommunikation, die in der Leistungsgesellschaft weithin in Vergessenheit geraten waren; insbesondere die Hippies popularisierten diese alternative Wertskala auch für breitere Schichten der Bevölkerung. Die Bewegung aktualisierte auch neue Verhaltensweisen wie etwa Solidarität, Kooperation, Gemeinschaftssinn, Nachbarschaftshilfe u. a. und neue Lebensformen wie Großfamilie, Kommune, Wohngemeinschaft, Hausgemeinschaft etc. Aus ihren tätigen Beispielen der Selbstversorgung und Selbsthilfe, der «communities» und der «networks» entwickelten sich die Bürgerinitiativen und die Selbsthilfegruppen.

Die gegengesellschaftliche Bewegung attackierte als erste in größerem Rahmen die Verödung der Städte; sie versuchte die Wiederbelebung der Cities durch vielfältige Aktionen wie Quartierfeste, Besetzung von Spekulationsobjekten, Nulltarif, das Anmalen von Häuserfassaden, Straßentheater u. a. Sie warnte auch als erste vor dem Ungleichgewicht zwischen Natur und Zivilisation; der ökologische Feldzug der letzten Jahre wurde von den Beats und den Hippies initiiert. Nicht dem Club of Rome gebührt das Verdienst, die Problematik des wirtschaftlichen Wachstums als erster benannt zu haben; die gegengesellschaftliche Presse war schon voll davon, bevor renommierte Wissenschaftler sich dieses Themas annahmen.

Schließlich sollte nicht vergessen werden, daß die Bewegung lange vor den Studentenunruhen die Gesamtgesellschaft mit ihrer Systemkritik herausforderte, daß die neuen demokratischen Formen von Protest und Kontestation von den gegengesellschaftlichen Gruppierungen eingeübt wurden. Sie war es auch, die wie der *San Francisco Oracle* es einst formulierte, «eine angepaßte Generation zwang, sich über ihr eigenes Leben Fragen zu stellen». In diesem Zusammenhang darf auch nicht vergessen werden, daß die dezidierte Benennung von heute möglichem anderen schon eine bestimmte Kraft in sich trägt, den ideologischen Bann der unbedingten Aufrechterhaltung des Bestehenden zu brechen.

12

Hans-Jürgen Wirth

Verweigerungswünsche

Über die Jugend als Projektionsleinwand unerfüllter Bedürfnisse

Modische Trends im Sprachgebrauch, die sich scheinbar zufällig verbreiten und einleben, verraten zuweilen sich wandelnde gesellschaftliche Konflikte und Einstellungen. So ist es wohl auch mit dem geradezu inflationären Gebrauch des Wörtchens «alternativ»: Wer Repräsentanten des politischen Systems bewußt zuhört, wird erstaunt sein, wie häufig sie auch von diesem Wort Gebrauch machen, das doch eigentlich gegen sie gerichtet war.

Was heißt eigentlich Alternative? Der Duden sagt: «freie, aber unabdingbare Entscheidung zwischen zwei Möglichkeiten; der Aspekt des Entweder-Oder; Zweitmöglichkeit, Gegenvorschlag»; und zu alternativ: «wahlweise, zwischen zwei Möglichkeiten die Wahl lassend».

Nun, die Politiker meinen mit dem Wort «alternativ» in der Regel nicht die Zweitmöglichkeit, den Gegenvorschlag, die grundsätzlich vorhandene Freiheit der Entscheidung; sie wollen vielmehr umgekehrt ihre eigene Entscheidung als einzig mögliche und sinnvolle rechtfertigen. Mögliche Gegenvorstellungen vorwegnehmend, beschwören sie die Freiheit der Wahl, um dann doch den sachgesetzlichen Zwang, die Unabdingbarkeit ihrer Entscheidung zu konstatieren. Hinter dem Wort «alternativ» versteckt sich oftmals das Gegenteil: die Ideologie vom Sachzwang.

Wie Erhard Eppler in seinem Buch «Wege aus der Gefahr» feststellt, ist trotz der Erschütterung «der herrschenden Form eines naiven Fortschrittsglaubens» eines unerschüttert geblieben: der Glaube an die Sachzwänge. Die Berufung auf Sachzwänge nahm sogar eher zu, «nur war sie jetzt häufig begleitet von Resignation oder vom Pathos des Tragischen: Wir wissen ja, wie fragwürdig dies ist, aber es gibt keine andere Wahl». Weil kein vernünftiger Mensch die vielbeschworenen «Grenzen des Wachstums» mehr verleugnen kann, ist die frühere Begeisterung für wissenschaftlich-technischen Fortschritt und wirtschaftliches Wachstum der Berufung auf deren sachgesetzliche Notwendigkeit gewichen. In gewisser Weise stellt die Sachzwang-Ideologie die fortgeschrittenste Form des Fortschrittsglaubens dar. Sie ist gleichsam seine (vorerst) letzte Bastion.

Symbolisierte der naive Fortschrittsglaube psychisch gesehen noch eine ungebrochene narzißtische Größenphantasie, so schimmert in der Sachzwang-Ideologie schon deutlich die Brüchigkeit und Doppelbödigkeit dieser Haltung durch. Wähnte sich der mit Technik und Wissenschaft ausgerüstete Mensch noch vor wenigen Jahren als gottähnlicher Herrscher, so fällt er unter der Sachzwang-Ideologie zurück zum Vollstrecker vorgezeichneter wissenschaftlich-technischer Sachgesetzlichkeiten, die mit hoher Wahrscheinlichkeit in die ökologische und atomare Katastrophe führen.

Die dem entsprechende angemessene Gemütsverfassung wäre eine, die durch Gefühle von Ohnmacht, Trauer, Zweifel und Angst gekennzeichnet ist. Tatsächlich aber ist das genaue Gegenteil der Fall: die politischen, öffentlichen und privatwirtschaftlichen Verwalter der Sachzwänge legen zumindest in der öffentlichen Präsentation gesteigerten Wert darauf, Optimismus, Selbstsicherheit, Fitness, ihre Konkurrenz- und Leistungsfähigkeit zu demonstrieren.

Psychoanalytisch gesehen handelt es sich dabei um eine permanente Verleugnungs- und Verdrängungshaltung. Die Gefühle von Zweifel, Depressivität und Angst werden abgewehrt, indem überkompensatorisch genau die gegensätzlichen Einstellungen krampfhaft betont werden. Die Sachzwang-Ideologen müssen zwanghaft ihren Optimismus, ihre Überaktivität, ihre emotionslose Sachlichkeit und messerscharfe Rationalität demonstrieren, weil sie insgeheim fürchten, von ihren verdrängten Zukunftsängsten, Selbstzweifeln, ihren Wünschen nach Passivität und Ruhe überrollt zu werden. Diese Verdrängungsstrategie erzeugt eine konstante innere Spannung, denn die abgewehrten Impulse verschwinden nicht, sondern müssen mit einer ebenso konstanten Gegenbesetzung niedergehalten werden.

Wie aus der Behandlung von neurotisch gestörten Familien bekannt ist, werden solche inneren Abwehrprozesse regelmäßig durch korrespondierende, soziale Aufspaltungsprozesse unterstützt. So produziert die Sachzwang-Ideologie nicht nur eine innere psychische Verfassung, in der die Emotionalität mit Hilfe intellektueller Kontrolle diszipliniert wird, sondern auch äußere Feinde, auf die man als Sündenböcke die eigene verdrängte Gefühlswelt mit all ihren Erscheinungsformen des Leidens projizieren kann. Erhard Eppler schreibt dazu: «Wenn es alternativlose Sachzwänge gibt, an denen nichts zu ändern ist, die sich nur erkennen oder verkennen lassen, so kann Widerspruch dagegen nur drei Gründe haben: Mangel an Information, Mangel an Intelligenz oder Mangel an gutem Willen. Der Widersprechende ist entweder uninformiert, dumm, naiv oder bösartig. Und so läßt sich die Gesellschaft unter der Herrschaft der Sachzwang-Ideologie rasch einteilen in eine Mehrheit der einsichtigen Konformisten, in eine Minderheit von einfältigen Narren und eine Randgruppe von unverbesserlichen Verfassungsfeinden.» Die resignativ sich zurückziehende wie die rebellierende Jugend übernimmt gegenwärtig die Rolle der «einfältigen Narren» und «unverbesserlichen Verfassungsfeinde». Sie repräsentiert die verdrängte Kehrseite, die unterdrückte negative Identität der reibungslos funktionierenden Mehrheit der Angepaßten.

Was die einen verdrängen, leben die anderen stellvertretend für sie aus. Horst Eberhard Richter hat diese Konfliktdynamik an unterschiedlichen sozialen Konstellationen analysiert und als «Allmacht-Ohnmacht-Komplex» oder «Gotteskomplex» bezeichnet. In seinem 1979 veröffentlichten Buch

«Der Gotteskomplex» schreibt er: «Die resignierende Jugend übernimmt anstelle der aktiv gewordenen Frauen den Part des gesellschaftlich Verdrängten. Also wird die Front zwischen den Angepaßten und den jugendlichen Aussteigern zu dem neuen wichtigen Schauplatz, auf dem die aktuelle gesellschaftliche Konfliktlage sich darstellt ... Denn wie verwirrt, abseitig, unvernünftig, krankhaft, asozial die Erscheinungsformen der Jugendkulturen sich auch immer in den Augen der Angepaßten ausnehmen – es ist zugleich die verdeckte Verwirrung, die Abnormität, die Unvernunft, die Krankheit und die Asozialität aller. Und die ‹Symptomträger› entlarven nur den gemeinsamen Problemstand.»

Indem die angepaßte Mehrheit der aussteigenden Jugend die Rolle des Sündenbocks aufbürdet, gelingt es ihr, sich in mehrfacher Hinsicht von Spannungen zu entlasten:

Zunächst bringt die Projektion eigener verdrängter Impulse auf die Aussteiger die Möglichkeit mit sich, sich durch teilweise Identifizierung mit diesen eine relativ schuldfreie Ersatzbefriedigung zu verschaffen. So verrät zum Beispiel die lüsterne Neugier, mit der die Medien und ihre Konsumenten in das Leben der Drogen-, Sekten- und Alternativ-Szene einzudringen versuchen, sehr deutlich das Bedürfnis nach partizipierender Surrogat-Befriedigung in der Phantasie. Da werden etwa die Sexualpraktiken der Poona-Anhänger genüßlich in den Medien ausgebreitet, und der alles überragende Verkaufserfolg von Christiane F.s «Wir Kinder vom Bahnhof Zoo» dürfte auch darin seine Erklärung finden, daß gerade die Authentizität des Berichts voyeuristische Lüste der Leser befriedigt. Nicht zufällig sind es die angepaßten mittelständischen Männer, die auf dem Baby-Strich den Drogenkonsum der Heroinsüchtigen finanzieren.

Erst der zweite Akt der sogenannten «Sündenbock-Praktik» besteht darin, daß durch affektive Anschuldigungen, Isolationsdrohungen, Stigmatisierungen und Strafhandlungen aller Art an der abweichenden Minderheit auf bequeme Weise die angepaßte Mehrheit ihre eigenen Selbstbestrafungstendenzen abführen und Selbstzweifel und Selbstvorwürfe beschwichtigen kann. Die Bestrafung der Aussteiger bedeutet demnach nichts anderes als die externalisierte Selbstbestrafung der Angepaßten. Je bedrohlicher das eigene heimliche Begehren empfunden wird, aus den täglichen Zwängen einmal auszusteigen, «auszuflippen», vielleicht auch zu revoltieren, um so schärfer muß es draußen bei den Aussteigern bestraft werden, um solche Wünsche bei sich selbst niederzuhalten.

Des weiteren hängt der spezifische Charakter der Sündenbock-Praktik davon ab, ob eher böse, triebhafte Impulse oder eher schwache Anteile und Ängste projiziert werden. Im letzteren Fall können sich die Angepaßten als groß, stark, aktiv, optimistisch darstellen, solange sie ihre unterdrückten Ideen von Kleinheit, Ohnmacht, Passivität und Verzweiflung in ihren aussteigenden Mitbürgern verwirklicht finden. Man kann sagen, die Jugendkulturen drücken die Angst und Depression aus, die die Angepaßten bei sich abwehren. Die Jugendkulturen sind die hilflose Kehrseite, die von den Angepaßten in ihrer phallisch-narzißtischen Selbstdarstellung durch Überkompensation verdeckt wird. Müßten die Angepaßten diese schwache Seite bei sich selbst «entdecken», so würden sie in ihrer manischen narzißtischen Selbstüberschätzung schwerstens erschüttert. Da nun die resignierende Jugend diese Seite verkörpert, können sich die gut funktionierenden Angepaßten weiterhin sicher fühlen: Die depressive, kaputte Jugend läßt die Angepaßten sich in ihrer Großartigkeit unangefochten abheben.

Die für unsere Zeit charakteristisch lange Freistellung der Jugend von Arbeits- und Familienverpflichtungen, die sozial bedingte Verlängerung ihrer Adoleszenz, macht sie empfänglich für soziale Einflüsse unterschiedlicher Art:

Zunächst besteht – wie gesellschaftlich vorgesehen – die Möglichkeit der Prägung im Rahmen der beruflichen Sozialisation. Damit geht auch die Chance einher, durch freies Experimentieren mit Rollen und Identitäten Konflikte besonders intensiv zu erfahren, sie gründlich durchzuarbeiten und gesellschaftlich neue und richtungweisende, persönliche und berufliche Identitäten zu erproben und zu entwikkeln. Offensichtlich wird diese Chance begleitet von der Gefahr der Identitätsdiffusion, dem Sichverlieren in Selbstzweifeln, Schuld-, Scham- und Angstgefühlen. Die Gefahr, der Identitätsdiffusion oder der Entwicklung einer negativen Identität anheimzufallen, wird nun dadurch potenziert, daß die Jugend auf Grund ihrer Freistellung von vielen Zwängen, die die Welt der Erwachsenen beherrschen, prädestiniert ist, zum sozialen Träger all dessen zu werden, was die Erwachsenen bei sich an Negativem unterdrücken müssen und an heimlich Gewünschtem nicht verwirklichen zu können glauben.

Die Abspaltung der negativen beziehungsweise heimlich erwünschten Identität an die Jugend bürdet dieser eine Last auf, unter der sie schwer zu tragen hat und die sie häufig nötigt, bei neurotischen und selbstschädigenden Verarbeitungsformen Zuflucht zu suchen. Da es sich um einen gesellschaftlichen Aufspaltungsprozeß handelt, der den Beteiligten weitgehend unbewußt ist, wird auch von den Jugendlichen die Funktion ihrer eigenen Rolle nicht durchschaut, und sie fügen sich auch dann noch den Regeln dieser Dynamik, wenn sie sich partiell dagegen auflehnen. Symptomatisch dafür ist etwa die folgende Definition: «Wir sind die, vor denen uns unsere Eltern immer gewarnt haben!»

Wird dieser Spruch von den Jugendlichen selbstironisch distanziert betont, gleichsam mit der Zusatzfrage: «Müßten sich unter diesem Aspekt unsere Eltern nicht selbst fragen, ob das auch ihr Problem ist?», drückt er ein tiefes Verständnis der psychodynamischen Beziehung zwischen ihnen und ihren Eltern aus. Ist der Spruch jedoch wörtlich gemeint, dann verfestigt sich die abwertende Kritik, die die Jugendlichen erfahren, unmittelbar zum Positivum eines neuen Selbstverständnisses. Der Spruch kann dann nicht mehr als selbstironisches Akzeptieren eines Vorwurfs imponieren, sondern wird zum Selbstbetrug. In diesem Falle definieren sich die Jugendlichen nämlich indirekt über die Werte und

Normen ihrer Eltern – wenn auch negativ; was ihren unbewußten Abhängigkeitskonflikt verrät.

Sie akzeptieren damit die unbewußte Rollenzuschreibung durch die Erwachsenen, und selbst ihre Rebellion gehört noch mit zu ihrer negativ bewerteten Rolle. Es gelingt ihnen aber nicht, diese Rollenzuweisung, den gesellschaftlichen Aufspaltungsprozeß und seine psychischen und sozialen Ursachen selber in Frage zu stellen. Indem die Jugend den unbewußten Rollenzuweisungen der Angepaßten folgt, leistet sie zwar Widerstand, etwa gegen Technik, Bürokratie, Wirtschaftswachstum. Doch handelt es sich um eine Widerstandsform, die unbewußt sich ihrer selbst nicht inne ist und deshalb aus dem Interaktionsmuster nicht ausbrechen kann.

Die jugendlichen Subkulturen offerieren somit zwei Verhaltensdimensionen: Zum einen treten gehäuft auffällige Verhaltensformen neurotischer Symptomatik auf, indem das gesellschaftliche Problem der Identitätsfindung in der Jugend zur Darstellung kommt, weil es sonst überall unterdrückt wird. Zum anderen kann die Jugend den «Kulturschutzpark ihrer verlängerten Pubertät» (Peter Brückner) zur Sensibilisierung, zur probeweisen Entwicklung neuer Formen von Identität nutzen.

Welch holperige Fluchtpfade einzelne Jugendliche gehen, in welche Sackgassen sie rennen, aber auch welche Gipfel sie erklimmen, von denen aus der Blick sich weitet, hängt davon ab, welches soziokulturelle Milieu sie umgibt, auf welche familiären Rollenerwartungen und Situationen sie in ihren Reaktionen antwortend Bezug nehmen. Der Gesichtspunkt, ob die Jugendlichen dem geschilderten unbewußten Interaktionsmuster undurchschaut anheimfallen, oder ob sie kreative Auswege finden, wird zu beachten sein, wenn ich im folgenden einige typische Verhaltensmuster der neuen Jugendkulturen untersuche.

Nach der skeptischen und der antiautoritären scheint nun, in den achtziger Jahren, die «wehleidige Generation» (Johann

A. Schülein) zeittypisch zu sein. Doch an welchem Weh leidet diese Generation?

Im Vergleich zur 68er-Revolte sticht zunächst der tiefe Pessimismus der heutigen Jugendlichen ins Auge. Trotz aller Gesellschaftskritik waren die antiautoritären Studenten in ihren Zukunftserwartungen durchweg optimistisch, und ihr Glaube an den Fortschritt von Produktivkräften und Produktionsverhältnissen war so naiv wie der herrschende Fortschrittsglaube, wenn auch gleichsam mit anderen Vorzeichen. Der antiimperialistische Kampf, der internationale Siegeszug der sozialistischen Revolution schien ihnen unaufhaltsam direkt ins kommunistische Paradies zu führen.

Zwar artikulierte auch die antiautoritäre Bewegung stellvertretend für die angepaßte Mehrheit deren verdrängte Emotionen, auch Trauer und Depressivität. In der Bundesrepublik führte die «Unfähigkeit zu trauern», die Alexander Mitscherlich der Mehrheit der Deutschen attestierte, dazu, daß die Studenten stellvertretend für ihre Väter die Aufarbeitung der faschistischen Vergangenheit versuchten. Und allgemein läßt sich ein wesentlicher sozialpsychologischer Beweggrund der Studentenrevolte auch darin sehen, daß sie um den gesellschaftlichen Untergang der bürgerlichen Ideale und der bürgerlichen Formen von Subjektivität trauerte, denen «auf dem Weg zur vaterlosen Gesellschaft» (Alexander Mitscherlich) der Nährboden entzogen worden war.

Im Unterschied dazu ist die Depressivität, Trauer und Resignation der heutigen Jugend nicht in der Vergangenheitsbewältigung, sondern in ihrem Zukunftsbild begründet. Sie sieht für sich «no future» und hat «null Bock auf alles».

Düster sind die Visionen, die schon zwölf- und dreizehnjährige Jugendliche über die Zukunft äußern. Wie die 1979 ausgezeichneten Beiträge des Jugendschreibwettbewerbs «Unsere Zukunft» illustrieren, finden die Jugendlichen ihre Zukunftsaussichten unheimlich, bedrückend und düster. Traumhaft-ideale Zukunftsvisionen fehlen ganz. Das Thema der Jugendlichen ist vielmehr die Bedrohung des Menschen durch einen perfektionierten Unterdrückungsstaat à la Orwell, durch das Beherrschtsein von einer unkontrollierbaren Technik, durch tödliche Umweltvergiftung und einen alles vernichtenden Nuklearkrieg.

Es entsteht eine paradoxe Situation: Zwar ist die objektive Notwendigkeit zu einem radikalen Kurswechsel in der Politik dringlicher als noch vor zwölf Jahren, dringlicher denn je, doch hat die Bereitschaft zum gesellschaftsändernden Engagement im letzten halben Jahrzehnt nachgelassen.

Jedoch bleibt festzuhalten, daß die emotionale Verfassung der Jugend, ihre Angst, ihre Verzweiflung, ihr stummes Entsetzen, psychologisch gesehen eine realitätsgerechte Gemütslage darstellt. Da die Jugend – auch wenn sie sich eher skeptisch abwartend verhält – im Unterschied zur angepaßten Mehrheit ihre Zukunftsängste nicht verdrängt, hält sie sich die Chance offen, von der Signalfunktion der Angst noch profitieren zu können.

Inwieweit also die innere Emigration der Jugend nur ein Rückzug in den Wartestand ist, der bei veränderter politischer Situation, die für politische Aktivitäten günstiger zu sein scheint, aufgegeben werden kann, ist schwer zu entscheiden. Der Slogan «Du hast keine Chance, aber nutze sie» hält der Ausweglosigkeit der Situation ein «trotzdem» entgegen und zeugt von Widerstandswillen und Hoffnung. Überhaupt lehrt die psychoanalytische Erfahrung, daß die Menschen, die auf traumatische Erlebnisse mit tiefer Depression und Verzweiflung reagieren, diese Gefühle intensiv durchleben und ihnen standzuhalten lernen, dann gestärkt und voll Tatendrang aus solchen Krisen hervorgehen können.

Vielleicht trügt bei der «wehleidigen Generation» ebenso der Schein, wie er damals trog, als von der «skeptischen Generation» noch zu einem Zeitpunkt die Rede war, als die antiautoritäre Revolte unmittelbar vor der Tür stand. Bei dem politisch sensibelsten Teil der Jugend, den Studenten, jedenfalls sympathisiert nachweislich eine Mehrheit mit den Alternativen. Zum Teil wählen diese äußerlich relativ Angepaßten, aber mit den «Alternativen» sympathisierenden Jugendlichen zwar weniger spektakuläre, aber nichtsdestotrotz gesellschaftskritische, auch zukunftsweisende Formen des Engagements, insbesondere im Rahmen der aus der Zeit der Studentenbewegung stammenden Initiativ-, Spontan- und Selbsthilfegruppen.

Die Frage der Alternative stellt sich nicht nur im Sinne des Aussteigens. Der Begriff des Aussteigers ist sogar irreführend, da er verdeckt, daß sich für jeden von uns, in jeder Institution die Frage stellt, inwieweit man sich an alternativen Konzepten und Normen orientiert. Folgt man dem Berliner Soziologen und Mitbegründer des «Netzwerks Selbsthilfe» Josef Huber, so kommt den sogenannten «Drehpunktpersonen», die mit einem Bein im Establishment und mit dem anderen in der Alternativkultur stehen, besondere Bedeutung zu. Sie haben die Aufgabe, «aus etablierten Thesen und subkulturellen Antithesen der Gegenwart ... die lebbaren und machbaren Synthesen der Zukunft zu suchen».

Die große Sympathie der studentischen Jugend mit den «Alternativen» darf allerdings nicht darüber hinwegtäuschen, daß beträchtliche Teile der Jugend zu den rebellierenden Gleichaltrigen eine ähnliche Beziehung haben, wie sie oben als verhängnisvolle Interaktion zwischen Erwachsenen und Jugendlichen geschildert wurde. So kann teilweise in Schulklassen und in Jugendgruppen beobachtet werden, daß sich der oben beschriebene Aufspaltungsprozeß vollzieht.

Die Zugehörigkeit zu einer der beiden Gruppen macht sich derzeit meist an der Einstellung zur Discomusik fest. Die Kontroverse – für oder gegen «Disco» – wird mit einer Schärfe geführt, die für den außenstehenden Beobachter so lange unverständlich bleibt, wie er den emotionalen und den gruppendynamischen Prozeß nicht wahrnimmt. Discomusik steht für das Bedürfnis, sich adrett anzuziehen, nach der neuesten Mode zu kleiden und zu schminken, sich fröhlich geben. Dieses Lebensgefühl entspricht dem hektisch-aufgedrehten «Saturday Night Fever»: Ihr Leiden, ihre innere Leere, ihre Depressivität überspielen diese Jugendlichen mit einem hysterischen Theater, indem sie ihr Leben so inszenieren, als seien sie ständig auf einer lustigen Party.

Auf der anderen Seite stehen Jugendliche, die sich allein schon vom Äußeren her von den Disco-Leuten unterscheiden. Sie sehen eher schlampig und vergammelt aus, tragen häufig dunkle, auf nostalgisch getrimmte Kleider und sind psychisch gesehen häufig depressiv, sensibel, nachdenklich, verzweifelt. Sie leiden eben für die anderen mit.

Wenn Jugendliche selbständig um Hilfe bei Psychotherapeuten suchen, sind es fast ausnahmslos solche der zweiten Gruppe. Spaltungsprozesse dieser Art können die Dynamik in Schulklassen und sonstigen Jugendgruppen sehr stark beeinflussen. Die auch in den Medien bekanntgewordene Spaltung zwischen «Poppern» und «Punkern», die sich sogar Saalschlachten liefern, ist nur der extremste Ausdruck einer Spaltung, die durch die ganze Jugend verläuft.

Doch verfügt die Subkultur gerade in bezug auf die Musik-, Kneipen- und Disco-Szene auch über eine integrative Wirkung, da der Toleranzspielraum sehr weit gesteckt ist. Die Entfaltung und öffentliche Präsentation der eigenen Individualität mit all ihren Affekten, spontanen Einfällen, Verrücktheiten, Schrulligkeiten bis hin zu Abnormitäten und perversen Neigungen, die im alltäglichen Leben ausgespart bleiben müssen, kann sogar bis zur Schaustellung nationalsozialistischer Symbolik reichen. Die Besucher von Rockfestivals und mancher Diskotheken sind jedenfalls sehr bunt gemischt und beziehen sogar ihren Reiz daraus, daß man die fremden, exotisch aufgemachten anderen Gruppen und Individuen beobachten kann.

Es existiert demnach ein nicht unbeträchtlicher Teil «konformistischer» Jugendlicher, die im Berufsalltag dem Bild des karrierebewußten Anpassers entsprechen, aber in der Freizeit «ausflippen» und in eine «antibürgerliche» Rolle schlüpfen. Diese Jugendlichen müssen immer wieder in das anheizende Bad der Musik-Szene eintauchen, um sich zu regenerieren und für den stressigen Alltag wieder fit zu sein. In solchen Kneipen wird vom Besucher ein diffuses Gemeinschaftsgefühl, eine gewisse Vertraulichkeit, auch körperliche Nähe und Zärtlichkeit mit den anderen Kneipenbesuchern gesucht. Das sind alles Bedürfnisse, die im Alltag weitgehend ausgespart bleiben. Die Musik- und Kneipen-Szene stellt eine Art Gegenmilieu dar, das jedoch keine kämpferische und politische Kraft entfaltet, die auf Veränderung des alltäglichen Lebens hinzielen würde, sondern die kompensatorisch funktioniert.

Diese Funktion der Kneipen-Szene kann mit einem anderen Phänomen verglichen werden, das neuerdings unter dem Schlagwort Psychoboom bekanntgeworden ist: Beide Szenen sind interessanterweise parallel zum Niedergang der Linken aufgeblüht und ursächlich mit diesem verknüpft. Beide betonen das Hier und Jetzt, in beiden geht es um die Befriedigung von Gefühlen und subjektiven Bedürfnissen wie denen nach Wärme, Emotionalität, Spontaneität, Natürlichkeit und Nähe. Gemeinsam ist beiden schließlich auch die kompensatorische Funktion in der Beschränkung der Initiativen auf das Private – mithin der Verzicht, «alternative» Erfahrungen und Ideen über menschliches Zusammenleben in die Gesellschaft hineinzutragen.

Wie Pilze schießen seit ein paar Jahren immer neue Psychotechniken, psychotherapeutische Schulen, Kurse für erfolgreiche Lebensbewältigung, gruppendynamische Übungen, Encounter-Gruppen und so weiter aus dem Boden. Die Flut der neuen Konditionierungs-, Suggestions- und Gruppentrainingsmethoden, die gegenwärtig die Bundesrepublik überschwemmen, ist auch für Insider der Psycho-Szene kaum noch zu überblicken. Der schnelle Verschleiß dieser Psycho-Produkte, ob Therapien, Schulungen oder Bücher, ist eingeplant. Man kann kaum übertreiben, wenn man die bunte Exotik dieser «Psycho-Pop-Kultur» beschreiben will, wie dies Johann A. Schülein exemplarisch getan hat.

Gerade in der alternativen Szene treibt die Psycho-Kultur zum Teil groteske Blüten. Hektisch eilt mancher von einem gruppendynamischen Wochenende zum nächsten, von der Primär- zur Gestalttherapie und von dort zur Aktionsanalyse. Man «fährt» jeweils auf dem letzten Psycho-Schrei «voll ab», und der ist dann auch immer «das Irreste», was man bisher je erlebt hat. Die Karriere eines neuen Psycho-Produkts sieht meist so aus, daß es zunächst als Geheimtip in bestimmten Kreisen der Szene fast verschwörerisch gehandelt wird. Besonders eingängige Begriffsbrocken fließen in die Szene-Sprache und werden über Kneipengespräche, Kleinanzeigen in Alternativ-Blättern wie dem Münchner *Blatt* oder dem Frankfurter *Pflasterstrand* verbreitet.

Dann beginnen weitere Kreise der Szene das Psycho-Produkt zu konsumieren. Man wetteifert, wer der kompetentere, sensiblere, erfahrenere Urschreier, Gestaltspieler, Energetiker oder sonst was ist. Wenn schließlich das Produkt in peripheren Gruppen der Szene avanciert ist, sind die Entdecker seiner längst überdrüssig. Sie fahren schon wieder auf einen neuen «Psycho-Trip» ab, und es ist in ihrem Kreis fast eine Schande, den alten noch zu erwähnen. «In ihrer Schnellebigkeit ist die alternative Mode durchaus systemtreu», bemerkt Josef Huber treffend.

In bestimmten Fällen können solche Geheimtips einer kleinen Szene sich im Laufe der Zeit bis in die Massenmedien verbreiten und – wie im Falle von Tolkien und Castaneda – sogar bis in Bestseller-Listen hocharbeiten. Offenbar kommt der alternativen Subkultur dank ihrer Sensibilität für neue Entwicklungen eine Vorreiter-Funktion zu: Sie fungieren als Konsum-Avantgarde. Gleichsam als «emotionale Seismographen» zeigen sie an, welche persönlichen Bedürfnisse und Konflikte, welche daraus resultierenden Konsumwünsche, aber auch welche Bedürfnisse nach sozialen Veränderungen in der folgenden Zeit bei weiteren Teilen der Bevölkerung virulent werden.

In seiner eher etablierten Ausformung ist der Psychoboom dem Anschein nach als Teil des medizinischen Betriebes gesellschaftlich angepaßt. Tatsächlich aber hat sich hier eine «heimliche Alternativkultur» (Horst Eberhard Richter) etabliert, die sich als solche nicht zu erkennen gibt. An ihr partizipieren vorzugsweise die «unruhigen Jugendlichen von gestern», die einen Kompromiß suchen zwischen Anpassung und dem Festhalten an ihren emanzipatorischen Idealen.

Die heutigen Jugendlichen fühlen sich demgegenüber eher zum «exotischen», «freakigen« Teil des Psychobooms hingezogen, dessen populärster Vertreter der Bhagwan von Poona ist. Der Grund für die gleichsam magnetische Anziehungskraft dieses Gurus ist darin zu sehen, daß er eine Super-Psychotherapie anbietet, die eine Erlösung von Gefühls- und Triebverklemmungen in einem Zug mit religiösem Heil verspricht. Der Ashram in Poona fungierte als eine Art Brücke zwischen der Szene der Neureligionen und der des gesellschaftlich integrierten Psychobooms.

Charakteristischerweise fordern sämtliche fernöstlichen magisch-mystischen Heilslehren von ihren Anhängern vollständige Hingabe an das Sektenleben und totale Glaubensgewißheit. Als Gegenleistung gestatten sie den Sektenjüngern das schuldfreie Ausleben von Emotionen und übermitteln ihnen narzißtische Gratifikationen, häufig mit Hilfe einfältiger, zum Teil auf «paradox» getrimmter Normen oder Binsenweisheiten. Trotz ihrer intellektuellen Kümmerlichkeit werden die Phrasen geglaubt, weil die Selbstkritik der Sektenmitglieder ausgeschaltet ist durch die gemeinsame Regression mit den anderen bei gleichzeitiger Aufblähung des «Größen-Selbst». Kritik am Guru regt sich kaum, weil wegen der eigenen Kleinheitsgefühle der Sektenführer als omnipotent phantasiert wird und man per Zugehörigkeit zur Sekte und per Identifikation mit dem Führer an dessen narzißtischer Großartigkeit teilhaben kann.

Insofern bleibt auch dieser scheinbar radikalste Bruch mit allen etablierten Normen der westlichen Gesellschaft dem psychosozialen Aufspaltungsprozeß unbewußt verhaftet, und die Sektenjünger erfüllen nur ihre spezifische Rolle im Rahmen der Sündenbock-Praktik.

Die blinde Flucht aus der empfundenen geistigen Halt-, Orientierungs- und Sinnlosigkeit der westlichen Gesellschaft in die totale Glaubensgewißheit fernöstlicher Sekten, der Ausbruch aus der selbstbezogenen Konkurrenz- und Konsumgesellschaft in die vollständige Hingabe an das kollektive, zum Teil asketische Sektenleben mündet in einer Art von Wiederholungszwang wieder bei einem Interaktionsmuster, das die Aufspaltung in Großartigkeit, Macht, Stärke auf der Seite des Gurus und Kleinheit, Ohnmacht, Schwäche auf seiten der Sektenjünger festschreibt.

Was die geschilderten Reaktionen der Jugend auf die ihnen zugewiesene Sündenbock-Rolle und auf die uns alle umgebenden Gefahren eint, ist ihr Fluchtcharakter. Die direkte Auseinandersetzung mit gesellschaftlichen Konflikten und politischen Mächten wird gemieden, und man sucht sein individuelles Heil und Wohlbefinden im fernen Poona, im Drogenrausch oder im Dampfbad der Kneipen-, Musik-, Disco- oder Psycho-Szene.

Im Unterschied zu diesen defizitären Bewältigungsversuchen ist eine Szene zu sehen, die in den letzten sechs Jahren zunächst von der Öffentlichkeit völlig unbemerkt im stillen sich entwickelt hat, inzwischen aber kräftig angewachsen ist und immer deutlicher beginnt, ihre politischen Interessen und Ziele zu artikulieren: die Alternativ-Bewegung.

Mit den geschilderten Szenen ist sie auf vielfältige Weise personell und ideell verflochten, doch unterscheidet sie sich von diesen durch ihren mehr oder weniger deutlich vorhandenen Widerstandswillen und durch das Bestreben, das eigene Schicksal aktiv in die Hand zu nehmen.

Anfangs war die Alternativ-Bewegung ein tastendes Suchen nach neuen, befriedigenderen Formen des Zusammenlebens und Zusammenarbeitens in «selbstbestimmten» Projekten. Inzwischen reicht sie von Wohngemeinschaften über genossenschaftliche Handwerksbetriebe bis hin zu Großprojekten wie der Berliner *Tageszeitung* und dem – inzwischen bundesweit funktionierenden – «Netzwerk Selbsthilfe», einem «Fonds für politische und alternative Projekte».

Die Initiatoren und Träger dieser alternativen Projekte haben allem Zukünftigen gegenüber eine durchaus ambivalente Haltung: Die Zukunft erscheint ihnen äußerst bedrohlich – und doch potentiell beeinflußbar. Im Unterschied zu jenen, die in die Unmittelbarkeit des Hier und Jetzt (Motto: «Life is short but fast») fliehen, um der Frage nach der Zukunft auszuweichen, wollen die Alternativen ihre Vision von Zukunft schon heute praktisch erproben. Sie brechen aus der Innerlichkeit aus und konfrontieren sich mit den Widersprüchen der Gesellschaft.

Sozialpsychologisch gesehen handelt es sich um eine Annäherung zwischen den beiden Polen Omnipotenz und Ohnmacht: Die Größenphantasie, die Welt sei revolutionär über Nacht auf den Kopf zu stellen, wird ebenso aufgegeben wie die resignative Haltung, man könne draußen gar nichts und nur sich selbst im Innern verändern. Die Alternativ-Bewegung strebt an, die Aufspaltung in Mächtige und Ohnmächtige in ihren eigenen Reihen aufzuheben, indem sie ein neues Verhältnis beispielsweise zwischen Experten und Laien, Dogmatikern und Spontis, Eltern und Kindern, Männern und Frauen, Machern und Mitläufern praktisch erprobt. Sie hat ein viele Lebensbreiche umfassendes Selbsthilfesystem entwickelt, das sich der Bearbeitung dieser Spaltung in alltäglichen Lebens- und Arbeitszusammenhängen widmet. Alternative Projekte gestatten eine Art «Versöhnung» zwischen dem legitimen Wunsch, auch unter den schlechten, veränderungsbedürftigen Verhältnissen sinnvoll und glücklich zu leben und dem politischen Anspruch, sich für die Gestaltung der Zukunft investierend, also Befriedigung zurückstellend zu engagieren.

Insofern ist die Alternativ-Bewegung als ein kollektiver Selbstheilungsversuch zu verstehen, der sich allerdings fast ausschließlich auf die Annäherung der beiden Pole innerhalb der unruhigen Jugend selbst, allenfalls der Jugend allgemein bezieht, während hingegen die Kluft zwischen Jugend und Angepaßten sich eher noch zu vertiefen scheint. So teilt die Alternativ-Bewegung, dort wo sie sich in einem Getto isoliert und selbstzufrieden einrichtet, mit den geschilderten Fluchtversuchen die individuelle Gefahr der Regression und der narzißtischen Selbstbezogenheit und die politische Gefahr, indirekt zur Aufrechterhaltung des gesellschaftlich etablierten Verleugnungs- und Aufspaltungssystems beizutragen, indem sie darin ihren Part spielt und die «subversiven» Bedürfnisse kompensatorisch befriedigt

Neben der Alternativ-Bewegung, zum Teil sich mit ihr überlappend, haben sich seit Ende der siebziger Jahre zwei weitere Oppositionsbewegungen herausgebildet: die Ökologie- und, ihr zeitlich folgend, die neue Friedensbewegung (die Frauenbewegung bedürfte in diesem Zusammenhang einer gesonderten Betrachtung).

Im Unterschied zur alternativen Szene überwiegt bei Aktiven der Ökologie- und Friedensbewegung deutlich der politisch-kämpferische Wille gegenüber dem Selbsthilfeanspruch. Angestrebt werden weniger Veränderungen im privaten, sondern primär solche im gesellschaftlich-politischen Bereich. Die Ökologie- und Friedensbewegung sucht nun wieder die Auseinandersetzung mit den politisch Mächtigen. Hierfür hat sie zwei gesellschaftliche Konfliktherde aufgegriffen, bei denen die unheilvollen, existenzgefährdenden Folgen des Allmacht-Ohnmacht-Komplexes besonders augenfällig werden:

1. Die Technologie: Bekämpfen die Herrschenden alle Zweifel am Fortschrittsglauben weiter damit, daß sie um so hartnäckiger den bisherigen Kurs verfolgen, läßt sich der Zeitpunkt größerer ökologischer Katastrophen in absehbarer Zukunft vorhersagen.

2. Die Aufrüstung: Dramatisch zugespitzt haben sich die Risiken eines atomaren Krieges; geradezu fanatisch verbohrt fällt die neue US-Regierung in ein Freund-Feind-Denken zurück, das man überwunden zu haben glaubte. Bei dieser Form des Ohnmacht-Allmacht-Komplexes handelt es sich um eine besonders fatale Variante, da hier die projektive Abspaltung aggressiver Impulse die zentrale Rolle spielt. Man redet sich ein, daß nur die Feinde böse und bedrohlich sind, während die eigenen Waffenarsenale ausschließlich dem guten, friedlichen Zweck der Verteidigung und Abschreckung dienen, also den Frieden sichern. Diese wechselseitige Sündenbockprojektion scheint sich gegenwärtig zu einem paranoiden Verfolgungswahn verfestigt zu haben, der für rationale Argumente kaum noch zugänglich ist.

Erfahrungsgemäß wirken paranoide Denksysteme enorm ansteckend, zumal wenn die Bedrohung nicht nur in der Phantasie, sondern auch real existiert. Indem man – nur zur Vorsicht – vom Gegner das Schlimmste annimmt, steigt man bereits in die wechselseitige Verfolgungstheorie ein.

Auch die Kritiker des Rüstungswettlaufs sind nicht gegen die Gefahr gefeit, von dem paranoiden Denksystem infiziert zu werden. Das gilt um so mehr, je häufiger sie selbst die reale Erfahrung haben machen müssen, Opfer von Verfolgungen zu sein. Wer – wie der Schweizer Schriftsteller Reto Hänny – als friedlicher Teilnehmer im Verlauf einer zunächst ebenfalls friedlichen Demonstration von Hartgummigeschossen der Polizei getroffen, auf der Flucht eingefangen, mit Fäusten, Fußtritten und Gummiknüppeln traktiert, schließlich festgenommen, danach im Polizeibus mit Tränengas besprüht, erkennungsdienstlich behandelt, tagelang eingesperrt und während all dessen übel beschimpft worden ist, für den bedarf es schon eines gewissen Maßes an Ich-Stärke und Reflexionsfähigkeit, um gegen den Verfolgungsglauben immun zu sein.

Tatsächlich gibt ein Teil der Jugend der Versuchung nach, aus dem so oft erfahrenen Gefühl ohnmächtiger Wut und Verzweiflung in die vermeintliche Stärke der Militanz zu flüchten. In der militanten Aktion, in der Straßenschlacht, auf der Barrikade, beim Geräusch klirrender Schaufensterscheiben, mag für einige Stunden das Gefühl eigener Kraft und Macht sich einstellen, das Gefühl, über Kleinheit, Depression, Angst- und Ohnmacht zu triumphieren. Militante Aktionen können sich zu einem rauschartigen Fest steigern, indem die in der eigenen Seele eingeschlossenen Aggressionen sich explosiv entladen. Der jahrelang praktizierte Rückzug in die Innerlichkeit hatte auch die Begleiterscheinung, daß aggressive Impulse fast ausschließlich in der Wendung gegen die eigene Person verarbeitet wurden. Die hohe Selbstmordrate unter Jugendlichen, Drogensucht, Alkoholismus zeugen davon. Es sind also aufgestaute Aggressionen, die sich bei solcher Gelegenheit entladen. Doch dem Rausch der militanten Aktion folgt regelmäßig der Katzenjammer politischer und persönlicher Hilflosigkeit. Der Versuch, die eigene Schwäche zu verleugnen durch Flucht in die Stärke der Gewalt, muß auch hier scheitern.

Der überwiegende Teil der unruhigen Jugend, so scheint mir, ist gegen die Versuchung der Gewalt gefeit. Die Überzeugung, menschliche Konflikte seien mit friedlichen Mitteln zu lösen, stellt ein gemeinsames, grundlegendes Motiv zum Engagement dar. Damit soll nicht die Faktizität gewalttätiger Demonstranten bestritten werden, wohl aber die Berechtigung, in den gegenwärtigen Jugendunruhen Anfänge eines neuen Terrorismus zu sehen. Indem Politiker wie Strauß und Tandler eilfertig den Teufel eines «neuen Terrorismus» an die Wand malen, geben sie zu erkennen, daß sie ihn unbewußt herbeisehnen, mögen sie auch noch so beredt das Gegenteil beteuern. Wenn, wie in Zürich im Sommer 1980 oder im Frühjahr 1981 bei den Nürnberger Vorfällen, unangemessen harte Polizeieinsätze gefahren werden, veranstalten die verantwortlichen Politiker eine unbewußte Sündenbockjagd, als deren Ergebnis bei den betroffenen Jugendlichen eben jene Gefühle von ohnmächtigem Haß, Verzweiflung und panischer Angst erzeugt werden, die den Nährboden für «Gegengewalt» abgeben.

Daß der größte Teil der Jugend pazifistische Ideale hat, schließt kämpferischen Widerstand und emotionale Ausdrucksformen des Protests nicht aus. Die Emotionalität macht sogar den eigentlichen Charakter der gegenwärtigen Jugendrebellion aus. «Wir haben Angst!» stand auf dem Schild, das Zürcher Jugendliche bei einer Demonstration mit sich trugen. Die Einsicht – nein, das Gefühl bricht sich Bahn, daß es so nicht weitergehen kann und darf mit Rüstungswettlauf, Umweltzerstörung und Zubetonierung unserer Umwelt und unserer Gefühlswelt. Zu Recht trauen die Jugendlichen ihren eigenen Gefühlen mehr diagnostische Wahrheit über den Zustand der Welt zu als vielen klugen Analysen, die mit ihren umständlichen Argumentationsketten und Zahlenkolonnen von der Brisanz der Lage ablenken, die nicht die persönliche Betroffenheit erzeugen, die zum aktiven politischen Engagement motivieren könnte.

Die sich verweigernde Jugend hat unter der Last der Sündenbockrolle schwer zu tragen. Ihre Versuche, mit dieser Bürde zu Rande zu kommen, ihre verzweifelte Suche nach Identität, führt manche in die Sackgassen indischer Sekten, den Dschungel narzißtischer Selbstbespiegelungskulte oder gar zur Endstation Heroin, manche aber auch in die experimentelle Erprobung neuer Formen des Wohnens, Arbeitens, der Kinderaufzucht, die sich an Werten wie Solidarität, Kommunikation, Sympathie, Kooperation, Bewußtseinserweiterung orientieren. Es entsteht damit die paradoxe Situation, daß die emotionalen Werte, Ziele und Grundhaltungen, die die Jugend trotz all ihrer Verirrungen repräsentiert, genau diejenigen sind, denen die Gesellschaft Priorität zuweisen muß, will sie überleben.

Folgt die Gesellschaft weiter den Normen der angepaßten Mehrheit, verringert sich täglich die Lebenserwartung der gesamten Menschheit. Die Untersuchungen des Club of Rome, die noch von US-Präsident Carter in Auftrag gegebene Studie «Global 2000» und die Berichte des schwedischen Friedensforschungsinstituts ‹SIPRI› haben das inzwischen hinreichend deutlich gemacht, ohne daß allerdings diese Warnungen die permanente Verdrängungs- und Konfliktverleugnungshaltung der Herrschenden hätten nachhaltig beeinflussen können.

Die Verwalter der Sachzwänge scheinen selbst unter den widrigsten Umständen dank ihrer größeren Verdrängungskunst besser zu funktionieren. Sie können immer noch optimistisch kühl und sachlich bleiben – wofür der überwiegende Teil der Gesellschaft im nachhinein mit um so gravierenderen Folgen bezahlen muß.

Unter diesem Aspekt erscheint es eindeutig als ein Vorzug der rebellierenden Jugend, daß sie frühzeitig auf psychische und soziale Konflikte in allen Lebensbereichen mit offenem Leiden und mit Protest reagiert. Am Ideal maximaler Frustrationstoleranz orientiert, haben die Angepaßten nur Verachtung, Hohn und Spott übrig für die Kaputtheit der Jugend: Sie sei wehleidig, kokettiere mit ihrer Kaputtheit.

Als vorbildhaft gilt den Angepaßten, wer ohne Wimpernzucken innere und äußere Frustrationen und Gefahren zu verkraften scheint. Wenn sich nun aber zeigt, daß die Angepaßten mit der ihnen andressierten «Unfähigkeit zu leiden» (Richter), ihrer «Unfähigkeit zu trauern» (Mitscherlich), ihrer Unfähigkeit, Angst zu ertragen, selbst kommende Generationen mit irreparablen Schäden büßen lassen, dann sollten wir davon abgehen, die erhöhte Empfindlichkeit, Frustrationsintoleranz und Kritikbereitschaft der Jugend mit der bislang üblichen Geringschätzung abzutun.

Vielleicht werden die Angepaßten noch lernen, eine Stärke der Jugend darin zu erkennen, daß sie offener und sensibler auf psychische, soziale, ökologische und friedenspolitische Störfaktoren anspricht: Die Gesellschaft hätte, so meine ich, besonderen Nutzen davon, wenn sie sich mehr an der Reaktionsfähigkeit der Jugend orientierte, um zu erfahren, in welchem Umfang heute alltägliches Leben – in der Arbeit, im Wohnen, in der Kindererziehung, im Konsumieren und Produzieren – wie auch menschliches Leben allgemein – in der Ökologie, der Friedenssicherung, dem Nord-Süd-Konflikt – gefährdet sind.

13

Horst Eberhard Richter

Die neue Sensibilität

19 Thesen über die Hintergründe der Jugendbewegung

Seit den Zürcher Unruhen ist in den Großstädten des deutschen Sprachraums eine neue jugendliche Protestszene hervorgetreten, die – wie die Berichte dieses Buches zeigen – in sich vielgestaltig, heterogen und instabil ist. Dennoch gibt es durchgehende, für die Szene insgesamt charakteristische Merkmale. Die folgenden Thesen sollen stichwortartig skizzieren, was an den regional unterschiedlichen Protestformen und -motiven das Gemeinsame ist.

1. Es gibt gar nicht «die Jugend» als eine für sich existierende Teilgesellschaft. Was die Jungen denken, fühlen und tun ist stets zugleich Frage, Antwort oder Spiegelung im Beziehungssystem der Gesamtgesellschaft.

2. Infolge ihrer alterstypischen Disposition (besondere Offenheit, emotionale Ansprechbarkeit) nehmen die Jungen gesellschaftliche Konflikte und Bedrohungen schärfer wahr und empfinden sie intensiver als die Mehrzahl der Älteren. Oft entgeht den Älteren ihr Mitbetroffensein infolge von Bagatellisierung, Verdrängung oder Projektion.

3. Über Mißstände und Bedrohungen drücken die Jungen ihr Unbehagen nicht nur deshalb krasser aus, weil sie dieses deutlicher spüren, sondern auch deshalb, weil sie noch nicht oder zumindest noch weniger durch die Anpassungszwänge der Arbeitswelt eingeschüchtert worden sind.

4. Die Jungen reagieren mit besonderer Sensibilität auf Zukunftsaspekte der gesellschaftlichen Entwicklung, denn sie haben die längste Zukunft vor sich.

5. Wenn, wie zur Zeit, Junge und Ältere in Hinsicht auf Wertbilder und Lebensformen stärker auseinanderweichen,

erleben die Älteren meist automatisch die Jungen als provokatorische Urheber dieses Trennungsprozesses. Aber sie behaupten dann, daß die Jugend sich nicht nur von ihnen, sondern von der Gesellschaft überhaupt abwende. Denn die Älteren, die sich für den Zustand der Gesellschaft verantwortlich fühlen und mit diesem, unter welchen Schmerzen auch immer, identifiziert sind, kriminalisieren gern die ihnen selbst geltende Herausforderung als Beleidigung der Gesellschaft schlechthin. So kreiden sie im Augenblick den unwilligen Jungen an, daß diese die Gesellschaft im Stich ließen. Es kommt ihnen nicht in den Sinn, daß vielleicht sie selbst es sind, welche die Gesellschaft auf einen Abweg führen. Das würde heißen, daß sie sich den kritischen Jungen annähern müßten, um gemeinsames Unheil zu verhüten.

6. Unter den Jungen sind negative Zukunftserwartungen und entsprechende pessimistische Gefühle weit verbreitet. Diese Züge treten bereits bei Zwölf-, Dreizehnjährigen auf (vgl. die prämierten Beiträge von «Jugend schreibt» 1979). Sie entsprechen im Grunde genau den düsteren Zukunftsbeschreibungen renommierter Expertengremien (siehe etwa «Global 2000», Verlautbarungen des Club of Rome, Veröffentlichungen der Deutschen Gesellschaft für Friedens- und Konfliktforschung).

7. Die Neigung der Älteren, die realitätsgerechten Besorgnisse der Jungen in sich selbst zu verdrängen, ist das eigentliche Hemmnis für die Entwicklung eines öffentlichen Bewußtseins, das zur politischen Überwindung der ansteigenden enormen ökonomischen, ökologischen und militärischen Risiken notwendig wäre. Aber gerade diese Verdrängung wird von maßgeblicher politischer Seite immer wieder systematisch gefördert. Das bloße Aussprechen von Zukunftsangst wird als Defätismus oder als Wirkung böswilliger Angstmacherei von anderer Seite diffamiert. Es wird nach Propheten gerufen, die endlich Zuversicht und nicht mehr Angst verbreiten.

8. Mit Unwillen registrieren viele Junge die Bemühungen der politischen Parteien und ihrer Repräsentanten um den

Anschein, sie wüßten stets genau, wie die Dinge liefen und wie alles gemacht werden müßte; als seien sie (wenn sie an der Regierung sind) ohnehin seit je dabei, das Richtige zu tun; als könnten ihre weise geplanten Maßnahmen ihr Ziel nur verfehlen, wenn man ihnen nicht willig zustimme und Folge leiste. Diese Pose der Allwissenheit und der Unfehlbarkeit wird als verlogen empfunden und wirkt abstoßend.

9. Besonders negativ reagieren die sensiblen Jungen auf die Wahrnehmung, daß die selbstgerechte Eigendarstellung der Politiker nicht etwa überwiegend auf echter Verdrängung von Unsicherheit und Ratlosigkeit beruht, sondern auf bewußter Wahrheitsverschleierung aus machttaktischen Erwägungen. Man ärgert sich, als dummes, unkritisches Wählervolk eingeschätzt zu werden, dem man nur eine verlogene Omnipotenz vorspielen müsse, um es zu fangen. Mit Entsetzen wird zudem registriert, wie überhaupt auf kurzfristige Machtvorteile in Wahlkämpfen ausgerichtete Taktiken – von deren sozialpsychologischen Ausgangsvorstellungen einmal ganz abgesehen – den Blick auf die langfristig entscheidenden Probleme verstellen.

10. Von vielen Jungen wird, wie aus Gesprächen zu erfahren ist, mit Mißbilligung registriert, daß die Parteiapparate einschließlich ihres publizistischen Umfeldes sich immer mehr zu Blöcken verfestigen, innerhalb derer kritische Mahner und Opponenten durch Selbstzensur verstummen, mundtot oder sonstwie ohnmächtig gemacht werden. Diese Entwicklung macht die ewig reproduzierten Appelle unglaubwürdig, die Jugend möge endlich Parteiarbeit als die große Chance begreifen, ihre Vorstellungen durchzusetzen.

11. Ähnlich abstoßend wirkt auf die Jungen die Tendenz der Parteien und der Verwaltungen, sich immer mehr um sich selbst und um ihre inneren und äußeren Konflikte statt um die Ängste und Sorgen der Bürger zu kümmern, deren Interessen sie dienen sollten. Wo von oben her die Bürger befragt werden, geschieht dies offenkundig eher dazu, den

einzelnen datenmäßig immer genauer zu erfassen, berechenbar und verplanbar zu machen.

12. «Politiker beklagen den fehlenden Dialog mit der Jugend» (Überschrift der *FAZ* vom 11.4.1981), meinen dabei aber meist irrigerweise, sie müßten nur mehr Mühe darauf verwenden, die Richtigkeit der eigenen Vorstellungen den Jungen klarzumachen. Sich durch die Jungen selbst in Frage stellen zu lassen und von deren Ideen zu lernen, kommt den meisten zum eigenen Schaden und zum Schaden des Allgemeinwohls gar nicht mehr in den Sinn.

13. Die Jungen merken indessen, daß sie auf eine Weise die offizielle Politik immer noch dazu zwingen können, sich mit ihnen zu beschäftigen: Sie müssen nur gehörig Rabatz machen.

14. Freilich erfahren sie dann nicht zugleich Aufmerksamkeit für die Motive ihrer Protestinitiativen. Es geht darum, wie eine Störung der Ruhe und der Ordnung schnell beendet werden kann. Dies funktioniert mitunter dadurch, daß man die Protestierer unverzüglich als Gesellschaftsfeinde brandmarkt und die Masse der gewaltfrei Demonstrierenden mit einzelnen wenigen Steinewerfern identifiziert. Aber diese Einschüchterungsstrategie verfängt nur bei einem schwachen Protestpotential. Im Falle weiter Ausbreitung gereizt verbitterter Stimmung, wie sie jetzt vorliegt, heizt diese Diskriminierungskampagne nur das Feuer an, das sie ersticken will.

15. Die neue jugendliche Protest-Szene ist im Vergleich zu der 68er-Bewegung emotionaler, anarchistischer und pessimistischer.

16. Sie ist *emotionaler*, indem sie sich weniger auf Theorie – etwa auf marxistische Konzepte – stützt. Es gibt in ihr keine Führungsschicht von Intellektuellen. Sie manifestiert sich überhaupt nahezu sprachlos. Sie sucht nicht die agitatorische Diskussion, welche die Studenten der alten Apo-Bewegung pausenlos forderten.

17. Die neue Protest-Szene ist *anarchistischer*. Sie vermeidet organisatorische Strukturierung. Handlungsbe-

schlüsse entstehen eher spontan aus Impulsen, die sich in Gruppengesprächen durchsetzen. Hierarchische Rollenverhältnisse werden streng gemieden.

18. Die aktuelle Szene ist schließlich *pessimistischer*. Man erwartet nicht mehr, mittels direkter revolutionärer Aktion oder mit Hilfe eines langen Marsches durch die Institutionen zur Macht gelangen zu können. Ein Gefühl von Ohnmacht ist stark ausgeprägt. Die sich bei zahlreichen Demonstrationen auslebende Zerstörungswut läßt sich als unmittelbar in Haß umgeschlagene Verzweiflung verstehen.

Wo allerdings, wie bei den «Instandbesetzern» oder in der rasch anschwellenden Friedensbewegung, konkrete Ziele verfolgt werden, deuten manche Anzeichen auf einen wieder erstarkenden Durchsetzungswillen hin.

19. Gegen den Machtanspruch der 68er-Rebellen konnte die Generation der Etablierten ihren eigenen Machtwillen durchsetzen. Gegen die von der neuen Protestjugend offen artikulierte Angst und Verzweiflung greifen die herkömmlichen Abwehrmittel nicht. Dem Pazifismus – der immer deutlicher zum Zentralthema der Bewegung wird – ist durch die traditionellen Disziplinierungsmittel nicht beizukommen. Als Symptom für den Zustand der Gesamtgesellschaft bekundet die neue Bewegung eine allgemeine Identitätskrise, die ohne eine fundamentale Revision unserer Grundhaltung nicht zu bewältigen sein wird.

14

Michael Haller

Zwischen Reaktion und Revolte

Zur Geschichte der Jugendbewegungen

Gegen wen eigentlich kämpft die rebellierende Jugend, und für was tritt sie, schlußendlich, ein? Mit dieser Frage ist nichts Schulmeisterliches gemeint, vielmehr, ob wir uns vom Aufbruch der Jungen in Richtung Gegenwelt über den Tag hinaus etwas versprechen dürfen.

Dieses Buch liefert zu dieser Frage eine Reihe bemerkenswerter Antworten. «Die Gesellschaft hätte», schreibt Hans-Jürgen Wirth am Ende seines Beitrags, «besonderen Nutzen davon, wenn sie sich mehr an der Reaktionsfähigkeit der Jugend orientierte, um zu erfahren, in welchem Umfang heute alltägliches ... wie auch menschliches Leben allgemein ... gefährdet sind.» Ich verstehe Wirths Aufforderung dahin, daß gerade die rebellierenden Jugendlichen auf Grund ihrer besonderen Sensibilität, ihrer geringen Frustrationstoleranz den Krisenzustand weit prägnanter erfassen als die zuständigen Erwachsenen – so, als stecke die aufmüpfige Jugend in der Rolle eines Fieberthermometers am kranken Körper dieser Gesellschaft. Es komme darauf an, sagt nun Wirth, dieses Fieberthermometer nicht einfach aus Ärger darüber, daß es erhöhte Temperatur anzeigt, in die Ecke zu schleudern, es vielmehr sorgsam zu behandeln und seine Reaktionen als Äußerungen der eigenen Krankheit ernst zu nehmen.

Doch läßt sich die Jugendrebellion in diesem Sinne – und das meint: zu unserem Nutzen – als Krisenmesser überhaupt instrumentalisieren? Vieles spricht dafür. Die Jugendlichen selber aber sprechen dagegen, weil sie nicht Objekt, auch nicht nur das Medium, sondern am liebsten das Subjekt des gesellschaftlichen Wandels sein möchten.

In seiner fünften These gibt Horst Eberhard Richter zu bedenken, daß ja nicht zwingend die Jugendlichen die Aussteiger sein müssen, nur, weil sie in der Minderheit sind; denkbar sei auch, daß just die Erwachsenen «die Gesellschaft auf einen Abweg führen», weil sie sich offenbar vorgenommen haben, wenn schon, dann mit der ganzen Gesellschaft unterzugehen. Auch hierfür spricht vieles: Wer sich selbst keine Zukunft mehr gibt und dem eigenen Untergang entgegensteuert, der will auch über die Perspektiven der Nachfolgenden nichts wissen, während umgekehrt die Nachkommenden in jeder praktisch wirksamen Handlung der Älteren schon einen bedrohenden Vorgriff auf ihre Zukunft reklamieren.

Mit Richters These verbinde ich die Vorstellung, das Gesellschaftsganze sei ein in der Strömung des Wandels treibendes Schiff unter der Führung der Erwachsenen-Mannschaft. Der Nachwuchs rebelliert nun gegen den eingeschlagenen Kurs, weil er in die Nähe von Klippen und Untiefen geführt habe, und fordert ultimativ die Umkehr, was nun die Erwachsenen-Mannschaft für eine gefährliche Meuterei hält und die Unterwerfung notfalls mit Gewalt erzwingen will. Was aber ist, so fragt Richter, wenn der Kurs tatsächlich ins seichte Wasser und unweigerlich zum Schiffbruch führt? Jedoch: Woher soll der noch unkundige Nachwuchs den Weg ins offene Meer kennen?

Walter Hollstein sieht in seiner Analyse die revoltierende Jugend nicht nur in der Rolle des Meuterers. Er zeigt auch Situationen auf, in denen die Rebellionen neue Trends vorweggenommen, gesellschaftliche Perspektive überhaupt geöffnet und Wandlungsprozesse in Gang gesetzt haben. Sein Fazit: «In einer Perspektive sozialen Wandels, das heißt sukzessiver Veränderung gesellschaftlicher Tatsachen, zeigen sich sehr wohl soziopolitische Konsequenzen der Bewegung.» Könnte nun die rebellierende Jugend, auf die Tradition solcher Wandlungsprozesse aufbauend, zum Initiator einer zukunftsweisenden, mithin kriesenüberwindenden und allgemeingültigen Wertordnung werden?

Es gibt gute Gründe, dies zu bezweifeln. Und es gibt sehr gewichtige Gründe, vor solchen Rollenzuweisungen zu warnen: Sie würden – einmal mehr – auf eine Überforderung der Heranwachsenden hinauslaufen und den Jugendlichen schließlich auch noch ihr Jungsein nehmen.

Fraglich ist zunächst, was das Jungsein überhaupt bedeuten mag. Aus der Sicht der Erwachsenen jedenfalls ist Jungsein ein Zustand des Noch-nicht. Der Jugendliche ist noch nicht mündig, noch nicht voll geschäftsfähig, noch nicht voll straffähig, noch nicht voll verantwortungsfähig. Die Jugendzeit, dies sagen die Eltern – und sie haben dafür auch wirklich hundert Jahre lang alle Arten der Kinderausbeutung erbittert bekämpft –, ist eine Schonphase des Umbruchs, der Neuorientierung und Reifung, die vom Kindsein ins Erwerbsleben überleiten soll. Die Frage freilich, wie lang diese Phase nun bitte dauern solle, ist kaum zu beantworten. Innerhalb des politischen Systems sind die 18jährigen bereits stimmfähig, die 20jährigen mündig und erwachsen, im Rechtsbereich reicht die Schonfrist des Jugendalters vom 14. bis zum 18. Lebensjahr. In den soziokulturellen Lebenszusammenhängen wiederum soll die Phase nach Ansicht der meisten Sozialpsychologen etwa vom 14. bis 25. Lebensjahr dauern; dann erst sei die lebensfeste Erwachsenenpersönlichkeit entfaltet.

Daß demnach jeder einzelne eine je Lebensbereich unterschiedliche Jugendphase haben soll, hängt damit zusammen, daß es das Jugendalter als besonderen Lebensabschnitt erst seit ein paar Jahrhunderten gibt: Der Begriff des Jugendalters entstand überhaupt erst in der Neuzeit im Zuge der Herausbildung des städtischen Bürgertums. Jugendbegriff und bürgerliche Stadtgesellschaft waren von Anfang an untrennbar miteinander verbunden.

In den ländlichen Lebensgemeinschaften des Mittelalters hatte es in der einfachen Bevölkerung noch kein eigenständiges Jugendalter gegeben. Das Leben vollzog sich in festgefügten Ordnungsmustern, gottgewollt und für die Ewigkeit gemacht. Die Unterordnung des Sohnes unter die Vaterherrschaft galt, solange der Vater lebte. Außerhalb des elterlichen Hauses war der Heranwachsende in den meisten Regionen schon mit 14 oder 15 volljährig und heiratsfähig, die Mädchen bereits mit 11 oder 12 Jahren. Die Söhne der Bürgerfamilien in den Hanse- und Patrizierstädten übernahmen oft schon mit 18 oder 20 Jahren kommunale Amtsgeschäfte – nach meist ausgiebigen Studien und mehrjährigen Bildungsreisen.

Die in unserer Zeit so bedeutsame Ablösung vom Elternhaus, die Entfaltung eines eigenständigen Selbst und der Erwerb sozialer Handlungsfähigkeit fanden nicht statt, waren auch im gemeinen Volk nicht erwünscht.

Erst im 17. Jahrhundert, als die zu Wohlstand gekommenen Bürgerfamilien ihren Kindern eine (dem komplizierter gewordenen Handelsgeschäft entsprechend) bessere Ausbildung außer Hause zukommen lassen wollten, kamen die Heranwachsenden in den Gymnasien und Universitäten der größeren Städte fernab der erwachsenen Autoritäten mit ihresgleichen zusammen. Sie wohnten in Jugendhäusern, den «Bursen» und «Collegiums», die oftmals von den Jugendlichen in eigener Regie verwaltet wurden. Die Jungen waren unter sich und entfalteten bald ihre eigenen Lebensweisen. Gemeinsam entdeckten sie ihre von der Elternwelt verschiedenen Wünsche und Bedürfnisse. Jugendkneipen kamen auf, «Burschenschaften» und «Tischgesellschaften» wurden gegründet, um in der fremden Umgebung in der Gruppe den sozialen Halt zu finden.

Das eigentlich Bemerkenswerte an der Herausbildung dieser städtischen Bildungsbürger-Jugend ist nun aber der Umstand, daß fast zur selben Zeit auch schon die erste aufmüpfige Jugendbewegung stattfand – nicht mit modernen Ausdrucksmitteln nach Art heutiger Pflastersteine, sondern in der Form jener Zeit: mit dem Mittel der Sprache.

Den Hintergrund der Rebellion lieferte die Erfahrung eines radikalen Wertewandels: Die Vormacht der Kirche war zurückgedrängt, an die Stelle unterwürfiger Gläubigkeit der kritische Verstand der Aufklärung gesetzt worden. Alles war nun für den menschlichen Geist begreifbar, alles auch in Bewegung: Während die Menschheitsgeschichte in einer umfassenden Entwicklung zum Geistigen begriffen schien, sollten Staat und Gesellschaft nach den Prinzipien der Vernunft umgestaltet und in eine vollkommene Ordnung gebracht werden.

Diese allerdings entsprach den Interessen der besitz- und erwerbsfähigen Bürger, die sich aus der Vormundschaft der ständischen Ordnung emanzipiert hatten. Diejenigen jedoch, die im Arbeitsprozeß kaum nützlich waren, wurden nun – im Unterschied zu früheren Zeiten – aus dem Stadtleben ausgegliedert und bevormundet: die Kinder, die Kranken und Alten.

In diesem Spannungsfeld fühlten sich die Jugendlichen heimatlos, angesichts der gesellschaftlichen Wertekrise auch ohne Orientierung. Es war darum naheliegend, daß sie ihre eigene Subkultur zum Ausgangspunkt eines Verselbständigungsprozesses nahmen. So begann jene erste Jugendbewegung im Vorfeld des Sturm und Drang als Kulturkampf. Er hatte die Emanzipation und Bejahung der Jugendlichkeit als Eigenwert zum Inhalt.

1747 gründeten mehrere junge Bürgersöhne (darunter Klopstock) zwischen 20 und 30 in Leipzig die Wochenzeitschrift *Der Jüngling*, die vermutlich erste Jugendzeitschrift überhaupt, gleichsam der *Pflasterstrand* jener Epoche. Dort wurde das Jugendalter als vorbildliche Lebenszeit dargestellt: Der Jüngling sei nicht nur heiter, sondern auch unverdorben und (noch) zu besonderer Redlichkeit befähigt, in gewisser Weise also auch der Erwachsenenwelt überlegen. «Man ist nicht darum vernünftig, weil man die Jahre erreicht hat, wo man vernünftig sein soll», polemisierte ein Artikel. In einem anderen Aufsatz stand: «Wie leicht kann nicht ein Jüngling, dessen Seele noch unversehrt ist, weichherzig und mitleidig gemacht werden, wenn er andere unglücklich sieht! Wie leicht kann er es auch dahin bringen, daß er aus Tugend weichherzig und wehmütig wird.» Anders beim erwachsenen Mann: «Alle Demonstrationen werden ihm seine Empfindungen nicht wiedergeben.»

Die Jugend als Zustand des «Noch-nicht» bedeutete jetzt, noch nicht verkrustet, abgestellt, emotionslos-verklemmt zu sein wie die Älteren. Die Bewahrung dieser jugendlichen Empfindungsmenschen vor der kalten Verfügungsgewalt der Stadtgesellschaft wurde nun auch zum zentralen Anliegen des damaligen Alternativ-Theoretikers Jean-Jacques Rousseau. Seine Diagnose deckt sich weitgehend mit den Einschätzungen randalierender Jugendlicher des Jahres 1981. Rousseau vor 200 Jahren: «Der Mensch in der Gesellschaft existiert gänzlich als Maske. Da er fast niemals in sich lebt, ist er sich selbst immer fremd und fühlt sich unbehaglich, wenn er gezwungen wird, sich auf sich selbst zu besinnen. Was er ist, gilt ihm nichts; was er scheint, gilt ihm alles.»

Rousseaus Therapievorschlag zur Überwindung des entfremdeten Lebens übersprang die Frage nach der Vernunft der Menschheitsgeschichte ebenso wie die nach der Bedeutung der Ökonomie: Er erklärte die Jugend zum Subjekt der Revolution und Wegbereiter der künftigen «kommunitären Gesellschaft». Die Jugendlichen, so Rousseau, sollten sich aus den alltäglichen Lebensbedingungen herauslösen, sich der alten Wertordnung verweigern und in einem autonomen Freiraum das wahre unverfälschte Selbst entfalten: Dies sei «die zweite Geburt des Menschen». In seinem Erziehungsromanen «Émile» und «Nouvelle Héloise» konstruierte Rousseau den Werdegang dieses neuen Sozialisationstyps, der ganzheitlich empfinde, sich selbst treu – und doch auch zu sozialem Verhalten befähigt sei: Émile solle sowohl zu einem «wahren Menschen wie auch zu einem wesentlichen Bestandteil der Menschheit» werden.

Doch: wie kann der nur um sich bekümmerte Verweigerer soziales Verhalten erlernen, wenn er sich außerhalb der Gesellschaft, fernab sozialer Erfahrungen in Freiräumen der Subkultur aufhält? Welche Moral dient ihm zur Begründung, im Konfliktfall zur Rechtfertigung seines Handelns? Rousseaus Vorschlag: Der Jugendliche solle von einem Erzieher dazu angehalten werden, seine Leidensfähigkeit zu einem umfassenden Mitgefühl mit der Menschheit, mit der

Spezies zu kultivieren – es also an ein hochabstraktes Ideal zu binden, dem dann aber beliebige konkrete Entsprechungen unterschoben werden können.

Daß nämlich jugendliche Emotionalität beliebig manipulierbar ist, wenn die Grenzen sinnlich faßbarer Objekte aufgehoben werden und die Gefühle sich unbegrenzt erweitern können, war nicht nur ein Dilemma der Rousseauschen Theorie, sondern ist vor allem die Tragik jeder Jugendbewegung seither.

Die damalige Bewegung des Sturm und Drang verband sich zwar mit der Aufbruchstimmung, die mit der Französischen Revolution, dann mit Napoleon durch die deutschen Länder zog. Bald aber wurde den Jungen die französische Besatzungsmacht als Unterdrücker der Freiheit vorgeführt – und schon zogen sie mit Begeisterung in die Befreiungskriege. Ihr frisch entfachter Patriotismus überbordete: Sie wünschten sich nun, nach dem Sieg über Napoleon, die deutsche Einheit, für die es keine zukunftsweisenden, sondern nur rückwärtsgewandte Ideale gab. Mittelalterliches Deutschtum wurde besungen, der Barbarossa-Kult zelebriert. Die Ermordung Kotzebues, dann das große Wartburgfest im Oktober 1817 waren Ausdruck solch ins Abstrakt-Grenzenlose übersteigerter Gefühlsobjekte: Nun hatte Deutschland seine erste gewalttätige Jugendrevolte. Sie wieder einzufangen und zu disziplinieren war dann Sache der Polizeibehörden in der konsequent folgenden Ära der Restauration.

Hundert Jahre später erging es der nun auch wirklich so genannten «Jugendbewegung» nicht viel anders. Wieder hatten umfassende Verstädterungsprozesse stattgefunden, wieder hatte sich ein neues Wohlstandsbürgertum etabliert und das alte verdrängt – und wieder befand sich die Erwachsenenwelt inmitten einer umfassenden Wertekrise: Damals triumphierte der naturwissenschaftliche Rationalismus, der Mensch und Natur in einen alles erklärenden logischen Zusammenhang bringen und damit die Welt ein für allemal beherrschen wollte. – Während sich gleichzeitig eine irrationale, gegen Kultur und Zivilisation gerichtete Untergangsstimmung verbreitete. Spenglers «Untergang des Abendlandes», Simmels «Tragödie der Kultur» standen in einer langen Reihe kulturpessimistischer Abhandlungen. Die Jugend war irritiert von der rationalen, auf Machterweiterung gerichteten Weltsicht und der weit verbreiteten Katastrophenstimmung. Sie reagierte mit erstmals massenhaft radikaler Kulturverweigerung und Flucht in die «Wandervogelbewegung»: Pennäler und Junglehrer verließen übers Wochenende die unwirtlichen Städte und gingen zu Fuß auf Wanderschaft. Abkochen und Übernachten in Scheunen, Pflege alter Volkslieder und Tänze, Rückbesinnung auf das, was damals «Volksseele» hieß: ein Aussteigerverhalten, das sich angesichts der tiefgreifenden gesellschaftlichen Identitätskriese wiederum rückwärts gewandt an der vermeintlichen Idylle vorindustrieller Verhältnisse orientierte.

Die Jungen organisierten sich in kleinen, zur etablierten Lebenswelt der Stadt alternativen Gruppen, in denen oberster Grundsatz die Gruppensolidarität, aber auch die Unterordnung unter die Führerfigur waren. Trotzdem hatte die Bewegung anfangs einen ausgesprochenen Verweigerungscharakter: Sie lehnte die herrschende Wertordnung des bürgerlichen Liberalismus ab und ließ nur die in der Gruppe praktizierten Lebensweisen («Gruppengeist») gelten. Auf der Linie der Rousseauschen Alternative lag auch das Bekenntnis zum «Erlebnis», das an die Stelle des Lernens aus sozialer Erfahrung im Umgang mit der Erwachsenenwelt trat.

Die Leitbilder der Bewegung kamen über den Status der Negation des Bestehenden (Ablehnung der Erwachsenenkleidung, der bürgerlichen Küche, des Stadtlebens insgesamt, schließlich der ganzen Zivilisation) nicht hinaus. Ziel und Zweck der Bewegung wurden entweder antithetisch («Natürlichkeit statt Bürgerlichkeit») oder abstrakt-diffus («Wir wollen ein Ganzes sein») umrissen. In der am ersten freideutschen Jugendtag auf dem Hohen Meißner im Oktober 1913 gefaßten Resolution hieß es: «Die freideutsche Jugend will aus eigener Bestimmung, vor eigener Verantwortung, mit innerer Wahrhaftigkeit ihr Leben gestalten. Für diese innere Freiheit tritt sie unter allen Umständen geschlossen ein.»

Diese vermeintlich innere Freiheit war zu jenem Zeitpunkt schon längst fest in der Hand machtbewußter Gruppen, die – von den meisten Wandervögeln unbemerkt – die Bewegung wieder einzubinden begannen in deutschnationale Großmachtinteressen: Die von den Wanderern besungene «innere Wahrhaftigkeit», dem Authentizitätsgefühl heutiger Aussteigerjungen nicht unähnlich, stand bald im Dienste der Kriegspropaganda – und schon wenige Monate nach dem Jugendtag zogen die jugendbewegten Freideutschen, Volkslieder auf den Lippen, in den Ersten Weltkrieg. Damit war im Grunde die Jugendbewegung am Ende. Was danach kam war ein institutionalisiertes Sozialisations- und Motivationssystem für labile, mit der Verweigerung liebäugelnde Jugendliche. Nahtlos fügte es sich später unter die Volksgeist-Ideologie, dann auch in die Nachwuchsförderung der Nazis ein.

Das Alter der Jugendlichen, erkannte damals der jugendbewegte Sozialforscher Siegfried Bernfeld, sei von tiefen «Diskrepanzen» und «inneren Spannungen» geprägt, die abzubauen nur eine «verlängerte Pubertät» ermögliche, in deren Verlauf die Jugendlichen ein von der Gesellschaft zu offerierendes, die Spannungen abbauendes Wertesystem adaptieren könnten.

Der Soziologe Friedrich Tenbruck machte am Beispiel jener «Jugendbewegung» deutlich, daß die Jugendlichen in Zeiten des Werteumbruchs selber zum Träger der Gesellschaftskrise werden, weil sie ein krisenüberwindendes Leitbild niemals aus sich heraus entfalten, vielmehr den gesellschaftlichen Krisencharakter verinnerlichen und verstärkt zurückspiegeln würden.

Die aktuelle Jugendrevolte sei in ihrer Stoßrichtung doppeldeutig, hieß es im Einleitungskapitel:

Zum einen sei sie in ihrer radikalen Verweigerung ebenso radikal ideologiekritisch. Dem ist hier nun beizufügen, daß diese Verweigerung, soweit sie sich auf den Freiraum grenzenloser Gefühlserlebnisse bezieht, ihre kritische Dimension verliert und sich der Gefahr aussetzt, in ihrer Zielorientierung ebenso grenzenlos, mithin verführbar zu werden – selbst für faschistoide Verhaltensweisen.

Zum andern steht die Rebellion in der Tradition der um ganzheitliche und identitätsstiftende Lebensformen bemühten Alternativbewegung. Diese Tradition gibt der Kritik der Jugendlichen an der Erwachsenenwelt eine auf Autonomie zielende Richtung, mit der Gefahr allerdings, den Mangel an inhaltlich definierenden Leitbildern abermals mit realitätsflüchtiger Nostalgie ausgleichen zu müssen. Ansätze hierzu sind erkennbar.

Die Chance, so scheint mir nach alldem, besteht in der Einsicht, daß nicht Unterwerfung, auch nicht eine «Befriedung» im sogenannten Dialog, sondern nur die fortgesetzte Auseinandersetzung weiterhelfen kann: den rebellischen Jugendlichen bei der Suche nach einer realitätsgerechten Identität – und der Erwachsenenwelt beim Versuch, ihre zerstörerischen Handlungszwänge zu überwinden. Die Dialektik zwischen dem Aufrüstungszwang der Machtverwalter und dem Pazifismus-Appeal friedensbewegter Jugendlicher zeigt solche Möglichkeiten auf.

Die Voraussetzungen hierfür – Verstehensbereitschaft, Respekt, Aufrichtigkeit – sind indessen Qualitäten, die den selbstgerechten, im Grunde aber zutiefst verängstigten Erwachsenen beim Umgang mit der Jugend am meisten mangeln. Hier muß eine Verhaltsänderung versucht werden, die nun nicht in die neue Fehlhaltung der Anbiederung und Nachahmung jugendlicher Attitüden münden darf. Um sich miteinander auseinandersetzen zu können, bedarf es kritischer Sympathie – und eine Nähe, die so distanziert bleibt, daß sie dem andern seinen Freiraum beläßt. Dies zu versuchen war das für uns Reizvolle an diesem Buch.

Literaturhinweise

«Kindermacht» und «Christiania» in Kopenhagen

Monika Grau, Heiner Gringmuth: Christiania. Elendsviertel, soziales Experiment oder Selbstorganisation Nicht-Angepaßter? Gisela Lotz Verlag, Mühlweg 16, Werdorf 1976

Mark Edwards: Christiania. Versuche, anders zu leben, Rowohlt Verlag, Reinbek 1980

Niels Munk Plum: Hvad med Christiania, Kopenhagen 1975 (deutsch: Freistaat Christiania, Packpapier Versand, Münster 1976)

Doris Teller, Heiner Gringmuth, Ernst-Ullrich Pinkert (Hg.): Christiania. Materialien zur Christiania-Debatte. Argumente zur Erhaltung eines befreiten Stadtviertels im Zentrum von Kopenhagen, Gisela Lotz Verlag, Mühlweg 16, Werdorf 1978

Stadtindianer und Autonomia in Italien

Indianer und P 38. Italien, ein neues 68 mit anderen Waffen. Trikont Verlag, München 1978.

Mino Monicelli: L'Ultrasinistra in Italia 1968–1978, La Terza Verlag, Bari 1978

E. Di Nallo: Indiani di città, Cappelli Verlag, Bologna 1977

A. Asor Rosa: Le due societa, Einaudi Verlag, Turin 1977

Jugendbewegung in Zürich

Eidgenössische Kommission für Jugendfragen: Thesen zu den Jugendunruhen 1980, Eidgenössische Drucksache- und Materialzentrale, Bern 1980

Gruppe Olten (Hg.): Die Zürcher Unruhe, Orte Verlag, 2 Bde., Zürich 1980, 1981

Reto Hänny: Zürich, Anfang September, Suhrkamp Verlag, Frankfurt a. M. 1981

Regula Howald, Jürgmeier u. a.: Die Angst der Mächtigen vor der Autonomie. Aufgezeigt am Beispiel Zürich, Gegenverlag, Zugerstr. 22, Horgen bei Zürich 1981

Sozialdemokratische Partei Zürich (Hg.): Eine Stadt in Bewegung. Materialien zu den Zürcher Unruhen, Verlag SP Stadt Zürich, Moorgartenstr. 2, Zürich 1981

Hausbesetzerszene

«Daß der Tod uns lebendig findet und das Leben uns nicht tot.» Dokumentation zum Dreisameck in Freiburg i. B., Buchladen Jos Fritz, Wilhelmstr. 15, Freiburg 1980

Ermittlungsausschuß Mehringhof (Hg.): Dokumentation Dezember Berlin 1980, Vertrieb Regenbogen, Gneisenaustr. 2, Berlin 1981
Ingrid Müller-Münch, Wolfgang Prosinger u. a.: Besetzung – weil das Wünschen nicht geholfen hat. Köln, Freiburg, Gorleben, Zürich und Berlin, Rowohlt Taschenbuch Verlag, Reinbek 1981 (rororo aktuell)

Kraaker in Amsterdam
Autorenkollektiv: Het hek moet von de dam, Uitgeverij Lont (Zündschnur-Verlag), Postbus 1823, Amsterdam 1981
Klachtenburo politieoptreden: Uw rechtsorde is de onze niet, Selbstverlag, Amsterdam 1981

Jugendliche und Alternativ-Bewegung
Jens Gehret (Hg.): Gegenkultur heute. Die Alternativbewegung von Woodstock bis Tunix, Azid Presse, Postbus 11097, Amsterdam 1979
Walter Hollstein: Die Gegengesellschaft. Alternative Lebensformen, Verlag Neue Gesellschaft, Bonn 1979
Joseph Huber: Wer soll das alles ändern? Die Alternativen und die Alternativbewegung, Rotbuch Verlag, Berlin 1980
Wolfgang Kraushaar (Hg.): Autonomie oder Getto? Kontroversen über die Alternativbewegung, Verlag Neue Kritik, Frankfurt a. M. 1978
Johann August Schülein: Auf der Suche nach der Zukunft. Alternativbewegung und Identität, Focus Verlag, Gießen 1980

Jugend und Gesellschaft
Pierre Arnold, Michael Bassand, u. a.: Jugend und Gesellschaft. Wegzeichen zu einer Jugendpolitik, Benziger Verlag, Zürich 1971
Uta Biedermann u. a. (Hg.): Morgen beginnt heute. Jugendliche schreiben über die Zukunft, Verlag Beltz & Gelberg, Weinheim und Basel 1981
Samuel Haldemann: Freiraum Autonomes Jugendzentrum, Gegenverlag, Zugerstr. 22, Horgen bei Zürich 1980
Herbert Janig (Hg.): Jugend heute – betreut oder selbstbestimmt? Kösel Verlag, München 1981
Reimar Oltmanns: Du hast keine Chance, aber nutze sie. Eine Jugend steigt aus, Rowohlt Verlag, Reinbek 1980
Rolf Schwendter: Theorie der Subkultur, Neuausgabe, Syndikat, Frankfurt a. M. 1978

Jugend und gesellschaftliche Krise
Nicolas Born: Die Welt der Maschine. Aufsätze und Reden, Rowohlt Verlag, Reinbek 1980
Erhard Eppler: Wege aus der Gefahr, Rowohlt Verlag, Reinbek 1981
Alain Touraine, Hans Peter Dreitzel u. a.: Jenseits der Krise. Wider das politische Defizit der Ökologie, Syndikat, Frankfurt a. M. 1976

Identitätsproblem und Generationskonflikt
Rainer Döbert, Gertrud Nunner-Winkler: Adoleszenzkrise und Identitätsbildung, Suhrkamp Verlag, Frankfurt a. M. 1975
Erik H. Erikson: Identität und Lebenszyklus, Suhrkamp Verlag, Frankfurt a. M. 1966
Ders.: Jugend und Krise. Die Psychodynamik im sozialen Wandel, Klett Cotta-Verlag, Stuttgart 1981 (Erstausgabe: New York 1968)
Christoph Lasch: Das Zeitalter des Narzißmus, Verlag Steinhausen, München 1980
Michael Mildenberger: Die religiöse Revolte – Jugend zwischen Flucht und Aufbruch, Fischer Taschenbuch Verlag, Frankfurt a. M. 1979
Horst Eberhard Richter: Der Gotteskomplex, Rowohlt Verlag, Reinbek 1979
Manfred Riedel: Wandel des Generationsproblems in der modernen Gesellschaft, Verlag Diederichs, Düsseldorf 1969
Thomas Ziehe: Pubertät und Narzißmus – sind Jugendliche entpolitisiert? Syndikat, Frankfurt a. M. 1975

Geschichte der Jugend
Philipp Aries: Geschichte der Kindheit, dtv, München 1978
John R. Gillis: Geschichte der Jugend. Tradition und Wandel im Verständnis der Altersgruppen und Generationen. Verlag Beltz & Gelberg, Weinheim und Basel 1980
Walter Hornstein: Jugend in ihrer Zeit, Marion von Schröder Verlag, Hamburg 1966
Walter Rüegg (Hg.): Kulturkritik und Jugendkult, Klostermann Verlag, Frankfurt a. M. 1974

Autorenverzeichnis

Michael Haller, Jahrgang 1945, ist Redaktionsmitglied des SPIEGEL und Lehrbeauftragter für Sozialisationstheorie an der Universität Zürich

Birgit Kraatz, Jahrgang 1939, ist SPIEGEL-Redakteurin in Rom, sie lebt seit zwölf Jahren als Journalistin in Italien

Balz Theus, Jahrgang 1940, lebt in Zürich und arbeitet als Redakteur beim *Tages-Anzeiger-Magazin*

Hubert Seipel, Jahrgang 1950, ist SPIEGEL-Redakteur in Hannover

Reimar Oltmanns, Jahrgang 1949, lebt als Journalist und Buchautor in Frankfurt a. M.

Hans Halter, Jahrgang 1939, ist SPIEGEL-Reporter, lebt in Berlin und hat einige Jahre als Arzt im Stadtteil Kreuzberg gearbeitet

Walter Tauber, Jahrgang 1948, ist Redakteur im Ausland-Ressort des SPIEGEL

Jörg R. Mettke, Jahrgang 1943, ist SPIEGEL-Redakteur in Berlin

Adolf Muschg, Jahrgang 1934, ist Schriftsteller und Professor für Germanistik an der Eidgenössischen Technischen Hochschule in Zürich

Walter Hollstein, Jahrgang 1939, ist Professor für politische Soziologie an der Evangelischen Fachhochschule in West-Berlin.

Hans-Jürgen Wirth, Jahrgang 1951, ist wissenschaftlicher Mitarbeiter des Zentrums für Psychosomatische Medizin an der Universität Gießen und Mitherausgeber der Zeitschrift *psychosozial*

Horst Eberhard Richter, Jahrgang 1923, ist Professor für Psychosomatik, Psychoanalytiker und Sozialtherapeut, er leitet das Zentrum für Psychosomatische Medizin an der Universität Gießen.